GENTOSHA
OUTLAW
BUNKO

# アウトロー臨終図鑑

山 平 重 樹

幻冬舎アウトロー文庫

# アウトロー臨終図鑑

# はじめに

本書に登場願ったのは、世代差や有名無名の違いこそあれ、いずれも世間から見たら型破り、異端といっていい男たちである。維新者、革命家、プロスポーツマン、芸能人、カーレーサー、映画人、作家、政治家、冒険家、カメラマン、シージャッカー、任侠人……と、あまりカタギが見あたらないのは、激烈でドラマチックな生と死を経た男たちとなれば、無理からぬところか。この顔ぶれ、社会的物差しからすれば、玉石混淆《ぎょくせきこんこう》に違いなく、なんでもかんでも一緒くたにするのは怪《け》しからん――と、お叱りを受けそうだが、そこにはむろん筆者の独断と偏見が反映されているわけで、なにとぞ御容赦願いたい。

それにしても、筆者が偏愛する斎藤竜鳳、また心から畏敬の念を抱く江藤小三郎、高橋和巳、村上一郎などといった人たちは、いまやほとんど世に忘れかけられた存在になっているのではなかろうか。

革命を夢見、学生たちとともに闘い、女とクスリに溺れて妻子に去られ、アパートで孤独死した無頼派左翼・斎藤竜鳳、43歳。何が粋かよ。毛沢東を信奉し、緋牡丹お竜さんをこよなく愛した男。

東大安田講堂攻防戦から1カ月後、昭和元禄真只中の世に、日本民族の覚醒を祈って、23歳という若さで国会議事堂前で焼身自決したのは、江藤小三郎。その辞世、「あらあらしそらにこみどり大楠の　大御心を誰ぞ知るらむ」。

全共闘を支持し助教授の立場で大学闘争に誠実に対峙し続けた作家高橋和巳が癌に斃《たお》れ、39年の生命を燃やし尽くしたのは、斎藤竜鳳の死から2カ月後、昭和46年5月3日のこと。それは戦死同然の死でもあった。

そして「ひたはしる思ひ」の果てに日本刀で自刃した三島由紀夫の好敵手・村上一郎。

筆者は、こうした浪曼者たちと同じ時代を共有できたことを何より喜びとし、光栄に思うのである。

目次

はじめに　4

I　10代、20代で死んだアウトロー

山田かまち　突如生を絶たれた天才少年が手にした永遠の「無垢な魂」　20
詩画人・昭和52年8月10日没17歳

川口大三郎　「山を愛した早大生」は欺瞞に満ちた理由で虐殺された！　26
革マル派リンチ殺人被害者・昭和47年11月8日没20歳

川藤展久　「撃ちあい」を望んだ若者は肉親の目の前で射殺された！　32
広島シージャック事件犯人・昭和45年5月13日没20歳

進藤隆三郎　革命戦士への「飛躍を問われ」青年は榛名山に到着するが…　38
連合赤軍メンバー・昭和47年1月1日没21歳

上温湯 隆　恋い焦がれたサハラ砂漠で花と散った22歳の「サムライ」　44
冒険家・昭和50年5月29日没22歳

江藤小三郎
思想家・昭和44年2月11日没23歳
安田講堂の攻防から1カ月後青年が猛炎に遺した「覚醒書」 49

大場政夫
ボクサー・昭和48年1月25日没23歳
〝栄光〟という名のスポーツカーで人生を駆け抜けたヒーロー 55

寺岡恒一
連合赤軍最高幹部・昭和47年1月18日没24歳
凄惨なリンチを受けてもなお革命戦士としての死を望んだ 61

福沢幸雄
カーレーサー・昭和44年2月12日没25歳
元勲の曽孫は「昭和元禄」を時代の申し子として疾走した 67

森田必勝
民族派活動家・昭和45年11月25日没25歳
「道連れ」などではなく三島に蹶起を促した青年の心意気！ 72

一ノ瀬泰造
カメラマン・昭和48年11月29日没26歳
「悲愴感」を漂わすこともなく見果てぬ夢へと突っ走った！ 78

奥平剛士
日本赤軍幹部・昭和47年5月30日没26歳
「パレスチナ解放」その大義に殉じた若者に見る日本的情念 84

尾崎　豊
歌手・平成4年4月25日没26歳
深夜の奇行、謎めいた死因が10代のカリスマを伝説に… 89

李 秀賢
関根史郎
命を顧みず線路に飛び込んだカタギが体現した「任俠精神」
平成13年1月26日没26歳／平成13年1月26日没47歳
95

山田 孝
インテリ然とした穏やかさに秘められた武装闘争の決意！
連合赤軍最高幹部・昭和47年2月12日没27歳
101

森 恒夫
大量粛清事件を引き起こした革命家が独房で固めた決意！
連合赤軍中央執行委員長・昭和48年1月1日没28歳
107

村山 聖
病魔に魅いられたかのような生涯を棋盤の戦いに捧げた！
棋士・平成10年8月8日没29歳
113

## Ⅱ 30代で死んだアウトロー

津田恒美
「炎のストッパー」は病魔とも真っ向勝負で闘い抜いた！
プロ野球選手・平成5年7月20日没32歳
120

花形 敬
ステゴロ一本喧嘩無敗の男が「兇暴と清廉」を併せ持つ理由
安藤組幹部・昭和38年9月27日没33歳
125

夜桜銀次
山口組系組員・昭和37年1月16日没33歳
背中一面に桜の刺青を背負い派手に散った鉄砲玉の生涯！ 131

沢田教一
カメラマン・昭和45年10月28日没34歳
戦場取材での強運尽きた34歳「オレの武器はカメラ」が信念！ 137

高橋輝男
大日本興行初代会長・昭和31年3月6日没34歳
〝銀座警察〟の異名をとる俠《おとこ》は常識を超えた先見性を持ち… 142

杉山登志
CFディレクター・昭和48年12月12日没37歳
鬼才の名をほしいままにした男はみずからの絶頂期に突然 148

高橋和巳
作家・昭和46年5月3日没39歳
「全共闘運動の象徴的存在」は39年の命を燃やし尽くした 154

力道山
プロレスラー・昭和38年12月15日没39歳
上機嫌で始まった「運命の日」意地の一刃が致命傷になった 160

## Ⅲ 40代で死んだアウトロー

桂 三木助
落語家・平成13年1月3日没43歳
人も羨む出世コースを歩んだ男が陥った早死の落とし穴！ 168

斎藤竜鳳
映画評論家・昭和46年3月25日没43歳
無頼派左翼は「なにが粋かよ」の言葉のままに生き抜いた 174

小池重明
アマ棋士・平成4年5月1日没44歳
新宿の殺し屋とさえ呼ばれた真剣師は逃亡と放浪の果てに 180

たこ八郎
コメディアン・昭和60年7月24日没44歳
ノー・ガード戦法の後遺症をあえて治そうとしなかった！ 185

梶山季之
作家・昭和50年5月11日没45歳
徹底した奉仕精神、気遣い… 大流行作家の「華麗な最期」！ 190

唐牛健太郎
元全学連委員長・昭和59年3月4日没46歳
日本中の誰よりも男だった酒豪の若武者「さすらい人生」 196

中上健次
作家・平成4年8月12日没46歳
「にいやんのところへ行きたい」〝無頼派作家〟ただ一度の弱音 202

見沢知廉
作家・平成17年9月7日没46歳
左翼から右翼——両極に揺れた「革命家」は残照に身を投じた 207

寺山修司　歌人、劇作家・昭和58年5月4日没47歳
「休むのは罪悪」の信念を貫き病身でも企画を出し続けた…　213

尾崎清光　政治活動家・昭和59年1月30日没48歳
病室で現金を勘定中に現れた暴漢は「お命頂戴」と告げて…　219

## IV　50代で死んだアウトロー

新井将敬　衆院議員・平成10年2月19日没50歳
身の潔白を証明すべく検察を批判して「武士」は自裁した　226

竹中正久　山口組四代目・昭和60年1月27日没51歳
頑なまでに信念を貫き通しひたすら男の道を全うした！　232

横山やすし　漫才師・平成8年1月21日没51歳
酒、女、ボート…無頼を貫いた破滅型芸人の安らかな死に顔　238

田宮高麿　元赤軍派最高幹部・平成7年11月30日没52歳
ハイジャックを成功させた「明日のジョー」謎の心臓麻痺　243

中島らも　作家・平成16年7月26日没52歳
「生きるということは窮屈…」破天荒な鬼才が予期した最期　248

阿部勉　民族主義者・平成11年10月11日没53歳
伝統右翼と新右翼をつなぎ、生涯浪人を貫いたニヒリスト　254

川谷拓三　俳優・平成7年12月22日没54歳
「殺され役」3000回以上の拓ボンは3度息を吹き返した　259

河合大介　総会屋・昭和61年10月3日没54歳
企業が恐れたコワモテ論客のワルになりきれなかった素顔　264

村上一郎　評論家・昭和50年3月29日没54歳
「ひたはしる思ひ」の果てに日本刀で自刃した〝浪曼者〟　270

成田三樹夫　俳優・平成2年4月9日没55歳
遺稿句集も刊行されていたニヒル悪役の素顔は「文学青年」　276

三浦重周　「重遠社」代表・平成17年12月10日没56歳
「平成の北一輝」は新潟港の埠頭で何も遺さずに散った　282

中川一郎　衆院議員・昭和58年1月9日没57歳
豪快と繊細の間を行き来した「北海のヒグマ」の禁秘胸中　288

野村秋介
新右翼リーダー・平成5年10月20日没58歳
命賭けで責任をとる男を前に新聞社幹部は身動きできず…… 293

山村新治郎
衆院予算委員長・平成4年4月12日没58歳
身代わりで男をあげた事件と非業の死に秘められた因縁！ 299

## V 60代で死んだアウトロー

色川武大
作家・平成元年4月10日没60歳
伝説の無頼派作家は最後まで博奕打ちとしても現役だった 306

藤山寛美
役者・平成2年5月21日没60歳
自分を待つ人がいるかぎり…命賭けで義理を果たす役者魂 311

鶴田浩二
俳優・昭和62年6月16日没62歳
柩は『同期の桜』で送られた二枚目ぶりが際立ったスター 317

若山富三郎
俳優・平成4年4月2日没62歳
任侠映画で生き返った役者が満身創痍で求め続けた「浪曼」 323

猪熊 功
柔道家・平成13年9月28日没63歳
「生き恥をさらせるか！」と合宿で準備を整え遂げた自決　329

五社英雄
映画監督・平成4年8月30日没63歳
女を巡り決闘、刺青、闘病…自分の作品のような波瀾63年　335

竹中 労
ルポライター・平成3年5月19日没63歳
病没寸前、取材地・沖縄で楽しそうに踊った〝喧嘩屋〟　341

檀 一雄
作家・昭和51年1月2日没63歳
天然の旅情の赴くまま生きた最後の無頼派の傑作とは…!?　347

ポール牧
タレント・平成17年4月22日没63歳
男気あふれる喜劇人が挑んだ「空飛ぶ空中指パッチン」　353

牧田吉明
ピース缶爆弾製造犯・平成22年5月29日没63歳
無頼になりきるには知的すぎ知的になるには無頼すぎた男　359

波谷守之
波谷組組長・平成6年11月2日没64歳
「最後の博徒」と謳われた侠客〝美学〟を貫徹した最期とは…　365

三上 卓
五・一五事件主謀者・昭和46年10月25日没66歳
民族派の聖歌を作ると同時に25歳にして残した壮絶な遺書　371

影山正治　大東塾塾長・昭和54年5月25日没68歳
元号法制化を訴え、武士の作法で自決した「純正右翼」　376

鈴木龍馬　住吉会会長補佐・平成14年10月21日没68歳
今も忘れえぬ「ヤクザ武士」がみずからに課した壮絶な最期　381

山下耕作　映画監督・平成10年12月6日没68歳
花と原色にこだわる美学派が描く任侠作品に誰もが唸った　387

# VI　70代で死んだアウトロー

児玉誉士夫　右翼活動家・昭和59年1月17日没72歳
たとえ自分の命を狙おうとも打算なき若者に理解を示した　394

笠原和夫　脚本家・平成14年12月17日没75歳
自分の葬儀の〝シナリオ〟を満身創痍の体で書いた「侍」　400

# VII 80代で死んだアウトロー

俊藤浩滋　「任俠映画のドン」の情熱は終生、変わることがなかった　406
プロデューサー・平成13年10月12日没84歳

田中清玄　武装共産党から天皇制護持へ「純粋な愛国者」波瀾の転向！　412
政治活動家・平成5年12月10日没87歳

川内康範　左右翼を超越した思想信条で「生涯助っ人」を貫きとおした　418
作家・平成20年4月6日没88歳

安藤　昇　真剣の上を歩くような修羅場を潜り抜け行き着いた先は…　424
元安藤組組長・平成27年12月16日没89歳

主要参考文献　429

# Ⅰ　10代、20代で死んだアウトロー

# 山田かまち

やまだ・かまち

詩画人・昭和52年8月10日没17歳

## 突如生を絶たれた天才少年が手にした永遠の「無垢な魂」

山田かまちは紛うかたなき天才、本物の詩人であり、神に選ばれし者であったろう。それゆえにこそ、17歳で夭折の運命を辿らなければならなかったに違いない。

中原中也、村山槐多、立原道造、関根正二、ロートレアモン、レーモン・ラディゲ、原口統三……誰よりも若くしてかまちは死んだ。

若かりしころの三島由紀夫であれば、どれほど彼に嫉妬したであろうか。

誰よりも夭折者の有資格たり得たかまち。ありあまる才能とあらゆる可能性を秘めたまま、若さの絶頂期に天に召されてしまったが、引き換えに手にしたものは何だったのか。それこそ永遠の17歳という生命と、無垢《むく》な魂とではなかったか。

山田かまちが群馬県高崎市で高校の歴史教師の父と会社勤めの母の長男として産ぶ声をあ

げたのは、昭和35（1960）年7月21日のこと。

かまちという変わった名は、父が大学時代に読んだ『日本歴史物語』（河出書房）の国のはじまりの章に出てくる、村人の飢饉《ききん》を救った鹿麻知少年から採って命名したものという。

幼いころから絵ばかり描いていた少年の早熟な天才ぶりは際だっており、3歳にして大人たちを喫驚《きっきょう》させたほどだった。

その類い稀な才能にすぐに気づいたのは、小学校3年生のとき担任となった芸大出身の竹内という教師で、

「そこらへんの日本画家より全然うまい」

と、彼がかまちを連れていった先が、美術評論家の井上房一郎であった。厳しい批評で知られる井上は、かまちが即興で描いた動物画を見るなり、

「大変な少年だ。うまく伸ばせば将来、（俵屋）宗達や（尾形）光琳に匹敵するようになるかも知れない」

と太鼓判を押し、

「君、大切に育てなさい」

と担任教師に告げたという。

かまちが熱中したのは絵ばかりでなく、切手収集、文通、読書、冒険小説の執筆（8歳の

とき、400字詰め原稿用紙25枚の『ガブちゃんの冒険』を書いた)、クラシック音楽鑑賞、天体観測など多方面にわたった。何に対しても好奇心が旺盛で、「僕には1日24時間じゃ足りないよ」というのが、彼の口癖だった。

その鋭い感性と異才ぶりも存分に発揮された。小学校卒業の謝恩会では自ら作詞作曲した構成詩をピアノ演奏し、文通友だちの影響からビートルズにのめりこみ、幼な馴染みである後のBOØWYの氷室京介と松井恒松らとバンドを組み、ロックに夢中になり、高校の学園祭では8ミリ映画の脚本を書き、俳優に扮し、そしてずっと絵を描き、詩を書き綴り続けてきた。

《すぎてゆく時間よ　もどっておくれ　この手のひらに　手のひらだして　ぼくはまっているの　やってきて!　過去の人昔の時間ほら　この手のひらにもどっておくれ　ほら　ぼくはこんなに　こんなに積んだのに　なのに　いいえあなた　はやくもどってきて　ほら　この手のひらに「待ってます。」とかいて……》(15歳)

《虹のように消えていくきょうも　午前0時で明日につながっている》(15歳)

《黒い血の波は空よりも高い。ぼくは涙を流して手をのばしても　ああ、とどかない。波だけは激しく空を洗い、……　しかしぼくのからだはいつまでもとどかない。ああ、この大地に、ぼくはいつまでもいなくてはならないのか。

するると神は言う。「………」》（16歳）

## エレキギターを自宅で練習中に

《激しく生きろ　激しく生きろ　激しく生きろ　宇宙に飛び出す時代　寝ている時じゃない　ばかな友達が何を言おうが　ばかな教師が何を言おうが　親がどんな顔をしようが　君はよく考えて　自分の幸せをつかむんだ　激しく生きろ　激しく生きよう》（17歳）

その詩のテーマは存在論や恋愛であったり、生きる喜びと葛藤、青春の希望や苦悩を謳《うた》ったものあり——で、そこには10代の少年の思いの丈、心の叫びが反映されている。

歌人の俵万智は、かまちの詩を、

「感じやすい心が擦りむけて、ひりひりしている。息苦しいほど素直に、自分と向き合っている。

ときに言葉が多すぎるのも、ときに言葉が足りないのも、なぜか魅力だ。十代の後半という若い魂が、言葉と格闘している様子そのものが、私にはいとおしく感じられる」

と評した（山田かまち『17歳のポケット』に寄せた言葉「擦りむいた魂へ」）。

そんなかまちが突如生を絶たれるのは、昭和52（1977）年8月10日、17歳になってわずか20日目のことだった。

その日、高崎はうだるように暑かった。昼過ぎ、帰宅した母の千鶴子さんは昼食を作ると、階段下から2階のかまちを呼んだ。

が、返事がないので、2階へ上がり息子の部屋へ入ると、かまちは上半身裸のまま絨毯《じゅうたん》の上に横たわっていた。部屋は閉めきってあり、足元に汗だくのピンクのTシャツが脱ぎ捨てられていた。すぐ横に、かまちが20日前の誕生日に父から買ってもらったエレキギターが放りだされてあった。

昼寝しているものとばかり思いこんで、彼女は息子を起こそうとしてその肩に手をかけた。瞬間、ビリッとした感じがした。もう一度手をかけ、「かまち」と呼ぶと、ビリビリッと腕まで異様な感じが上がってきたという。

このとき、すでにかまちは感電死していたのである。エレキギターの練習中の事故だった。外科医によれば、右手で裸のコードに直に触ったため高電流が瞬時に心臓に向かって駆け抜けたもので、汗をかいていると電気のほうで吸いついてしまうのだという。

死後、水彩画やデッサンが描かれ、詩が綴られた、おびただしい数のスケッチブックやノートが、部屋から見つかった。その数、約800点。

平成4(1992)年にはかまちの通った高崎高校近くに「山田かまち水彩デッサン美術館」が開設され、その入館者は巡回展を含めると、10年も経たずに100万人を超えたという。

とりわけ10代の少年少女たちの入館者が跡を絶たず、死後40年近くになるいまも、かまちの至純の魂に触れようと、若者たちが美術館を訪ねてくる。

あたかもバラの棘を指にさして死んだリルケのような死を遂げた17歳の詩画人。かまちもまた死んで伝説と化したのである。

# 川口大三郎《かわぐち・だいざぶろう》

革マル派リンチ殺人被害者・昭和47年11月8日没20歳

## 「山を愛した早大生」は欺瞞に満ちた理由で虐殺された！

思えば、昭和47年という年は、ひとつの時代が終わり、大きな転換期を予兆させる年であった。

では、何が終わり、何が変わったのか？　終わったのは、戦後の多くの学生・青年層を虜《とりこ》にして止《や》まなかった革命運動――というより革命幻想そのものであり、大きく変わったのは、若者たちの政治意識・情熱というものであったろうか。

彼らはほとほとシラけてしまったのだ。何より革命運動を担う〝党派の論理〟の非人間性やそら恐ろしさを改めて思い知って慄然としとことん愛想をつかしたのだった。

この年に起きた事件は、それほど衝撃的であった。それが〝学生運動の墓場〟といわれた連合赤軍大量同志粛清事件であり、そしてそうした一般学生の党派不信・政治運動離れを決定的にしたのが、早大で起きた革マル派による早大生・川口大三郎リンチ殺人事件に他ならなかったろう。

東京・文京区の東大病院アーケードで早大文学部2年生、20歳の川口大三郎の遺体が発見されたのは、昭和47年11月9日早朝のこと。顔、首、胸、背中、足など全身に角材のような凶器でメッタ打ちにされたと思しき長さ5センチ、幅5ミリほどの内出血が40カ所もあった。検視の結果、死因は打撲によるショック死と判断された。

事件の発端は、11月8日午後2時頃のことで、川口が大学で体育実技の授業を終え、テレビ芸術研究会の部室で級友と談笑していると、

「お前、見た顔だな」

通りかかった2人連れの学生が声をかけてきた。革マル派学生で、「おい、討論しよう」と切りだし、川口を、文学部自治会室として使っている127番教室へ誘った。用事があるからと断っても、革マル派は聞きいれなかった。

「討論ならここでもできるじゃないか」

怯《ひる》まない川口に、革マル派はその腕をとり実力行使にうって出た。級友が止めに入ると、そこへ新たな革マル派3人が登場、川口を拉致さながら無理やり自治会室へと引っ張っていく。

それを目撃した別の川口の級友たちが、ただちに彼を奪還すべく自治会室へと駆けつけた。が、教室の入り口には、数人の革マル派がピケを張っていた。

「彼は僕らの友だちなんだ。返してくれないか」

「これは階級闘争の問題だ。あいつはブクロ（＝中核派）だ」

「中核派だという根拠があるのか？」

「これからゲロさせる」

といったやりとりがあり、さらに10名ほどの革マル派メンバーが駆けつけ、

「お前ら、反自治会、反革マルだな」

と大声でわめきながら襲いかかってきたという。級友たちにはどうする術もなく、引きあげざるを得なかった。自治会室に連れこまれた川口の身に、その後、何が起きたのか——。

「遭難」について書き残していた

リンチに関わった革マル派メンバーは十数人。教室の前には4、5人が見張りに立ち、窓ガラスは新聞紙などで目張りされた。彼らは川口をタオルで目隠ししたうえで木の椅子に針金で両手首ともに縛りつけ、椅子ごと壁につりあげると、

「お前はブクロなんだろ」

「Ｓ（スパイ）なのか？　指令を出してる幹部の名を言え！」

　と激しく追及、腕の関節、膝頭、肩等へバットや角材を力いっぱい振りおろし、竹ざおを振るい続けた。リンチはおよそ7時間、終いに川口は意識不明となり、夜10時頃、革マル派幹部の一人が「もういいだろう。降ろせ」と指示、針金をほどきソファーに寝かせた。が、彼はすでにぐったりとして息もなく、数人が慌てて人工呼吸を施したが遅かった。「帰そうか」と相談していた矢先のことで、幹部らは困りはて、対策を練った。結果、彼らは死体を学外へ遺棄することに決め、川口の衣服をパジャマに着替えさせると、車で約4キロ離れた東大病院へ運び、遺体を置き去りにしたのだった。

　川口大三郎とはどんな若者であったのか。

　彼の遺稿集『声なき絶叫』を読むと、明るい性格でジャーナリスト志望、登山好き、きわめて正義感の強いヒューマニストであったことがよく伝わってくる。

　大学入学後、最初のクラスコンパにともに参加した級友は、2次会での印象を、

「私の目の前で、色白の滅法威勢のいい男が大声でわめき散らしながら、酒をあおっている。『飲みっぷりがいいなぁ、もう一パイ』と煽《あお》ると、ますます勢いづいて飲みだし、『お前もまあ一パイ』と返盃する」という調子で泥酔しヘドを吐き、友人宅で眠りこんでしまった痛快な男が川口だった――と追悼文に綴っている。

また、2年生に進級すると、「老人問題、身障者問題、狭山差別問題という社会における疎外・差別に強い関心」を持ち、「差別、とりわけ部落差別問題には深い関心を示し、懸命に学習し、活動した」という（同追悼文）。中核派系の集会に参加するようになったのも、同派が狭山差別裁判闘争に積極的であったればこそで、「既成セクトを否定するオレが単一セクトを支持する会へ入ることは不本意」と日記に記した男が、どこかのセクトの一員になることは考え難く、ましてスパイなどという陰湿な行為ができたとも思えない。殺される理由などなかった。

「広大で、美しい無限の自然」である山をこよなく愛した川口は、山行記録で、『遭難』には、人間的に、自己に忠実に生きよう、真剣に生きようとしたが故に死んでいったという、人間のソウ烈なドラマがある」とも記している。彼の〝遭難〟もまた然り。ただ、決定的に違うのは、彼を死に追いやったのは、「広大で、美しい無限の自然」ではなかったことだ。

彼を虐殺したセクトの言い分は、「川口君の死は、彼のスパイ活動に対する我々の自己批判要求の過程で生じたショック死」という欺瞞《ぎまん》きわまりないもので、早大生の怒りは沸きたった。11日以降、連日2000名を超える学生たちによって革マル派糾弾集会が執り行われた。17日には大隈講堂で「川口君追悼学生葬」が催され、3000名近い学生が参加、焼香台には学生の列が延々と続いた。

この川口の死を契機に、セクト間の血で血を洗う内ゲバ——殺しあいはいよいよ激化、累々と屍《しかばね》を重ねていくことになる。同時に学生運動が衰退の一途をたどるのは、歴史の示すところである。

# 川藤展久《かわふじ・のぶひさ》

## 広島シージャック事件犯人・昭和45年5月13日没20歳

## 「撃ちあい」を望んだ若者は肉親の目の前で射殺された！

テレビ視聴者まで入れたら、その狙撃の瞬間を目撃した人間は、いったいどれほどの数になるだろうか。

昭和45年5月13日午前9時51分、広島港桟橋――。

「撃て！」

「パーン！」

1発の銃声が轟《とどろ》くや、瀬戸内海汽船「ぷりんす」号甲板上のシージャック犯は、グラリと上体を傾け、右手で手すりを摑《つか》んだまま、ズル、ズルッと尻もちをつくようにゆっくりと崩れ落ちた。まるでスローモーション映像を見るようだった。

撃たれた男が右手に握っていたのはライフルではなく、双眼鏡であった。わずか20歳の彼

――川藤展久はそれで最後に何を見ようとしたのか。

このとき、船長以下7人の乗務員を人質に「ぷりんす」号を乗っとり、ライフルを乱射する川藤に対し、岸壁に配備された広島県警の警官隊は300人。警察庁から派遣された大阪府警ライフル班は5人。そのうち3人の狙撃手が上甲板の川藤に、最前からピタリと照準を合わせていたのだ。

船から45メートル離れた桟橋上にI巡査、同じく80メートルの待合室横の入口にK巡査部長、出札口のところにH巡査長――という布陣だった。

ライフル班指揮官のM警部補に、広島県警本部長の「射撃せよ！」の指示が届いたのは、午前9時45分。今まさに「ぷりんす」号は出港すべく岸壁を離れたところだった。

ただちにライフル班指揮官の「撃て！」と命ずる声。だが、その最初の命令に応ずる者は誰もいなかった。その声が聞こえなかったのか、あるいは標的を捉えきれなかったのか。それとも逡巡《しゅんじゅん》があったのか。

直後に再び指揮官の「撃て！」の命令。それに応えたのが最も階級が上で年長のK巡査部長で、彼の放った銃弾は寸分も外さず、川藤の左胸を直撃したのだった。川藤が倒れるのを見た警官たちは、桟橋を駆け抜け、船上へ突進した。

川藤はデッキに倒れながらも、必死に起きあがろうとしていた。ズボンのベルトに差して

いた拳銃を左手で抜き、右手に持ちかえようとしながら、

「――死んでたまるか。もういっぺん……」

と振り絞るように声を発した。それが最後のうめきであった。

川藤のもとへ一番乗りし、その所作を目のあたりにした警官が、すかさず手錠を出し、その手首を握ったところで、川藤は力尽き、ヘナヘナと倒れこんだ。うつぶせになった川藤の赤いチェックシャツの背中からは、血が溢《あふ》れだした。

「おいっ！」警官が肩を揺すっても、何の反応もなかった。「タンカを持ってこい！」後ろに指示し、川藤を仰向けにさせ、左手を押さえた警官が、「まだ生きてるぞ！　救急車を呼べ！」と叫んだ。川藤が船から桟橋へ抱えられ、パトカーで3キロ離れた県立広島病院へ運びこまれたときは、午前10時を少し過ぎていた。

川藤の心臓が停止したのは午前11時25分。弾丸は左胸部の心臓のすぐ下に命中、死因は大動脈貫通による失血死であった。

川藤が狙撃された瞬間を、現場で目撃したのは、警察や汽船関係者、野次馬ばかりではなかった。それは直前まで巡視船から川藤の説得を続けていた肉親――父親と姉のすぐ目の前の出来事でもあった。

## 民間人や船員は絶対に撃たん…

川藤がことのほか可愛いがっていたという生後5カ月の赤ちゃんを抱いた姉は、マイクを握り、
「展《のぶ》ちゃん、バカなことは止めんさい。姉ちゃんがこんなに言うとんの、わからんの。聞けんの⁉」
と5回繰り返し、スピーカーで呼びかけた。2人は仲の良い姉弟だったという。が、それに対し川藤はライフルの発砲（その多くは空に向けられた）で応えていた。

事の発端は前々日11日午前零時ごろ、山口県山陽町の検問所で、盗難車を運転していた川藤、少年2人の計3人が捕まったことだった。連行される途中、川藤らは警官を猟銃で脅し、ナイフで警官の胸を刺し逃走。

翌12日午後3時40分、川藤（他の少年2人はすでに逮捕されていた）は、広島市内の銃砲店に押し入り、散弾銃1丁と散弾銃用の実弾300発、ライフル2丁とライフル用実弾80発を強奪。人質の運転手と軽四輪を解放して逃走した。

同日午後5時、広島港に現れた川藤は、警官らにライフルと拳銃を発射しながら今治行き客船ぷりんす号を乗っとった。

翌13日午前1時ごろ、川藤と人質の乗客らを乗せた客船は松山観光港に到着。給油をするのと引きかえに乗客を解放。その後、出航し、進路を東にとった。が、午前5時15分、今治付近から船をUターンさせ、再び広島へと向かった。

それから3時間半後の同日午前8時45分、ぷりんす号は広島港に入り、第三桟橋に接岸したのだった。

そのおよそ1時間後に狙撃されるまで、川藤が放った銃弾はライフル・散弾銃合わせて百数十発を数えた。

20歳の若者は、いったい何に対してそれほどいらだち、怒りを向けたのか。

それでなくても、騒然たる時代であった。赤軍派のよど号ハイジャック事件が勃発したのも、この年3月31日のこと。その余韻さめやらぬ間に起きたシージャック事件だった。

が、川藤は赤軍との関連を、夕刊フジとの船舶電話インタビューで、

「オレはあんなヤツらのマネをしたんじゃない」

とはっきり否定し、口にしたのはもっぱら警察への不信感と怒りで、「ポリ公相手に撃ちあいをやるんじゃ」と表明したのだった。

岡山・下油井という小さな漁村に生まれ育った川藤は、中学を1年で中退。以後、東京、千葉、広島などでパチンコ店員、飲食店員、工員、大工などをしながら転々とし、少年院生

活も2回経験、寂しく暗い荒《すさ》んだ青春を送った。

短い人生の最後となった3日間も悪さを重ねたが、船長によれば、「民間人や船員は絶対に撃たん」と言明し、売店のコーラを飲むたびに金を払い、乗組員に用事を頼んだあとは、「ありがとう」と礼儀正しかった。自宅では鳩を飼い、花壇に百日草を植えるような花好きの一面もあった。「射殺する前に、説得できたのではないか」との声も聞こえたものだ。

「僕は20歳だった。それが人生で最も美しい年齢だなどとは誰にも言わせない」

と、のたまった、どこぞの若者の教祖的作家がいたっけ。

# 進藤隆三郎

しんどう・りゅうざぶろう

連合赤軍メンバー・昭和47年1月1日没21歳

## 革命戦士への「飛躍を問われ」青年は榛名山に到着するが…

昭和46（1971）年から47（1972）年にかけて勃発、銃砲店強奪事件から浅間山荘銃撃戦、果ては14人の同志リンチ殺人までが発覚し、世を震撼《しんかん》とさせた連合赤軍事件。

陰惨極まりない一連の事件のなかで、かろうじて救われる挿話があるとすれば、山岳ベース入りする前、M（マネー＝資金調達）作戦を敢行していたころの赤軍派の坂東隊のことであったろうか。

坂東隊とは、赤軍派中央軍指揮官だった京大生の坂東國男を隊長とする第1ゲリラ隊のことで、弘前大生の植垣康博もその一員だった。坂東隊のM作戦は、昭和46年3月、宮城県泉市（現仙台市泉区）の振興相互銀行黒松支店に侵入して現金115万円を強奪したのを皮切りに、横浜市内の銀行等でも2件、321万円と45万円の現金強奪を成功させていた。当時、

M作戦を敢行して捕まっていない赤軍派のゲリラ部隊は坂東隊だけだったという。

だが、最初のとき、使用した車の中に落としたメモ用紙から足がついて、植垣は全国指名手配された。そのメモ用紙には、彼らの連絡の中継役をつとめてくれた弘前のバーのホステスの連絡先が書かれていた。むろん彼女は植垣たちが銀行強盗を行っていようとはつゆ知るよしもなかった。

そのため、連日、警察とマスコミが彼女の勤めるバーへ押しかける騒ぎとなった。植垣はその後逮捕され、27年間獄中生活を送った後に出所、その弘前のバーを訪ね、ママに、

「その節は御迷惑をおかけしました」

と詫びたところ、彼女は、

「いいのよ、お陰で売りあげ増えたんだから」

と応え、気にするふうもなかったという。

後日談もあって、当のホステスはそのとき取材に来たNHKの記者と恋に落ち結婚したばかりか、同じ店の別の女の子も同様に、その取材が縁でマスコミの記者と結婚したというのだ。

おまけがもうひとつ。植垣たちの銀行強盗で、ショックのあまり倒れた女子行員がいた。その介抱にあたった警官と彼女は、それが縁で結ばれることになったというから、見方によっては、植垣は3組の縁結びのキューピッド役をつとめたことになろう。

とんだM作戦余話だが、後の連合赤軍の仲間殺しという救いがたい陰惨さに比べ、どれだけホッとするエピソードであることか。

もとより一般社会の規範からいけば、銀行強盗は凶悪犯罪に違いないが、M作戦を展開していた時分の坂東隊には、連続資金徴発闘争という大義名分もあって、暗さはみじんもなく、自由と奇妙な明るさがあったようだ。植垣の著書『兵士たちの連合赤軍』でも、M作戦のためアジトから出かけようとする植垣たちを、坂東隊の女性同志が、

「あんたたち、商売道具を忘れてるよ」

と包丁を持って追いかけてくるシーンがあり、巧まざるユーモアがある。

この時代、植垣は仲間から〝バロン〟の愛称で呼ばれていた。当時のバロン吉元の人気漫画『昭和柔侠伝』から来ており、柔道家ながら左翼的な考えを持ち、純情で侠気《きょうき》のある正義漢の主人公・柳勘太郎に似ているというので、同じゲリラ隊のメンバーである進藤隆三郎が名づけたものだった。

その進藤もまた、山岳ベースで〝総括〟され処刑される運命を辿るのだ。

「こんなものが総括なのか！」

進藤隆三郎は昭和25（1950）年2月10日、福島県郡山市の生まれ。昭和43（196

8）年4月、秋田県立秋田高校卒業後、東京御茶ノ水の日仏学院仏語科入学。昭和44（1969）年1月の東大安田講堂攻防戦に19歳で参加、逮捕されている。

進藤は新宿の「風月堂」やジャズ喫茶「ビレッジ・バンガード」に屯《たむろ》していたフーテン出身で、横浜の寿町で日雇い労働者と一緒に活動していたところを、植垣にオルグされた男だった。自由人気質が濃厚で、植垣に言わせれば、赤軍派の一員という意識はあまりなく、あくまで助っ人感覚であったから、森恒夫に対しても政治局員としての権威など認めず、平気で口答えしていたという。もっと言えば、前述した坂東隊の女性同志というのも、進藤の彼女であった。

そんな進藤を、森は「不良」と決めつけ、榛名ベースへ入る以前から、厳しく総括を要求していた。そのため、進藤は入山する前夜、

「オレはどうしても死ということを考えてしまう」

と植垣に不安を漏らし、そのあとで、

「オレはいまこそ飛躍が問われてると思ってる」

と自分に言い聞かせるようにつぶやいたという。

昭和46年大晦日、榛名に入山した進藤は、年が明けて早々、森の激しい批判と追及を受けた。総括をきちんとしておらず、榛名への参加も消極的であり、到着後の態度も落ち着きが

なく、挙動不審で逃亡を考えているフシがある——との理由による追及であった。

それに対し進藤は、ルンプロ生活からの脱出を不断に願っていたこと、彼女を活動に引っ張り込んだうえに、彼女と組織抜けを考えたこと、赤軍派への加入もM作戦の金が目当てだったこと、榛名へ来る前も逃亡を考えていたこと等々、正直にありのままに自己批判していった。途中、

「山谷物語を聞いてるんじゃない」

と森に遮られても、

「自分が階級闘争に関わったのは山谷だから」

と平気で森に逆らい構わず話し続けるところも、進藤の真骨頂であったろう。

夜明けごろ、進藤は、

「縛ってくれ。自分はそのなかで総括する」

と申し出たが、森に一蹴され、縛られたうえで全員に殴打されることになる。

「腹を殴って気絶させる」とは、気絶から蘇生したときに生まれ変わるといういびつな論理だった。

メンバー全員による進藤の腹への殴打は凄まじかった。そんななか、進藤が叫んだ言葉こそ、そこで唯一の真っ当で正しい人間的真実がこもったものだった。

「こんなものが総括なのか！　何のためにこんなことをされるのかわからない！　革命戦士になるために何でこんなことが必要なのか！」

それは火を吐くような魂の叫びであり、何より痛烈な〝共産主義化〟批判であったろう。が、誰にも受けとめられることはなかった。進藤が内臓破裂で21歳の生命を閉じたのは、それから間もなくのことだった。

# 上温湯 隆《かみおんゆ・たかし》

## 冒険家・昭和50年5月29日没22歳

## 恋い焦がれたサハラ砂漠で花と散った22歳の「サムライ」

上温湯隆にとって、それは物狂いともいえるひとつの夢であった。サハラ砂漠横断の夢。なぜ彼はそれほどまでにサハラに憑《つ》かれ、その夢に賭け、ありったけの情熱を燃やし、青春のすべてをサハラに捧げることができたのだろうか？　ついには22歳の短い生命を燃やし尽くすまでに。

上温湯隆は昭和27年11月29日生まれ。少年時代から冒険心旺盛で、都立町田工業高校に進学したころには日本中をヒッチハイク、同校を1年の夏に中退すると、アルバイトをして旅行資金を作り、皿洗いなどしながら海外をヒッチハイクしアジア、中近東、ヨーロッパ、アフリカなど50余カ国を旅した。そんななか、とりわけこの冒険野郎の心を摑んだのは3回にわたり縦断したサハラ砂漠で、その魅力にハマった彼は20歳のとき、

《……アフリカの砂漠の何かが僕の魂を激しく揺り動かしていた。サハラ砂漠が僕を呼んでいる。生と死の極限状況のなかで、自分の青春を賭けてみたい、この世に生まれた自分の存在の証しを凝視《みつ》めて、その真実を探しあてたい、その思いが僕を駆りたてる》（長尾三郎構成『サハラに死す　上温湯隆の一生』ヤマケイ文庫）

と手記に書くに至った。

サハラ砂漠を単身ラクダに乗って横断すること――それこそ上温湯が抱いた狂おしい夢であった。そして彼はそれを単なる夢に終わらせなかった。夢ではなく、現実のものとするために、決然とチャレンジする道を選びとったのだった。

もとよりそれがどれほど苛酷で死と隣りあわせの危険が伴う冒険であるか上温湯は誰よりもわかっていた。モーリタニア、マリ、ニジェール、チャド、スーダンの5カ国にまたがる世界一広大なサハラ砂漠。そこを南北に縦断した者は大勢いてもラクダで横断した者となると、古来一人もいなかった。アフリカ西岸のヌアクショットから紅海のポート・スーダンまで全長およそ7000キロ。切れ切れのオアシスが点在するだけで横断するルートは一切なし。50度の猛暑のうえに熱風や砂嵐が吹き荒れる人跡未踏の地。

そのサハラ砂漠横断に、上温湯がチャレンジする2年前、ラクダ5頭とアラブ人ガイドを雇い世界で初めて挑戦したのは、イギリス人ジャーナリストだった。が、彼はその途上、あわや一命を落とす寸前までいき、断念せざるを得なかった。

それでも上温湯はあえて、《美しい風紋の陰にひそむ無気味な深淵。その底をのぞいてみたい。その自然の偉大な砂の懐にふれてみたい。その思いは、僕の生きがいにまで高揚していた》と、2人目の挑戦者になる決意をしたのだった。しかも、英国人と違い、ラクダ1頭、単独行という、より厳しい条件でのチャレンジだったが、「冒険とは可能性への信仰である」との言葉を胸に抱き、決然とサハラへと向かったのだ。準備を万全に整え（食料及び食料入れ、水及び水筒・ポリタンクや薬品、ナイフ、地図、コンパス、時計、カメラ等）、出発地のモーリタニアの首都ヌアクショットでラクダを手に入れ「サーハビー」（アラビア語で「わが友よ」の意）と名づけた上温湯が、ついにサハラ砂漠横断の旅をスタートさせたのは、昭和49年1月25日のことだった。

## 〝ラクダ君〟の愛称で人気者に

《――わが友、サーハビーとの2人だけの砂漠の旅。昼はギラつく太陽が砂丘を越えて進む僕たちからすべての思考をとりさる。暑さのあまり、もうろうとなる。汗がしたたり落ちる。熱砂のなかで苦しんだかと思うと突如砂嵐が襲ってくる。夜は一転して寒い。しかし、こんなことは序の口なのだ》（前掲書）

と上温湯は旅の日記に記した。

そんな彼のサハラ横断の冒険が破綻を来すのは、5カ月後の6月16日、マリ共和国へたどりついたところで相棒のラクダ・サーハビーが疲れと栄養失調で死を余儀なくされたことによる。7000キロの行程のうち、3000キロを踏破した地点でのことだった。上温湯自身もビタミン不足で壊血病にかかり、泣く泣くサハラ横断の旅を中断せざるを得なくなった。失意のままアフリカ各地を放浪し、やがて彼は再起を期してナイジェリアの貿易港ラゴスに向かった。街には日本大使館があり、商社員など約350人の日本人がいた。

彼はそこで時事通信社の長沼節夫支局長に出会い、何かと支援を受けた。在留邦人向け日刊紙にも紹介され、〝ラクダ君〟の愛称で上温湯は邦人たちの間ですっかり人気者になった。

ラゴスに7カ月ほど滞在し英気を養った彼は、再びサハラへと向かった。先に旅程を中断したマリ共和国のメナカからサハラ横断の冒険を再開するためだった。彼はラゴスを発つに際し、世話になった邦人へのお礼の気持ちをこめ、こう再出発宣言を綴った。

《サハラよ！　俺は不死鳥のように、お前に何度でも、命ある限り挑む……必ず貴様を征服する！　それが貴様に対する、俺の全存在を賭けた愛と友情だ》

ラゴスから1カ月ほどかけメナカに着いた上温湯は、昭和50年5月16日、残り4000キロの踏破を目差し、アフリカ東岸の最終地、ポート・スーダンへ向け、新しいラクダ――サーハビー2世とともに旅立った。

だが、それから2週間後の5月29日、彼はマリ共和国北部の砂漠で死体となって発見された。医師の解剖の所見によると、死因は「渇きと飢え」。水や食料を積んでいたはずのラクダの姿はどこにもなかった。

ラクダがいなくなったことに気づいた上温湯が必死になって捜しまわっても見つからず、熱風や砂嵐に巻きこまれたのであろう。やがて喉の渇きと飢えに限界を感じたとき、彼はジタバタせずに灌木《かんぼく》の下に横たわり、死の覚悟を決めたのだった。激しい喉の渇きに耐えながらも、決して取り乱さず従容と死んでいく態度こそ大事なのだ、と。それこそ薩摩・島津藩の武家の血を引く母の、

「人間は死に際が肝心。その人の価値は最期の瞬間にわかるのです。どうせ死ぬとわかったら、醜い死にざまはやめなさい。昔の武士らしく信念に生き、どうせ散るなら、桜の花のように散りなさい」

との教えに他ならなかった。誰よりもサムライの心を持った冒険野郎は、わずか22年の命を恋い焦がれたサハラに散らしたのだった。

# 江藤小三郎《えとう・こさぶろう》

思想家・昭和44年2月11日没23歳

## 安田講堂の攻防から1カ月後青年が猛炎に遺した「覚醒書」

昭和44年1月18日、8500人の機動隊が東大に出動して始まった、いわゆる安田講堂攻防戦は、あの時代、全国を席捲《せっけん》した大学闘争を象徴する事件であった。

安田講堂に立て籠もった全共闘系学生たちは投石や火炎瓶などで激しく抵抗し、攻防は夜になっても続いた。警察側は投光器で照らしてガス弾や放水を浴びせ、ヘリコプターから催涙弾も投下した。封鎖が解除されたのは19日午後5時45分。2日間での構内の逮捕者は631人を数えた。

この攻防戦の間、その行方を、誰よりもある危惧を抱いて見守っていたのは、楯の会を主宰する作家・三島由紀夫であった。

三島が恐れたのは、立て籠もる学生たちが安田講堂から飛び降りて自決を図ることだった。

そんな自殺者が一人でも出れば、世論はいっぺんに変わって学生支持にまわり、機動隊も手が出せず、安田講堂は難攻不落の砦《とりで》となるであろう。まして全共闘系学生たちは、「安田講堂死守」「最後の決戦」と呼号しているのだから、命を懸けていると思えるのは当然であった。

ところが、三島の懸念は杞憂《きゆう》に終わった。攻防戦は学生たち全員が投降して幕が下りた。「死守」も「最後の」も、所詮はレトリックに過ぎず、最初から死ぬ気など毛頭なかったのだ。

この東大安田講堂の攻防戦はテレビ局が生中継で放映。NHKでは視聴率44・6％をあげた。

あたかも〝劇場〟と化した舞台のなか、彼らは遺書を書き、「見事に散ってみせるぞ」と壁に書き残す者までいたというが、あくまでそれは投降という終幕までの〝演技《ポーズ》〟に過ぎなかったわけだ。

それから1カ月後の建国記念の日に、スポットライトもテレビもなく、観客もいない場所で、本当に命を懸け、壮絶なる焼身自決を遂げた一人の若者がいた。

彼は2月11日午後11時40分ごろ、国会議事堂正門前の尾崎記念会館（現・憲政記念館）の脇、内堀通りの歩道で用意した20リットル入りのポリ容器のガソリンを全身に被り、自らに火を放ったのだ。

たちまち猛炎が彼を包みこんで、5メートルも噴きあがった炎を最初に発見したのは、周辺を警備中の第一機動隊員であった。

非常事態に気づいた機動隊員は、近くを走るタクシーを急いで止めた。

「消火器はどこだ⁉」

タクシーの運転手から消火器を受けとると、機動隊員は火ダルマの男に駆け寄ってすぐに消火器を噴射、どうにか消し止めた。だが、若者の命を救うには間にあわなかった。身につけていた黒のドスキンダブルの礼服も黒焦げになり、原形を留めなかったが、内ポケットのビニールに包まれた遺書は無事だった。

この23歳という若さで「見事に散ってみせ」た若者の名は、江藤小三郎といった。

## 三島の文章にも本気と記された

400字詰め原稿用紙2枚に黒インキで書かれた遺書は、「覚醒書」と題され、こうあった――。

《渾沌たる世界。暗雲、立籠む皇國。自然科学に侵され、地獄道に落ちし民族。是を救ふ道、一事に極む。是、大自然にそいし、無私の心成。無私の心、真我に通ず。真我集へば、敗る丶事なし。國の大事、総《す》べて無我より始まる。此処に気付き行なえば、後は康し。一皇万民、天皇の許に真我が集ふ時。皇國厳然として興る。皇子、皇民、一丸となり、熱鉄玉を呑む勢にて行えば、世界万民を救ふ道を成す事、難くなし。我、神命により、不生不滅の生を得む。我「建国の日」に魂魄《こんぱく》となりて、民族の危機にあたる者成。》

末尾に歌2首が記されていた。

あらあらし　そらにこみどり　大楠の　大御心を　誰ぞ知るらむ

かくすれば　かくなるものと　知りつつも　やむにやまれぬ　大和魂

前者は彼――江藤小三郎の辞世、後者はよく知られる吉田松陰の歌である。

江藤小三郎は、江藤新平の曽孫に当たる。明治7年、江藤新平は岩倉具視、大久保利通らと征韓論争で衝突し、西郷隆盛とともに廟堂を去って佐賀に帰り、兵を挙げ、敗れて殉難した。

新平の長男・新作は満鉄社員であったが、その長男の夏男は戦後、衆議院議員として吉田茂内閣時代には防衛政務次官をつとめ長く政界に身をおいた人物。その三男にして昭和20年に生を享《う》けたのが、小三郎であった。

江藤小三郎は横浜の中学を卒業後、少年自衛隊に入隊。横須賀・武山の少年工科学校に入学し、4年間学んで卒業後、駐屯地に配属され陸上自衛官として活躍した。自決時はすでに自衛隊を退官していたという。

「少年工科学校というのは、旧陸軍でいえば、豊橋にあった下士官養成の教導学校に当たるもの。陸軍教導学校は尋常高等小学校を出れば、15歳で入れたんだが、同様に4年制でね、卒業すれば階級は即伍長。戦後の少年工科学校も4年間まったく自衛官と同じ生活をして、19歳で卒業したときには三曹待遇。その競争率は20倍という難しさで、優秀な者でなければ入れない。江藤小三郎さんの場合、少年工科学校卒業後、どこの陸上自衛隊の駐屯地に配属されたのか、また、いつ退官したのかもわかっていません」（消息筋）

悲しいかな、この江藤が民族の覚醒を祈って一命をなげうった事件は、その無名性ゆえにマスコミで取りあげられることはほとんどなかった。江藤とはどんな人物なのか、他にかけがえのない自らの命を犠牲にしてまで、世に訴えたかったこととは何なのか、報じられることはなかった。

世は70年安保直前にして左翼全盛時代、とりわけ街頭や学園に新左翼運動が猖獗《しょうけつ》を極め、左翼にあらずんば人にあらず、彼らの運動はおしなべて報じられても、そうでなければ黙殺されるのがオチだった。

江藤小三郎に関して、ほとんど唯一といえる三島のこんな文章が残っている。

《芸術がどうしても及ばないものは、この焼身自殺のやうな政治行為であって、またここに至らない政治行為であるならば、芸術はどこまでも自分の自立性と権威を誇つてゐることができるのである。私はこの焼身自殺をした江藤小三郎の「本気」といふものに、夢あるひは芸術としての政治に対する最も強烈な批評を読んだ一人である》(『若きサムラヒのために』)

# 大場政夫

おおば・まさお

ボクサー・昭和48年1月25日没23歳

## 〝栄光〟という名のスポーツカーで人生を駆け抜けたヒーロー

世界フライ級チャンピオンという栄光の絶頂、23歳という若さの絶頂にあって、スポーツカーで激突死――まるで三島由紀夫の作中人物さながら、まさに三島流〝殉教の美学〟を地でいくような死にかたをした若者こそ、「リングのヒーロー」大場政夫であった。

だが、「日本が生んだ最強のボクサー」とまで評された世界チャンピオンの死は、日本ボクシング界、関係者、ファン、何より本人にとって、これ以上の悲劇はなかった。

大場の運転するスポーツカーが、東京都新宿区新小川町3丁目の首都高速道路5号線大《おお》曲《まがり》付近に差しかかったのは、昭和48年1月25日午前11時20分ごろのことである。

現場は江戸川橋に近く、通称〝大曲カーブ〟とはいっても、大曲は地名であってそれほど急なカーブではなく、それまで事故など起きたことはなかった。が、起こるはずもない事故が起きた。

大場はそのカーブを曲がりきれず、車は分離帯を乗り越え、上り車線の渋滞で停車中の大型トラックに激突した。車は大破し、大場も全身を強く打って血にまみれた。

高速交通警察隊のパトロールカーが現場に駆けつけたとき、大場は愛車の運転台にはさまれ、着ていた白いスーツが血で真っ赤に染まっていた。隊員が運転台から救出するのに10分くらい要し、大場を抱きかかえたとき、その首はガクンガクン揺れたという。

大場は大塚の日通病院へ運ばれる途中、午前11時55分、死去した。直接の死因は頭蓋底骨折と脳挫傷。全身打撲で、左8本、右3本、計11本の肋骨が折れ、脳脊髄液が飛び散るほどの大惨事であった。にもかかわらず、〝リングの貴公子〟といわれたその端整な顔だけはなぜか無傷で、眠ったように見えたという。

事故を起こした愛車は、純白の73年型シボレー・コルベット・クーペで190馬力、5700cc、最高時速205キロ、日本には2台しかないという高級スポーツカー。値段は昭和48年当時の金額で500万円。

販売元の会社では、

「重心は低いし安全性は抜群。運転操作も難しくない」

と言い、警視庁も、

「蛇行しているタイヤの跡が30メートルもあるところから判断すると、推定100キロ近いスピードが出ていたと思われる。制限速度は60キロだが、普通の技術があれば100キロでも回れないことはない」

と発表していることから、スピード・オーバーと運転技術にも問題があったようだ。

大場の運転歴は4年だが、マイカーを持ったのは1年3カ月前の46年10月で、ポンティアック・ファイヤーバード（約400万円）を購入。件《くだん》のシボレー・コルベットは死の12日前に買い替えたばかりだった。

酒も女も御法度、宿命的に減量も課されて食べる楽しみもないチャンピオンにとって、道楽は車だけ、かなりのスピード狂でもあったようだ。東名高速を170から180キロ、時には200キロオーバーのスピードで突っ走ったという。

そんな大場の運転する車にだけは、さすがにジムの若い選手たちも、誘われても絶対に乗りたがらなかったという話も伝わっている。

## お袋、今に家を建ててやるから

大場政夫はいわば〝ボクシングズ・ドリーム〟を叶えた男だった。

昭和24年10月21日、東京・足立区の貧しい工員の家に6人兄弟の三男として生まれた。昭和40年4月、足立区立六中を卒業後、上野の菓子問屋に就職。同年6月、会社の寮の近くにある帝拳ジムでボクシングを始めた。

「最初にジムに来たときは痩せて目だけがギョロギョロした栄養不良みたいな子どもでした」

とはマネージャーの弁だが、大場は子どものころから嫌というほど貧乏を体験、雨漏りのする四畳半の部屋で育った。食べ物や着る物を取りあって兄弟喧嘩したばかりか、大場の背中の大きな火傷の跡も、寒い日、家の唯一の暖房器具である七輪（火鉢）を兄と取りあった結果であったという。

そんなハングリー精神の固まりともいえる根性に加え、生来の負けん気と抜群の運動神経でボクシングに取り組んだ大場は、昭和41年11月7日にデビュー以来、メキメキと頭角を現していった。軽快なフットワークから繰りだすジャブ、ワンツーは新人離れしており、向かうところ敵なしだった。破竹の勢いで勝ち進み、やがて〝チャンピオン殺し〟の異名をとるまでになった。

初めて世界王座に就いたのは45年10月で、ベルクレック・チャルバンチャイ（タイ）に13回、劇的なKOによる勝利であった。以来、48年1月2日にチャチャイ・チオノイ（タイ）を12回KOで倒したのを含め、5度の防衛に成功、日本人のフライ級チャンピオンとしては、白井義男の4度を上回る新記録を樹立したばかりだった。全戦績は38戦35勝2敗1分け（16KO）、19連勝中という赫々《かっかく》たるものであった。

大場が防衛戦のために強いられた減量は10キロ以上で、その苛酷さは想像を絶した。とりわけ最後の1〜2キロを落とすのが地獄の苦しみといってよく、1週間以上もほとんど飲まず食わずでスパーリングを続けるような状態だった。

それでも大場は、

「貧乏してたころを思えば、減量の苦しさなんて何でもない」

と突っ張り、

「お袋、今に家を建ててやるからな」

というのが口癖だった。

その言葉通り、世界チャンピオンになった翌46年、初防衛戦に勝利すると、埼玉県杉戸町に100坪の土地を買い、2階建て延べ45坪の家を建てて両親に贈った。

最後の防衛戦で手にしたファイトマネーの大半を投じて買ったのが、運命のコルベット・クーペだった。

事故当日の朝、大場は帝拳ジムに、

「昼ごろ行きます。ケーキを買っていくからお茶をいれて待っていてください」

と電話を入れると、日本橋の高島屋でケーキを買い、首都高速5号線でジムへ向かったのだった。それは死への疾走に他ならなかった。「栄光」という名のスポーツカーに乗り、彼にとって「青春」そのものとなった「人生」をあっという間に駆け抜けた男こそ大場政夫であった。

# 寺岡恒一

てらおか・こういち

連合赤軍最高幹部・昭和47年1月18日没24歳

## 凄惨なリンチを受けてもなお革命戦士としての死を望んだ

「君が代の安けかりせばかねてより身は花守となりけむものを」

福岡藩の勤王の志士・平野国臣が詠んだこの歌を、こよなく愛唱したというのは、元日本赤軍の指導者・重信房子であった。

幕末という乱世であるがゆえに平野国臣が花守になるのを諦めざるを得なかったように、重信もまた大学紛争が荒れ狂っていない平穏な時代であったれば、赤軍派から日本赤軍に突き進むことなく、もっと別の人生があったかも知れない。自身が望んだ学校教師になって子どもたちに慕われる熱血先生になっていたやも知れぬ。

が、時代は70年安保を前にして、確かにある種の乱世であった。学園紛争は燎原《りょうげん》の火のように全国に燃え広がり、ゲバ棒ヘルメット学生たちは学園ばかりか街頭にも繰り出して各地で機動隊と衝突、昭和43（1968）年の10・21国際反戦デーには新宿で騒乱罪が適用されるなど、世はまさに革命前夜とも呼べるような様相を呈していた。

そんな時代に横浜国大に進学し、革命左派に入り、やがて連合赤軍の指導部（C・C＝中央委員）となり、榛名山でリンチを受け連赤メンバーのなかでも最も凄惨な殺されかたをした寺岡恒一もまた、それは重信同様、「君が代の安けかりせば」ゆえの選択肢であったかも知れない。

大学に入学した当初は釣友会という同好会に入っていたほど釣り好きだった彼の場合、学生運動に出会っていなければ、「花守」ならぬ「釣人」となり、ひたすら趣味人として送る生涯もあり得たのだ。映画『釣りバカ日誌』の主人公・浜崎伝助のように、大企業に身を置きながら釣り三昧の道楽の世界に生きるという気楽で平穏なまるで別の人生——そんなパラレルワールドも彼には存したのだ。

もとより、いまさらそんなことを言っても詮ないことには違いない。では、寺岡恒一と浜崎伝助とを頒《わか》ったものとはいったい何だったのか。

この寺岡と中学時代からの友人だったという人物に、いまや作家として巨匠の域に達した北方謙三がいる。

寺岡と同じ昭和42（1967）年に中央大学に進学した北方も、ブント（共産主義者同盟）系の学生として全共闘運動に参加した一人だった。ガチガチの党派性からは比較的自由なところにいたブントも、東大安田講堂攻防戦以降は風向きが変わって、御多分に漏れず内ゲバが激化し、後の連合赤軍につながるような風潮ができあがっていた。

北方の周囲でも、リンチの末に殺されたり、鉄パイプの餌食になったり、糾弾されて自殺に追いこまれたり、何人もの友人が若くして命を落としたという。もはや牧歌的な学生運動の季節はとうに終わって、殺しあいがまかり通り、武装闘争を呼号し爆弾まで登場する時代になっていたのだ。

《ブントにいた友人は、リンチされて廃人同様になり、故郷に帰って自殺した。彼が信奉していたリーダーが獄中で転向声明を出したと聞いたときは、下の者が意志を曲げずに死んだのに、と激しい怒りを覚えた。「刺し殺してやる」と、本気でナイフを研いだほどだ》（「わが全共闘運動秘史」北方謙三『文藝春秋』平成17年6月号）

## おまえの行為は反革命…

当時、さんざん学生たちを煽ったこの手のリーダーのなかには、さっさと学生運動から足を洗い、何食わぬ顔で大企業に勤め、出世した者も少なくないというから、始末が悪い。

あの時代、こうした手合いを始め、遊び半分やファッション感覚で学生運動に参加した者が多かったのも事実である。むろん彼らは早々と運動からは身を引いて就職し、誰よりも資本主義の恩恵に与《あずか》って現在に至っているのが大半であろう（いまはもうほとんどが定年退職の身であろうけれど）。

そんななか、最後まで愚直なまでに本気で思いつめて「革命」を目指し、もはや引き返すことのできない地点にまで行き着いていた一群が、連合赤軍であった。

赤軍派と革命左派が合体して生まれた連合赤軍が、結成早々、群馬・山岳ベースで導入したのが、〝共産主義化〟＝〝革命戦士化〟理論に基づいた暴力的自己総括だった。だが、それは理論の実践というより、極限状況のなか、常軌を逸したリンチ以外の何ものでもなく、昭和46（1971）年暮れから47（1972）年の年明けにかけて次々と死者を出す事態となった。

昭和47年1月18日、指導部メンバーとしては初、連合赤軍全体としては7人目の犠牲者となったのが寺岡恒一であった。

「政治的傾向が官僚主義的スターリン主義である」

と批判され総括を求められていた寺岡が、本格的に追及されるのは坂東國男とともに次のベース候補地調査から榛名へ戻ってすぐ、昭和47年1月17日夕のこと。寺岡が問題にされたのは、総括死したメンバーの死体を皆に殴らせたこと、別の女性メンバーを縛るとき、「男と寝たときのように脚を開け」と発言したことなどで、追及は延々と続いた。ついには全体会議に持ちこまれ、18日午前1時ごろ、被指導部メンバー全員が起こされた。皆によって苛烈な暴力が行使されるなか、

「調査中、坂東さんをナイフで殺して逃げようと思ったが、隙がなかった」

と寺岡は、当の坂東が内心で首を傾げるような事実と違う発言をしたり、

「M作戦で商社から数千万円奪うつもりだった」「宮殿を造って女をたくさん侍《はべ》らせて……」

などあり得ないことを話しだす。警察の拷問めいた取調べに、虚偽自白をしてしまう冤罪《えんざい》事件の被疑者とよく似た心理であろうか。

それでも寺岡は、警察権力との関係については、森恒夫に大腿部にナイフを突き立てられ抉《えぐ》られても、きっぱりと否定し続けた。

「おまえの行為は反革命と言わざるを得ない。根本的な総括が必要だが、おまえに期待はできない。死刑だ！」

と森から宣告を受け、

「最後に言い残すことはないか？」

と問われると、寺岡は、

「革命戦士として死ねなかったのが残念です」

と落ち着いて答えた。

その最期は凄惨極まりないものだった。アイスピックで代わる代わる心臓を突き刺され、最後は4人がかりで首を絞められた。絶命するまで長時間を要したが、その間、彼は泣きを入れたり、命乞いすることも一切なかった。24歳であった。

# 福沢幸雄《ふくざわ・さちお》

カーレーサー・昭和44年2月12日没25歳

## 元勲の曾孫は「昭和元禄」を時代の申し子として疾走した

世は昭和元禄真っ盛り。若者の風俗は戦後以来のスピード、スリル、セックスに加え、ヒッピー、フーテン、ハレンチ、アングラ、ポップ、サイケデリック、ゲバルト、おおモーレツ……が大流行《おおはや》り。そんな狂騒の時代の申し子、若き英雄と呼ぶにふさわしい男こそ彼であったろう。ヒーローとしての資格をすべて持ちあわせた男——福沢幸雄はこの時代を彗星のように駆け抜けていったのだった。

25歳、独身。身長170センチ、体重62キロ。パリ生まれの慶大出身。日本のトップクラスで国際的なレーシング・ドライバー、ベストドレッサーとしても有名で男性ファッション・モデルとしてAクラス、ファッション・デザイナーとしても活躍。父が慶大法学部助教授、曽祖父は明治の英傑・福沢諭吉という毛並みの良さ、声楽家のギリシャ人を母に持つハーフで、彫りの深い異国風の超美形である。

おまけに英・独・仏語がペラペラ、学生時代は100メートルを11秒台で走り、アメリカンフットボールのクォーターバック。音楽や絵画、映画にも造詣が深く、楽器はベースをこなし、左ききで弾くギターはプロ並みの腕前……という多才ぶりで、およそカッコいいという言葉はこの男のためにあるとしか思えなかった。これほど女にモテまくった男もいなかったろう。

カー・レーサーとしてつねに死と隣りあわせ、明日をも知れない命を生きているというヒリヒリとした緊張感が、甘いマスクにニヒルな翳《かげ》をおとしていた。

この何から何まで完璧な若者に、いったいどんな運命が待ち受けていたというのか。それは、誰にも予感できたのではなかったか。

神々に愛されし者は夭折するという定理……。

この定理に導かれ、福沢もまた何かに魅いられるように死に向かって疾走し、青春の真っ只中、人生の最も生命力に溢れた季節に天に召されたのだった。

その日、昭和44年2月12日、静岡県袋井市村松のヤマハテストコースは朝から晴れあがって無風状態、コンディションは最高だった。

午前10時から試走を始めた福沢の運転するレーシング・カー「トヨタ7」(3000cc)

は、1・6キロの直線コースを時速250キロで快調に飛ばしていた。悲劇が起きたのは8周目に入った直後、時刻は午前11時45分、左カーブに差しかかろうとするあたりからだった。福沢の車はフラッと揺れ、大きく右へ向きを変えて横向きとなり、コースを外れてグリーン・ベルトに突っ込んだのだ。

車はそのまま角材でできたカーブ標識をはね飛ばし、「ドカーン！」という爆発音とともにジャンプ・コースを囲むガケに激突。火を噴いた車はたちまち全体が炎に包まれ、30メートルほどバウンドしてもう一つの小高い丘にぶつかってようやく停止した。

福沢は即死であった。死因は頭蓋底骨折による脳挫傷、他に両下腿開放骨折、両手関節開放性脱臼骨折が重なったうえ、即死の状態で炎に包まれ、顔面、両前腕、両下腿火傷III〜IV度、他部はII度の全身火傷を負っていたという。

が、そうした死体検案書とは相違して、現場検証に立ちあった医師によれば、死体の損傷は見た目にはわからず、血まみれの状態でもなかったようで、耳から少し血が流れていた程度で苦痛の表情もなく、安らかな死に顔であったという。

## もう一人の若者の対照的な最期

福沢幸雄は昭和18年6月18日、パリ生まれ、終戦後、家族とともに帰国。慶應中等部、高等部を経て慶大に進学。在学中からスピードの魅力にとりつかれ、パリのレーシング・スクールなどで技術を学び国際A級ライセンスを取って帰国。昭和41年1月、トヨタ・ファクトリー契約ドライバーとなる。

昭和42年3月末、日本グランプリのトレーニングで、新開発されたトヨタ2000GTを駆って富士スピードウェイを走行中、事故に遭い、顔の右半分と背中を火傷し、回復に4週間を要した。昭和43年秋の鈴鹿1000キロレースで総合優勝、同年11月には、日本初の国際レースである富士スピードウェイの日本カンナムレースで日本人トップ、総合4位の成績を収める。

顔と背中に火傷を負った2年前のトレーニング中の事故のときも、炎上するマシンから間一髪で逃れ、九死に一生を得ていた。それだけに時速250キロのドライビングがつねに死と背中あわせであることは本人が誰よりも知っており、

「ドライビングは自分自身との闘いで死との闘いじゃない。だから恐怖なんてないよ」

とつねづね語っていたのだが、なぜか今回だけは初めて経験するコースとあって、前夜、ガールフレンドとの電話で、

「明日、乗るの、嫌だなぁ」

とめったにない不安を漏らしていたという。

車やレース界にくわしい作家・大藪春彦が、福沢の突然の死をこう悼んでいる。

「福沢君はクールでもあるが、元来、ホットな男性だよ。トヨタで一番速い男といわれ、トヨタの中では引っ張り役をやらされていた。だからこそ常にマシンと自分の能力のギリギリまで追究していた。背中に死神がおぶさっていたといえるのじゃないか。テスト中にも限界を追究してあるいは限界を越えたのだろう。ドライバーの栄光と悲惨がつくづく感じられてならない」（『週刊プレイボーイ』昭和44年3月4日号）

ところで、不思議な符合というのか、福沢の死んだ前日、同じ明治の元勲の曽孫が同じように壮絶な死を遂げている。佐賀の乱の主謀者として処刑された江藤新平の曽孫・江藤小三郎が国会議事堂前で民族の覚醒を訴え焼身自殺したのだ。

つまり維新の偉大な元勲の曽孫が、偶然にも2日連続して激烈な最期を遂げているのだが、片や昭和元禄の世を心底憂え、一方はその申し子のように昭和元禄を演じきった若者だった。2人にはまるで接点もなければ共通項もなく、対照的な生きざまであり死にざまであったろう。

それでも23歳、25歳という青春の絶頂期の死は、自らがど真ん中に生きて憂え、あるいは体現した狂騒《こうぼう》の時代そのものに対して己の全存在を賭けて落とし前をつけた感は否めず、いまも赫奕《かくやく》たる光芒を放っている。

# 森田必勝《もりた・まさかつ》

民族派活動家・昭和45年11月25日没25歳

## 「道連れ」などではなく三島に蹶起を促した青年の心意気！

三島由紀夫というノーベル文学賞候補にもなった高名な国際的な作家の陰に隠れて、その若者の名はとかく世間から忘れられがちであった。が、彼の存在を抜きにしてあの事件は語れないだろう。それほど三島と最後の行動をともにした男——森田必勝という25歳の若者が自決した衝撃は大きかった。いや、彼が三島と一緒に死んでいなかったら、私のなかで、あの事件の意味あいさえ違ったものになっていたかも知れない。

戦後25年、高度経済成長はピークに達し、人は平和と繁栄に酔いしれ、〝昭和元禄〟といわれる泰平ムードが世に満ち満ちていた時代に、自分といくらも歳の違わぬ若者が、国を憂えて腹を切ったという事実。まず、そのことに打ちのめされた。命を賭けるとはどういうことか、その言葉の意味、言葉の重さを、心底から教えられた思いがした。

そのころ、猖獗を極めていた新左翼学生運動なるもの――二言目には「権力との闘いに命を賭ける」などと称していた連中のやっていることが、いかに口だけの欺瞞に満ちたものか、改めて思い知らされた気がしたものだった。

森田必勝の存在は、ある意味で三島以上に大きく、その自決は自分たちの胸に刃を突きつけられたも同然であったが、メディアは事件を「三島事件」と呼び、論評も三島一辺倒、森田はその無名性ゆえにきちんと取りあげられることもなかった。「三島に殉死した青年」といった扱いはまだしも、ひどいのになると、「三島美学の完成のために道連れにされた青年」などと評される始末で、誤解や偏見も甚だしかった。

私がかつて元楯の会関係者や森田と親しかった元民族派学生活動家に取材したとき、彼らから聞こえてきたのは、

「あの事件は三島先生に森田が引っ張られたのではなく、むしろ森田が三島先生を突きあげた結果、起こったものだ」

「森田は理論より行動志向。彼の関心は行動の意味づけにはなく、いつ何をやるかという一点にしかなかった。事件があああいう形をとったのも、森田学生長がいればこそだったと思う」

との声だった。

また、関係者多数に取材して森田の評伝『烈士と呼ばれる男』（文藝春秋）を書いた直木賞作家の中村彰彦も、事件の本質は「三島事件」というより「森田事件」なのではないか——との見解を同著で示している。

《三島が一〇・二一に自衛隊の魁として治安出動する夢に破れたこと。ならば自衛隊に蹶起を呼びかけ得る状況を作り出すためにも国会占拠を、必勝が考えたこと。それらが相俟ってふたりは最終的に歩調をそろえた、と私は見るからである》

さらに、死の1、2カ月前ころには、森田は最も近い同志たちに、

「ここまできて三島が何もやらなかったら、オレが三島を殺《や》る」

と口走るようになっていたという。むしろ、森田のほうが「義のためにともに起《た》って死のう」と三島を促し突きあげていたことになる。

こう考えると、森田に対する「三島に道連れにされた若者」などという評がナンセンス極まりなく、どれほど森田必勝という一個の人格をバカにした言であることか。その根底にあるのは、「どうせ思想も理論も主体性もないバカな右翼青年」という抜きがたい蔑視であったろう。なにしろ、世の中、「左翼にあらずんば人にあらず、マルクス主義にあらずんば思想にあらず」という時代だった。

三島は、同志への命令書で、

《三島の自刃は隊長としての責任上、当然のことなるも、森田必勝の自刃は、自ら進んで楯の会会員及び現下日本の憂国の志を抱く青年層を代表して、身自ら範を垂れて、青年の心意気を示さんとする、鬼神を哭かしむ凜冽の行為である。三島はともあれ、森田の精神を後世に向って恢弘《かいこう》せよ》

と述べている。三島とともに森田が自刃した意味はことのほか大きく、なおさら事件を「天才作家の異常な死」だとか「三島美学の完結」などと評して済ませられるものではあるまい。

## 裂帛の気合いで左脇腹に短刀を

昭和20（1945）年7月25日、三重県四日市市に生まれた森田必勝が地元の高校を卒業後、2浪の末に早稲田大学教育学部に入学したのは昭和41（1966）年4月のこと。時あたかも前年暮れの学館問題、学費値上げに端を発して火の手のあがった早大紛争真っ盛り、後に全国学園に燎原の火のように拡がった大学闘争の魁《さきがけ》となった。

こうした左翼学生運動に対抗し早大国防部を中心にして生まれたのが、民族派学生組織の日学同（日本学生同盟）で、森田必勝もこれに参画。2年後には、その戦闘部隊としての全日本学生国防会議が結成され、初代議長に就任したのが森田であった。

一方で、森田はこのころ、民間防衛隊を構想していた三島由紀夫と出会い、三島小隊（後の楯の会）の第1回自衛隊体験入隊に参加、2人は急接近していく。森田が三島に送った手紙は、

「私は先生のためにはいつでも命を投げだします」

というもので、それは三島をして、

「どんな美辞麗句を並べた礼状よりもあのひと言で参ったよ」

と言わしめた。

やがて森田は楯の会に専念すべく日学同を離れ、同2代目学生長に就任、最後の蹶起《けっき》に向けてまっしぐらに突き進んでいく。

森田は司馬遼太郎の『燃えよ剣』を愛読し、坂本龍馬や高杉晋作以上に新撰組副長の土方歳三の生きかたに強く魅かれ、土方の「わが事において悔いず」を座右の銘とし、同志たちにも「国のために死にたい」と公言していた。

昭和45（1970）年11月25日午後零時10分過ぎ、陸上自衛隊市ヶ谷駐屯地東部方面総監室において、先に腹を切ったのは三島由紀夫であった。

続いて森田が制服の上着を脱いで上半身裸になり、床に正座すると、短刀を手にした。森

田の介錯役は三島を介錯した楯の会第5班副班長の古賀浩靖だった。
森田は裂帛《れっぱく》の気合いで左脇腹に短刀を突き刺した。「まだまだ」「よし」森田の声を合図に、古賀の刀が一閃、一太刀でその首を刎《は》ねた。
森田の辞世の歌は――、
今日にかけてかねて誓ひし我が胸の思ひを知るは野分のみかは

# 一ノ瀬泰造《いちのせ・たいぞう》

カメラマン・昭和48年11月29日没26歳

## 「悲愴感」を漂わすこともなく見果てぬ夢へと突っ走った！

ロバート・キャパや沢田教一に憧れて戦場カメラマンになった一ノ瀬泰造が友人に宛てた最後の手紙に、
《アンコール・ワットにクメール・ルージュ、村人を撮ったら死んでもいいと思うくらい魅せられてしまった。
今回は地雷の位置も全然わからず、行き当たりドッカンで　例の最短距離を狙っています。うまく撮ったら東京まで持ってゆきます。
もし　うまく地雷を踏んだらサヨウナラ！》
と書いたのは、昭和48年11月18日。それから数日後、夢にまで見たカンボジアの遺跡、アンコール・ワットを目前にして、彼の命は絶たれてしまう。26歳の誕生日を迎えたばかりであった。

一ノ瀬が撮りたがった「クメール・ルージュ」というのは、当時のカンボジア共産軍、つまりポル・ポト派解放軍のことで、政府軍兵士や村人は、彼らのことを一様に「ベトコン」と呼んでいたという。

そのクメール・ルージュによって、一ノ瀬は処刑され、彼らの占拠するアンコール・ワット撮影の夢とともに自らの若き命も絶たれてしまうのだから、どれほど無念であったことか。

が、もとより一ノ瀬にすれば、戦場カメラマンを志したときから、そんなことは織りこみ済みであり、何があろうと端《はな》から覚悟していたことに違いない。

それにしても、カンボジアの戦場を報道カメラマンとして跳びまわり、生と死が紙一重、いつ死ぬかもわからない危険にさらされながら、友への手紙や日記には暗さや悲愴感はみじんもなく、楽天的といってもいいほどの明るさが横溢《おういつ》している。

まだ若く、きわめて健康的な独身男性とあって、セックスのこともあけっぴろげで、《心ゆくまで一カ月先の分まで女を抱いて》《持ってきたウェットスキンもなくなりました》などと書いている。

死が間近に迫った最後の手記も、仲良くなり結婚式にも招かれたシアムリアップ（アンコール・ワットの門前町）の先生《ロックルー》との間で交わしたセックス談議で終わっているのだから、なんとも粋で陽性の男であろうか。

そのとき、一ノ瀬の目の前に開けていたのは、密林の中にまっすぐ延びた一本の道であった。それこそアンコール・ワットへと続く道——あと1・5キロという地点。その地に立った彼は夢中でシャッターを押すと、力強く第一歩を踏みだした。

一ノ瀬にとって、戦火のアンコール・ワットを撮るという見果てぬ夢を叶えるための最後の詰め、決死の単身潜行であった。それが昭和48年11月22日とも23日ともされたが、間もなくして彼は消息を断った。

## 頭蓋骨を見て母は慟哭した…

一ノ瀬泰造は昭和22年11月、佐賀県武雄市の生まれ。昭和45年に日大芸術学部写真学科を卒業後、UPI通信社東京支局で働いた。

航空士官学校出身の大尉で航空写真班の隊長をつとめた父親の影響を受け、早くから報道カメラマンを志していた彼は、昭和47年3月、カンボジアの戦場に立ち、フリーカメラマンとしてスタートした。同年4月には足に砲弾の破片を受けて負傷するが、以後1年間、ベトナム戦争を取材、内外のマスコミに作品を発表、果敢に活躍する。

昭和48年3月、サイゴンから船でメコン川を遡り、プノンペンに入るのだが、当時はよく解放戦線が両岸から砲撃を加えており、危険このうえない状況であった。大使館関係者は、「しかも、船といっても、最も危険な弾薬輸送の韓国船。止めたんだが、聞かずに乗っていってしまった。いい男だったけど、あんな無茶なヤツも見たことがなかった」（『週刊読売』昭和54年8月12日号）

と述べている。

むろん一ノ瀬とて人の子、怖くないはずがなく、後に両親宛ての手紙に、

《俺だけは絶対に死なないという信念を持っているけど、今度は俺の番かと考えてしまう日は、恐怖が忘れられず、つい戦線の後方に行くだけになってしまう》

と本音を漏らす一方で、母への手紙には情熱を綴っている。

《共産軍に三方から囲まれて、迫撃砲の集中攻撃を受け、心臓が凍ってしまいそうにこわいこともたびたびですが、僕は〝ワー・フォトグラファー〟、こんなにやりがいのある仕事はありません》

クメール・ルージュの支配下にあったアンコール・ワットへ単独潜行したまま消息を断った一ノ瀬が残したのは、約2万コマのネガだった。それらは写真・書簡集『地雷を踏んだらサヨウナラ』、写真集『遥かなりわがアンコール・ワット』となって出版されたが、当人の行方はずっとわからぬままだった。

そんな一ノ瀬の消息が明らかとなるのは、8年後の昭和57年1月のこと。真相を知る現地村人の証言者が現れたのだ。アンコール・ワットを目前にして、一ノ瀬が拠点としたシアムリアップから10キロ離れたプラダック村の村民で、同村は人口200人、かつて政府軍と共産軍が対峙していた場所だった。

その村へ、クメール・ルージュによって連行されてきたのが一ノ瀬で、監禁されて1週間目（昭和48年11月29日と見られる）に森に連れこまれ、処刑されたというのだ。カメラ類を没収されたことに抗議し、ハンストをしたためという。

一ノ瀬を知る村民は2人いて、現地へ赴いた一ノ瀬の両親は、村から500メートル離れたその森へ案内された。2人の村民によって掘りあげられた頭蓋骨を見て、最初は訝しく思っていた母も、白く美しい虫歯一本ない歯並びを見て、紛れもなく息子の歯と確信し、慟哭《どうこく》したという。

《……わずかに面影を残す頭蓋骨は私たちに何と語っているのか。

『父さん、母さん、はるばる来てくれて有難とう。好きな仕事に命を賭けて死んだシアワセな息子のこと、悲しむことないョ』とでも言っているのであろうか》（一ノ瀬泰造『地雷を踏んだらサヨウナラ』講談社文庫・両親のあとがき）

その写真を撮れたら死んでも悔いなし、とまで憧れたアンコール・ワット。

そんな一ノ瀬の灰になった遺骨の一部は、両親の手によってアンコール・ワットの境内のガジュマルの根元に埋められたという。

以て瞑《めい》すべし——であろう。

# 奥平剛士《おくだいら・つよし》

日本赤軍幹部・昭和47年5月30日没26歳

## 「パレスチナ解放」その大義に殉じた若者に見る日本的情念

《……国を出る時から生きて帰ることはないときめていましたが、不思議に今まで生きのびて、多くの人にあい、多くの事を知り、そして、最初の考え通りの路を行こうとしていること、何度考えてもありがたい事だと感じます。思う通り、わがままいっぱいにさせていただきましたこと、お礼の言いようもありません。ついに孝養のこの字もさせていただくひまがありませんでしたが、もし任務が許すならば、いつも第一にそれをしたいと思い続けていた事は、わかって下さい。我々兵士にとって死はごく当然の日常事ですが、ただお二人が嘆かれるだろうこと、それだけが今僕の心を悲しませます》

死の前日、父母宛てに書かれた遺書ともいうべき、この26歳の日本人若者の手紙。これを読んだ人の大半は、先の大戦末期、若くして散華した特攻隊員の遺書——と信じて疑わないだろう。

ところが、さにあらず、この遺書が書かれたのは昭和47（1972）年5月のこと。まさか《不思議に今まで生きのびて》と書いた若者が、戦後の平和と繁栄に酔いしれ、〝昭和元禄〟とも〝平和ボケ〟とも称された時代の子とは、誰に想像できるだろうか。

この遺書を書いた若者の名は、奥平剛士といい、京大生だった。

ローマで、この最後の手紙を書いた翌日、彼はリーダーとして京大生の安田安之（当時25）、鹿児島大生の岡本公三（同24）を率い、自動小銃と手投げ弾で武装、テルアビブ空港襲撃事件を引き起こし、安田とともに爆死した。

日本赤軍のメンバーである彼ら3人が、パリ発ローマ経由のエール・フランス機132便で、イスラエルの首都テルアビブのロッド空港に到着したのは、昭和47年5月30日午後10時30分（日本時間31日午前5時30分）のことだった。

3人は空港ターミナルビルでパスポートチェックを終えると、通関ホールで手荷物を受ける前にトイレへ駆けこんだ。それぞれ「スギサキ・ジロー」「トリオ・ケン」「ナンバ・ダイスケ」との偽名が記載された偽造パスポートを粉々に破り棄てるためだった。3人にはアラブ名があり、奥平は「バージム」、安田が「サラーハ」、岡本が「アハマッド」であった。

偽造パスポートを破り棄てた3人は、トイレを出てまっすぐ通関ホールへと向かった。彼らは間もなく乗客の手荷物を載せて動くベルトコンベア上に一つずつ自分たちの鞄を見つけた。

鞄の中に入っていたものは、チェコ製の自動小銃Vz58と手榴弾・予備弾倉等で、前日、ローマでPFLP（パレスチナ解放人民戦線）の仲間から手渡されたものだった。3人が機内持ち込み用ではなく、荷物室に預けたそれは、搭乗地のローマ空港からテルアビブまでノーチェックで無事に辿り着いたのだ。

## 手榴弾で自らを肉片と化した…

3人は鞄の中から自動小銃と手榴弾を取り出すと、すぐさま予定の行動を開始した。そのとき、ホールには乗客およそ300人がいた。

その直後、いったい何が起きたのか。

駆けだす者たち。「ガン、ガン、ガン！」という自動小銃の発射音。駆けつける警備兵。壮絶なる撃ちあい。凄まじいまでの悲鳴や怒号、叫び声があがって、大勢の人たちが逃げまどい、血しぶきが飛びかい、バタバタと人が倒れていく。「バーン！」という激しい爆発音もあがって肉塊が飛散する。たちまち、あたり一面は血の海と化し、酸鼻を極め、阿鼻叫喚の地獄絵の様相を呈した。

この惨劇で乗客ら26人が死亡し、80人が重軽傷を負った。その過半数は奥平たちと同じエール・フランス機に乗りあわせたプエルトリコ人の巡礼者たちであった。

奥平と安田は手榴弾で爆死し、一人生き残って逮捕された岡本は、のちの裁判で、

「われわれ3人は、死んだらオリオンの三つ星になろうと考えていた。それは子どものころ、死んだらお星さまになるという話を聞いたからである」

と陳述している。

また、奥平も同志である日本赤軍リーダーの重信房子に対して、

《葬式ではなく祭りを！　祭りこそ、我々の闘いと死にふさわしい。先に行って待っている。地獄で又、革命をやろう》

との遺書を残した。3人は明らかに最初から退路を断ち、自らの死を決意して行動を起こしたのだった。

予定通り、奥平と安田は全身を蜂の巣のように撃たれながら、手榴弾で自らを肉片と化し、指紋を消すため両手首を吹っ飛ばした安田に至っては、その遺体には首さえなかったという。

3人の決起は、ＰＦＬＰの義勇兵としてのものであった。ＰＦＬＰはこの襲撃作戦を「ディル・ヤシン作戦」（１９４６年4月9日、イスラエルによってパレスチナ人２５４人が虐殺された村の名）と名づけ、日本赤軍はこれを「リッダ闘争」（テルアビブのアラブ名がリ

ッダ）と呼んだ。

いわば3人は「パレスチナ解放」の大義に殉じたわけだが、なぜ平和ボケの日本に、はるか遠くのアラブの解放闘争に命を賭けられる若者が存在したのだろうか。

京大全共闘を経て、京大パルチザン遊撃軍団の隊長をつとめたこともあるという奥平を、パレスチナへと駆りたてたものとは何だったのか。

もとより彼が強い影響を受けたというトロツキーの「世界同時革命論」や赤軍派の「国際根拠地論」の実践ということもあったかも知れない。が、それ以上に、彼の著書『天よ、我に仕事を与えよ』（田畑書店）に明らかなように、彼の日記に色濃く出ているのは、あたかも幕末の勤皇の志士のような心情、あるいは中国の辛亥革命を支援するため大陸に渡った戦前の宮崎滔天《とうてん》にも通じるような国士風の気概、革命的浪漫主義で、実際、〈決然国を去って天涯に向こう〉〈人を相手にではなく、天を相手にしよう！〉といった文言も見られるのだ。

「自分が死んではじめてパレスチナ人を奮起させることができ、あとに続くものが出てくると信じた」

と弁護士に語ったという岡本同様、それは「あとに続く者あるを信ず」の信念で死んだ特攻隊員や三島由紀夫にも通じて、きわめて日本的情念の発露とでも言うべきものではなかったろうか。

# 尾崎 豊《おざき・ゆたか》

歌手・平成4年4月25日没26歳

## 深夜の奇行、謎めいた死因が10代のカリスマを伝説に…

平成4（1992）年4月25日午前3時半ごろ、東京足立区のとある民家に住む男性は、寝ていたところ、庭先に時ならぬ物音と人の気配を感じ、目を醒ました。

果たして戸を開けて庭を見ると、素っ裸で若い男が立っていた。びっくりして「誰だ!?」と声をかけたが、返事もなく、男は突如、奇矯な振る舞いに出た。拳を突きだして舞うような空手の型とも見紛う動きをしたかと思うと、やおら地面に寝っころがり、仰向けになって背中を地面にこすりつけ、転げまわるのだ。

男は明らかに泥酔しており、顔は擦り傷やアザだらけ、右まぶたも大きく腫れあがっていた。すっかり怖くなった民家の住人は、すぐさま家の電話に飛びつき、警察と救急車を呼んだ。

間もなく千住署員がパトカーで駆けつけ、次いで救急車も到着、真夜中の裸の闖入者《ちんにゅうしゃ》は毛布を巻かれ、近くの白鬚橋病院へと運ばれた。現場には男の持ち物である200万円近い札ビラや名刺、家族写真、精神安定剤など6種類の薬、他にいくつかの小物が散乱していた。男のセカンドバッグからぶちまけられた代物だった。庭の隅には男のスーツも放り投げられていた。

いったいこの泥酔者は何者なのか？　その所持品から男の名前はすぐに判明した。男の名は、尾崎豊。なんと〝10代のカリスマ〟〝青春の代弁者〟〝ロックの教祖〟とも評される有名なロックシンガー、その人だった。

尾崎は朝5時過ぎに白鬚橋病院に収容され、応急処置を受けた。医師は「専門医に診てもらったほうがいい」と転院を勧めたが、本人は帰宅を望んだという。

だが、連絡を受け病院に駆けつけた夫人とともに足立区千住曙町の自宅マンションに帰っても、状態は悪く、もがき苦しみ、嘔吐を繰り返した。酔ったままの興奮状態も収まらず、ソファーで寝ながら相変わらず父から教わった玄制流空手の蹴りや突きを続けるありさまだった。

これには急を聞いて駆けつけてきた実兄やマネージャーも心配し、夫人とともに付きっきりで看病、3時間ほどしてようやく落ち着いてきて、

「兄貴、朝から悪いねえ。大丈夫だから」

との言葉も、尾崎の口から出たという。

が、荒い寝息が静かなものに変わっていったかと思いきや、突然寝息がピタッと聞こえなくなった。呼吸も脈も止まったのだ。午前10時半ごろのことだった。

再び救急車で今度は日本医大病院へ搬送されたが、心停止の状態で、医師たちも人工呼吸や電気ショックなど懸命の蘇生措置を行ったが、12時6分、尾崎は息を引きとった。26歳という若さだった。

あまりに異常な急死に司法解剖が処され、警察発表による死因は、極度のアルコール摂取による肺水腫、つまり酒を飲みすぎて肺に水が溜まって呼吸困難に陥ったというものだった。

ところが、尾崎の司法解剖所見をもとに作られた「死体検案書」が後に外部に流出、「尾崎の死因は致死量の3倍近い覚醒剤服用による急性メタンフェタミン中毒が引き起こした肺水腫」

と記載されていたことが判明する。なぜ警察がその事実を伏せ、「事件性なし」と発表したのか（「覚醒剤によって直接的に肺水腫が引き起こされたと断言することはできない」と苦しい弁明をした）との疑問と相まって、尾崎の死をことさらに謎めかせた。他殺説や自殺説など諸説紛々飛びかったものだった。尾崎の伝説化にさらに拍車をかけたのだ。

## 卒業式当日にデビューライブ

その前日、24日は尾崎が2年前に設立した会社（個人事務所）の給料支払い日で、彼は社員6人に給料を手渡すため、午後4時ごろ出社。6時半ごろ会社を出て、夜10時半ぐらいから高校時代の友人たちと酒を飲み始めた。彼らと別れたのが、日付が変わった25日午前2時ごろで、尾崎は芝浦からタクシーに乗った。

もうかなり酔った状態の尾崎は、タクシーを乗りまわしているうちに、運転手と口論になった。ラチが明かないと見た運転手は、尾崎の自宅近くの千住大橋派出所に車を着けた。警官の仲介で2人は仲直りし、尾崎はタクシー料金を払い、歩いて派出所をあとにした。それが午前2時40分ごろで、「大丈夫か?」と心配する警官に、彼は手を振って応えた。

尾崎はなぜそのまま自宅へ帰ろうとしなかったのだろうか?

それから約1時間後、尾崎の姿は、派出所から直線距離でおよそ500メートル、自宅マンションから歩いて15分ほど離れた民家の庭先にあったのだった。泥酔し、スーツを脱ぎ捨て、素っ裸で転げまわって……。

近くには隅田川が流れ、常磐線の高架鉄道が走り、狭い小さな庭があるその民家は、彼が生まれ育った家に似ていたという。

この民家は、彼の死後、「尾崎ハウス」と呼ばれ、ファンの聖地となった。熱狂的なファンが引きもきらず訪れ、追悼するようになったからだ。

尾崎は昭和40（1965）年、東京の中流家庭に生まれた。父は陸上自衛官、5歳上の長兄と2人兄弟。昭和57（1982）年、青山学院高等部2年のとき、自作のテープをレコード会社に送り、オーディションを受け一発で合格。が、高校は3年生の半ばで煙草と酒がバレて中退した。

昭和58（1983）年12月、ファーストアルバム『十七歳の地図』でデビュー。翌昭和59（1984）年3月15日、母校の高校の卒業式にあわせて、デビューライブを敢行。スポットライトを浴びながら「この腐った街で埋もれていくなよ！」と叫んだ。

同年8月の日比谷野外音楽堂のライブでは、7メートルもある照明塔から飛び降りて左脚を骨折。無鉄砲、一本気、ナイーブ、真面目、純粋、孤独……などと評される尾崎の剝きだしの魂から表現される彼の歌は、「行き場のない若者の代弁」とされ、尾崎はたちまち〝10代のカリスマ〟となった。

その一方で、彼は覚醒剤に溺れ、22歳のとき逮捕され、懲役1年6カ月、執行猶予3年の有罪判決が下った。

それでも東京ドームの復活コンサートでは5万6000人を集め、護国寺で行われた葬儀には、雨が降りしきるなか、4万人もの参列者を集めた若者が、尾崎豊であった。

# 李 秀賢《イ・スヒョン》
# 関根史郎《せきね・しろう》

平成13年1月26日没26歳
平成13年1月26日没47歳

## 命を顧みず線路に飛び込んだカタギが体現した「任侠精神」

その行為こそ任俠、もしくは任俠精神と言わずして何と言おう。しかも、それを成したのは、ヤクザとは何の関係もない、きわめてまっとうな、素っカタギの2人であった。

その惨劇が起きたのは、平成13（2001）年1月26日夜7時すぎのこと。場所は東京都新宿区のJR山手線新大久保駅ホーム――高田馬場駅寄りの端から40メートルほど中に入った、ホーム北寄りの喫煙コーナー付近。改札口から階段を上がってすぐのところだった。

ホーム上のそのあたりを左官業の37歳の男がフラフラと歩いていたのは、キヨスクでカップ酒を買い求めるためとも、あるいは買い終えて仲間のもとへ戻る途中だったとも言われるが、定かではない。いずれにしろ、仲間とホームで酒を飲んでいて、すでにかなり酔っていたのは間違いない。

酩酊《めいてい》状態の男は、いかにも危なっかしい足どりであった。折りしも帰宅ラッシュアワーの真っ只中で、ホームの端をフラフラと歩く男の姿を危ぶんで見ている人もいなくはなかった。が、注意する間もなく、事故は起き、男は誤って線路上に転落してしまう。

そのとき、まさに新宿方面行きの山手線内回り電車が間近に迫っていた。

「あっ、危ない！」

たまたま近くに居あわせ、それを目のあたりにした2人の男性が、落ちた男を助けようとして線路の上に飛び降りた。

「止まれえ！　止まってくれ！」

1人が迫り来る電車に向かって必死に手を振りあげ叫んだ。と同時に、レール上に倒れていた男をなんとか2人でホーム寄りに動かそうとする。が、ほとんどなす術もなかった。

ホーム上に乗客の悲鳴があがり、警笛を鳴らしながら滑りこんでくる電車の非常ブレーキの音がむなしく響きわたる。

次の瞬間、線路上の3人は進入してきた電車に次々と撥ねられた。捨て身の救助は叶わず、3人ともに犠牲となってしまったのだ。線路に転落した男は頭を強く打ち、助けに降りた2人は全身を強く打って即死状態だった。

この2人はいったい何者であったのか。むろん線路に転落した男性とは一切、縁もゆかりもなく、たまたまその場に居あわせたという関係にすぎなかった。

2人の名は、李秀賢＝26歳、韓国からの留学生、もう1人が関根史郎＝47歳、カメラマンであった。

2人は1人の見ず知らずの酔っ払いの受難に遭遇し、これを見て見ぬふりすることができず、何のためらいもなく、わが身をなげうって助けようとしたのだ。

まさしく、義を見てせざるは勇なきなり――この2人の行為こそ、義侠心というものであり、言葉どおり真の意味での「任侠」そのものであったろう。

## 迫り来る電車に真正面から…

当時、私は何人もの親分衆から、2人に対する賞讃の声を耳にしたし、なかには涙ながらにこう語ってくれた人もいた。

「立派です。とりわけ、あの韓国の若者には頭が下がるよ。異国の地で見も知らぬ日本人のために躊躇《ちゅうちょ》なく線路に飛び降りた勇気と自己犠牲の精神。果たして、いまの日本の若者にあの真似ができるだろうか。いや、任侠を売り物にするヤクザだってあの場に立たされたらわからんよ……。まあ、胸打たれたね」

いまではすっかり死語と化してしまった感のある任侠という語。本来の意味は、広辞苑に

よれば、
《弱きをたすけ強きをくじく気性に富むこと。また、その人。おとこだて》
とあり、同様に「おとこだて」を引くと、
《男子としての面目を立てるために、強きをくじき弱きを助け、仁義を重んじ、そのためには身をすてても惜しまぬこと》
とある。決してヤクザの専売特許ではなく、男が男であるための原理原則、最高の徳目が任侠であるといっていい。
ところが、この〝任侠〟、昨今きわめて評判が悪く、何か「暴力団の方便」のような悪いイメージで使われることが多くなった。もとより〝任侠〟のせいではなく、それを利用する輩がその崇高な精神を貶《おとし》めているからである。
そういう意味で、平成13年1月26日夜、新大久保駅において、図らずも2人のカタギの人間が、真の任侠とは何かを教えてくれることになったのだった。
カメラマンの関根史郎はこの3年前に父を喪《な》くし、母と2人暮らしだった。足の不自由な母を助ける孝行息子と近所でも評判だったという。その母は、
「なまじ正義感が強くて……」
と息子の死を静かに語り、駆けつけてきた姉も、

「あの子ならああいうことをすると思う。助けられればよかったのだけれど……」

と無念の思いを述べた。

カメラマンとして動物や子どもの写真を撮ることが多く、おのずと作品も、そのやさしさがにじみ出るような作風であったという。

もう1人、韓国からの留学生である李秀賢は、釜山の出身。友人たちによれば、

「人が困っているとき助ける勇気を持った人だった」

という。実際、彼は迫り来る電車に最後まで制止を呼びかけ、真正面からぶつかっていたのだった。

その死から6年後、彼を主人公にして制作された映画『あなたを忘れない』が公開された。花堂純次監督らは、李秀賢の人間像に迫るため、釜山に飛んで多くの関係者に取材し、映画制作の準備を進めてきたという。

そのなかで意外な事実がわかったのは、交通事故を巡るトラブルから、彼はいったんは日本を嫌いになって帰国していたことだった。それでも「日韓の懸け橋になる」という夢のために思い直し、再来日したのである。彼の死は、その数日後のことだった。

彼の両親は事故後、見舞金から1千万円を寄付し、日本語留学生を支援する基金を設立。これまで3ケタを超す人数の留学生に給付金が支給されている。

あの惨事から間もなくちょうど15年——。

「2人の死を無駄死にだったなどとは誰にも言わせないし、風化させてもならない。まったくもって〝男前〟の死ですよ。人生の目的は長生きすることじゃない。いかに値うちのある生を生きたか、いかに値うちのある死にざまを見せたか……なんだから」

とは、事件に深い感銘を受けた男の弁だった。

# 山田 孝《やまだ・たかし》

連合赤軍最高幹部・昭和47年2月12日没27歳

## インテリ然とした穏やかさに秘められた武装闘争の決意!

ここに一葉の写真がある。妻の実家の縁側に座って、生後4カ月のわが子を抱き、静かに微笑む若き父親が写っている。

いかにもインテリ然とした穏やかな風貌で、そこには平和で幸せそのものの情景があり、この父と子には希望に満ちた未来が待ち受けているとしか思えない。写真には昭和46年3月21日の日付があり、この若き父親は26歳。京都大学法学部を卒業後、京大の法学系統の大学院で政治学を学んだという経歴が示すように、見るからに大学の研究室が似合いそうな雰囲気がある。

暗い翳などみじんも感じられないし、まさか彼の目の前に、死がポッカリと口をあけて待っていようとは誰が想像できるだろうか。

この若者の名は山田孝といい、連合赤軍大量粛清事件の最後の犠牲者となった男こそ、彼であった。

山田が群馬・榛名アジトに入山したのは、件の写真を撮影した9カ月後の同年暮れのことで、翌47年2月12日、リーダーの森恒夫から〝総括〟を求められていた彼は、苛酷なリンチの果てに27年の短い生涯を閉じたのだ。

それにしても、「か弱きインテリ」ふうで、ペンは持っても銃など持てそうになく、虫も殺せそうにない優男を、世界革命——武装闘争に魅いらせ、山岳ベースへと駆りたてたものとはいったい何だったのか。

そんな狂熱的な政治の季節であったのだ——としたり顔で解説するムキもあるかも知れないが、いつの時代も若者の大半を占めるのは、何が起ころうと我関せず、立身出世や快楽や自分のことしか考えないノンポリの一群である。

大学教授にも大企業重役にもなれたであろう男が、そんなものに目もくれず、最後まで連合赤軍幹部として、ひたすら革命の道を選択したのである。

山田は昭和19年5月4日、東京・大森に生まれ、翌年には下関に移り、昭和38年3月、山口県立下関西高校を卒業、翌年に京大法学部に入学、在学中に関西ブントに加わり、京都府委員会委員長に就任した。昭和44年、ブント分裂の契機となる7・6党内闘争を経て、同年

8月上旬、ブント中央委員会が東京で開催され、関西ブントの塩見孝也らの除名が決定したとき、同赤軍フラクを代表して出席した塩見直系の山田は、

「7・6については自己批判する。われわれは秋には必ずや前段階武装蜂起を貫徹する。レーニンの言う『デモよりは大きく、革命より小さいもの』をやるのだ」

と高らかに宣し、会場を堂々と引きあげた。

同年8月下旬、赤軍派が結成され、山田も参画、創立時からの幹部となる。その後、大菩薩峠訓練やハイジャック闘争などで幹部は軒並み逮捕されたり、北朝鮮に渡ってほとんどいなくなった。そこでリーダーに急浮上したのが森恒夫であった。

昭和46年暮れ、赤軍派は革命左派と合体し連合赤軍を結成、森恒夫・永田洋子リーダーのもと、山田も指導部の一員となる。だが、森は「共産主義化」理論をもとに暴力的総括を導入、激しい暴力の実践で、群馬の山岳ベースでは次々と死者が出る事態となった。


「総括しろだって⁉　畜生」

組織に暴力が初めて持ちこまれたのは、総括中でありながら、夜中にキスをしたとして男女2人のメンバーが問題となったときだった。指導部会議で暴力的総括が決まり、森が各自に殴る手順を指示したとき、

「もう一度、殴ることの意味を確認させてくれ」

と要求したのが山田だった。森の答えは、

「新しい指導として殴る。共産主義を勝ちとるため」

というものだった。やがて2人の死者が出て、それを「政治的敗北死」と規定した森に対し、3人目の死者が出たとき、その指導部会議で、山田は森を指さし、きつい調子で、

「死は平凡なもので、死を突きつけても革命戦士にはなれない。考えてくれ」

と批判めいたことを述べた。山田と森は鋭く睨《にら》みあう格好になった。

「いや、そうじゃない。死の問題は革命戦士にとって避けて通ることのできない問題だ。精神と肉体の高次な結合が必要である」

森が応えると、山田は、

「うーん、精神と肉体の高次な結合か……。ようし、わかった」

と、納得したように矛を収めた。

もともと赤軍派で政治局員をつとめたこともある山田は森より格上だった。森に意見したり、批判できる幹部となると、連合赤軍の中には山田しかいなかった。結局、森にすれば、自分の7・6闘争の敵前逃亡も負い目も知っている山田が、煙たい存在であったのは確かだろう。

山田孝は粛清された連合赤軍のメンバーとしては12番目、ラストの死者として登場する。

森の山田批判が始まったのは昭和47年1月31日、カンパ集めで上京していた山田が迦葉山ベースに戻って間もなくのことである。下山中の銭湯入浴を咎《とが》められ、官僚主義的として総括の対象となり厳しく追及されたのだ。C・C（連合赤軍中央委員会）辞任の申し出も認められず、除名を言い渡され、

「おまえに0・1％の機会を与える。実践にしがみつく深刻な総括をしろ」

と宣告される。2月1日から山田は、雪の上での正座や1日水1杯での薪拾いを強要され、3日には森の命令で全員から殴打され、4日からは逆海老に縛られ寒中に放置されてついには手足が凍りつく――という壮絶なリンチを受けたが、「まだ革命はヤル気があるか」と森に訊かれると、「ある」と力強く答え、目にも輝きがあったという。

だが、「もう手足を切るしかない」と見られるほど凍傷もひどく、2月11日には容態が急激に悪化、翌12日午前2時ごろ、山田は、

「総括しろだって⁉　畜生」

との言葉を最後に、息をひきとったのだ。それは何より痛烈な森の〝共産主義化〟批判であったろう。

山田は入山する直前、京都の銀閣寺の喫茶店で、赤軍派結成以来の同志に、

「オレには社会主義のために闘うことしかない、ということがよくわかった」

「子どももできたし、俗な意味でやり残すことはない。戻って最後まで闘う」

と決意を述べ、革命の悲願をこめて入山した男だったのだ。

# 森 恒夫《もり・つねお》

## 連合赤軍中央執行委員長・昭和48年1月1日没28歳

## 大量粛清事件を引き起こした革命家が独房で固めた決意！

70年安保を前に新左翼学生運動が猖獗を極めていた時代、超ウルトラ過激派といわれたのが、共産同（共産主義者同盟）赤軍派。

赤軍派誕生の大きな分岐点となったのは、昭和44（1969）年7月6日、重信房子をして「ルビコン川を渡った日」と言わしめた、明治大学和泉校舎で起きたブントの党内闘争であったろう。

後に赤軍派となるブントの関西派が、同じブントの関東派＝中央指導部に殴り込みをかけた事件で、要は内ゲバである。

同日明け方、ヘルメット、角材、ツルハシの柄、ゴルフクラブなどで武装した赤軍派フラクの大部隊が、敵部隊が泊まりこむ明大和泉校舎学生会館に向けて、

「よし、行くぞ！」

リーダーの号令に、喚声をあげて突入していくなか、逆にそこから踵を返し、戦線離脱する者があった。

彼はそのとき同行した後輩に対して、

「オレは分裂が嫌いなんや。なんで仲間が争わなならんのや。どつきあって血を流しあうようなことを繰り返しとって、革命なんかできるわけないやろ」

と沈鬱な顔で述べたという。彼こそ後の連合赤軍中央執行委員長となる森恒夫であった。

となれば、この時分の森は、きわめて真っ当、彼の意見こそまともであったのは誰にでもわかるだろう。

奇襲を行い、さらぎ議長を顔が変わるほど痛めつけたうえ、機動隊に踏みこまれると、置きざりにしてズラかった仲間に対し、

「そんなの革命じゃない！」

と叫んだ重信房子と同様、森のほうこそ正論であり、その行動も正解であったのだ。

ところが、これが敵前逃亡とされ、森自身の負い目となり、後の連合赤軍大量粛清事件を生む一つの遠因ともなったというのだから、なんとも始末が悪い。森という人間はもともと真面目な、責任感の強い男だったのではあるまいか。

赤軍派創設以来の最高幹部がハイジャックで北朝鮮に渡ったり、逮捕されて軒並みいなくなり、否応なくリーダーに押しあげられたのが森で、彼は再び逃げるわけにはいかなくなったのである。やがて同じ武装闘争を志向する革命左派（日本共産党革命左派神奈川県委員会）と合体、群馬の山岳へ入って連合赤軍を結成するに至るのだが、森がいかにまともであったかは、合体前、革左がすでに仲間2人を粛清しており、2人目の処刑を行ったとき、

「またやったのか！　もはや、あいつらは革命家じゃないよ！」

と側近の坂東國男に嘆声を発したことでもわかろう。だが、そうは言っても、その処刑には森の責任も大きく、革左リーダーの永田洋子と坂口弘から、ベース脱走者の処分について相談されたとき、

「処刑すべきだ。赤軍派でも同様の問題が起きている。われわれは殺ることにした」

と答えていたからだ。もとよりこれは赤軍派流のハッタリ、多分に〝抜刀隊による首相官邸占拠〟〝ペンタゴン突入・霞が関占拠＝日米同時蜂起〟などと言うのと同様の大言壮語に違いなかったろう。まして内ゲバなどとんでもないという森に、本気で殺す気があったとは思えない（実際、処刑を命じたのにわざと逃がした幹部に対し、森は叱責さえしなかったという）。

## 「革命の利益に反した場合…」

当時、2人寄れば「誰それをテロる」と広言していた民族派学生の気風にも似て、よく言えばおおらか、悪く言えばいい加減なのが、ブント以来の赤軍派の気質だった。しかし、森がハッタリをかました相手が悪かった。なにしろ革左の作風は、

「いったんやると口にしたことは必ず実行しなければならない」

とするもので、大言壮語は侮蔑の対象でしかなかった（彼らがハイジャックをやってのけた赤軍派を見直したのもそのためだった）。それでなくても革左には、実行に至らずともスパイ（容疑者）の処刑を組織決定した過去があるように、粛清を受け入れる体質があったのも否めない。

森は処刑の報告をする永田と坂口に対し、内心の動揺をつゆ見せずに強がり、

「殺る前に何か言わせたか」

と応じたのだが、これには坂口が不快感を抱いた。処刑に関わったメンバーの計り知れない苦悩を目のあたりにしていたからで、

〈私は、今更何を言うのだろう、と思った。「殺るべきだ」というのは、釈明を聞く必要もないということで、今の発言はこれを否定するものである。腹が立つと同時に、森という人

物は言行が一貫せず、信用ならんと思った〉（『あさま山荘1972』より）

と後に回想している。

言ってみれば、赤軍派と革左の結びつきは、互いにとって最悪、最大の不運の始まりであった。連合赤軍となってからは、かつて、

「なんで仲間が争わなならんのや」

と、うめいた森はもうどこにもいなかった。果てしなき狂気の泥沼へとのめりこんでいくばかりだった。ついには12人の同志リンチ殺人という世にも陰惨な事件を引き起こしてしまう。

一方、森は弁が立ち、何時間でも淀みなく喋って自分の理論を全面展開できる才能のある男だった。永田が森に心服し信頼を寄せたのも、そこであった。

だが、最後は永田も、森と一緒に妙義山中の洞窟で捕まった際の森の敗北主義的な発言や率先して機動隊と戦おうとしない姿に、失望を隠せなかったようだ。

逮捕された後、森は東京拘置所の独房で「自己批判書」を書き続けた。

《私は革命の利益から考えて、有罪であり、その罪は死刑である、ということである。私が亡き同志、他のメンバーに対してもいった「革命家たるものは、革命の利益に反することをした場合、自らの死をもって償わねばならない……」ということを文字通り守らねばならな

いということである》

森が独房で自死を遂げたのは、逮捕から10カ月半後の昭和48（1973）年1月1日のこと。森は看守巡回のわずかな隙をついて、覗き窓の鉄格子にタオルをくくりつけ、両足をメリヤス・シャツできつく縛り、ドアにもたれかかり座りこむように首を吊っていた。同日午後1時52分に発見され、同午後2時55分、手当ての甲斐なく、森は28年の生涯を閉じたのだった。

# 村山 聖《むらやま・さとし》

棋士・平成10年8月8日没29歳

## 病魔に魅いられたかのような生涯を棋盤の戦いに捧げた！

その子がいかに元気で活発で腕白でたくましく、何事にも物怖じせず、ジッとしているよりいつも山野を駆けまわるほうをどれほど好んだか——ということを、図らずもその写真は余すところなく伝えている。

保育園にも行っていない幼な児《ご》ながら、キッとカメラを見据えた不敵といってもいい利かん気丸出しの面構え。その写真から感じられるのは、全国腕白総代といった趣きの溢れんばかりの生命力と、洋々とした輝くばかりの未来であろう。

作家の大崎善生の著書『聖の青春』（講談社文庫）の第一章の扉に掲げられた彼——村山聖の4歳になる直前の写真である。

将棋界の最高峰であるA級に在籍したまま29歳で死んだ鬼才・村山聖八段（死後に九段を

追贈)。
《やさしさ、強さ、弱さ、純粋さ、強情さ、奔放さや切なさといった人間の本性を隠すこともせずに、村山はいつも宝石の原石のような純情な輝きを放っていた》という彼の生涯を、『将棋世界』編集長で、村山の師匠の森信雄六段の親友でもあった大崎が描ききったのが、前述の作品である。

写真の印象通り、3歳までの村山は一度も病気らしい病気をしたこともなく、活発すぎるほど元気な子であった。だが、健康に恵まれていた時期は、この写真が最後となってしまう。病魔が彼を襲うのはそれから間もなくのことで、断続的な高熱に悩まされ、5歳のときに腎臓の難病ネフローゼが発覚する。関連する疾病とともに成長し、膀胱癌となるのは27歳のときだった。まるで病魔に魅いられたような生涯であり、彼の29年の人生は病気との闘いでもあった。

村山が初めて将棋を覚えたのも、入院中の6歳のときだった。腎臓の機能障害で多量の蛋白質が尿の中に漏れ出るネフローゼという病気は、安静が第一なのだが、少年は少し良くなるとはしゃぎ、仲間の子どもたちと活発に動きまわってしまう。そこで父が教えたゲームの一つが将棋だった。

やがて少年は、この将棋というゲームに夢中になりとことんのめりこみ、ズバ抜けた才能を発揮することになるのだ。

昭和44（1969）年6月15日、広島で生まれた村山は10歳でアマ四段、11歳で中国子ども名人戦優勝、広島はもとより中国地区の少年のなかでは無敵の存在、大人たちも相手にならないほど強くなっていた。

『聖の青春』で私がゾクッとしたのは、村山が13歳のとき、真剣師・小池重明と出会うエピソードだ。

昭和57（1982）年7月、村山は父とともに上京し、千駄ヶ谷の将棋会館で行われた全国中学生将棋名人戦に参加した。広島では向かうところ敵なしの村山も、さすがに全国の壁は厚く、ベスト8で敗退してしまう。失意のままに村山父子は西日暮里の将棋センターに向かう。

## 医師の反対にも対局を続ける…

村山はそこで鬱憤を晴らすかのように、四段の大人相手に勝ち続ける。とうとう道場に誰も相手がいなくなったとき、そこへフラッと現れたのが小池だった。小池重明vs村山聖の対局となったのである。

長時間にわたる激戦の末に、勝ったのは「プロ殺し」の異名をとった小池ではなく、中学生の村山であった。

《その事実が折れかけていた聖の翼を蘇らせた。アマ名人を破り、そして「強い」とうならせた。「僕、強いなあ」という屈託のない小池の笑顔が何度も聖の脳裏をよぎって一時も離れなかった》(『聖の青春』より)

シビれるような場面である。やはり小池はただの「ダメ男」でも「性格破綻者」でもなかった。村山聖という一人の少年、ひいてはその後方に拡がる大勢の少年たちに大きな夢を与えた男だったのだ。

昭和58(1983)年、谷川浩司がわずか21歳で名人になった年、村山は14歳でプロ棋士養成機関の「奨励会」に入門。前年に奨励会の門を叩いた羽生善治名人より1歳年長、いわゆる〝羽生世代〟の一人だった。奨励会を2年9カ月という記録的なスピードで駆け抜けた村山は、17歳でプロデビューを飾った。

村山の最大目標は打倒谷川、その夢は名人になること。羽生は終生のライバル、その対局の公式記録は村山の6勝7敗でほぼ互角、天才の呼び名は誇張ではなかった。終盤を読む力は抜群で、詰め将棋の大家、内藤国雄九段をして、「村山君が詰むと言うなら詰むし、詰まないと言うなら詰まない」と認めさせたほど。「終盤は村山に聞け」なる言葉もできたほどの破格の新人だった。

彼が20歳の誕生日をことのほか喜んだのは、「この年まで生きられるとは思わなかった」からだ。幼少のころから入退院を繰り返し、小学校時代の半分を病院のベッドで送った者だけが言える実感であったろう。

薬の副作用と見られるまん丸顔ゆえに、「怪童丸」という仇名《あだな》がつき、その奇行ぶりも話題になった。爪や髪は伸ばし放題、めったに散髪には行かず、風呂嫌い、言うことを聞く相手は「親以上の存在」という師匠の森信雄六段だけだった。

だが、爪や髪を切らなかったのは、生きているものに対するいとおしさ、強い愛着があったからといわれる。病院で同じ年代の子どもたちが次々に死んでいくのを目のあたりにしてきたことで培った独自の死生観があったというのだ。

そんな村山が念願の名人挑戦者を選ぶ10人の「A級リーグ」に昇格、八段になったのは平成7（1995）年、26歳のとき。だが、2年後、膀胱癌が発覚する。血尿が出て体調が悪く、B級1組に落ちた直後のことで、8時間以上に及ぶ大手術を受けた。

それでも彼は医者の反対を押しきって間もなく対局を再開した。最悪の体調で深夜まで盤に向かい、鬼神の如く勝ち続けた。平成10（1998）年3月、A級復帰を果たし、NHK杯でも準優勝。4月に休場するまで5連勝中だった。

村山は5月に再入院し、6月、進行性膀胱癌は肝臓に転移した。8月に入ってすぐに容態が急変する。ベッドの上でのたうちまわるほどの激痛のなか、死の直前まで抗癌剤や鎮痛剤を拒否したのは、「将棋が指せなくなるから」。

意識が遠のいていくなか、彼は最後まで棋譜を諳んじていた。「8六歩、同歩、8五歩……」最後の言葉は「2七銀」であった。

平成10年8月8日午後12時4分、村山聖はすべての戦いを終えたのだった。

# II 30代で死んだアウトロー

# 津田恒美《つだ・つねみ》

## プロ野球選手・平成5年7月20日没32歳

## 「炎のストッパー」は病魔とも真っ向勝負で闘い抜いた！

野球の投手、それもプロレベルのピッチャーともなれば、万事態度が大きくて生意気でふてぶてしく、ワンマン、傲岸不遜、大胆不敵、我一人無人の荒野を往く、地球は自分を中心にまわっているのだ——といった性格の持ち主が多く、すれっからしで心臓に毛の生えたような輩ばかり、およそこれほど可愛げのない人種はいないであろう。また、それくらいでなければ通用しないのが、プロ野球の投手というものだろう。どんなに速い球を投げ、技術的にズバ抜けたものを持っていても、繊細で、心やさしい人で大成した投手というのはあまりいないのではあるまいか。

ところが、そんな投手像の定型を打ち破って登場したのが、80年代、〝炎のストッパー〟の異名をとった広島カープの投手・津田恒美。この心やさしいピッチャーがマウンドで終生闘い続けたのが、己の中の〝弱気〟であった。なにしろ、中学生のときから剛速球投手として知られていた津田だが、高校生のころは〝ノミの心臓〟といわれ、大事な試合の前は緊張のあまり眠れず、ゲームでは打者にぶつけるのを恐れて内角球を投げられないような気の弱さがあったという。

プロ入りし新人王を取り、その後、先発からストッパーに転向し、さらに重圧が強くなって、手にするグラブに書きこんでいたのも、「弱気は最大の敵」という文言であった。

その欠点を克服、セ・リーグの名だたる強打者をストレート一本槍の真っ向勝負でバッタバッタとなぎ倒し、抑えのエースとして君臨、スターになってからも、この人から純朴な野球少年の面影は消えることはなかった。天狗になることもなく、まったく飾らない人柄そのままで、試合後のヒーローインタビューでも、

「ぶち（ものすごく）うれしいです」

と、故郷の山口弁をそのまま使って話すような男が津田であった。

どんなに有名になっても尊大さとは無縁で、ヤンチャで純情な野球少年がそのまま大きくなったようだった津田恒美。その人柄の良さで誰からも愛された男は、その純粋無垢な魂ゆえであろうか、ついには天からも愛されて早くに召されてしまうのだった。わずか32歳の若さであった。

あの気迫溢れる、全身バネの固まりという態《てい》の、躍りあがるようなピッチングフォーム。捕手からの返球をむしりとるようにとるや、気持ちを前面に出して真っ向から投げおろす姿。いったいあの津田のどこに脳腫瘍という病魔が潜んでいたのか？　その夭折を聞いて、わが耳を疑うファンも多かったことだろう。

## 「奇跡的な回復」を一時は見せた

津田は負けん気の強さも人一倍だった。私が今も鮮明に憶えている映像は、津田が例によって巨人戦で抑えの大事な場面に登場したときのことだ。このとき、たまたま〝武闘派〟で知られる駒田にぶつけてしまい、ムッとした駒田がマウンドの津田に詰め寄りかけたことがあった。なにしろ、この駒田、スタンドから汚ないヤジを飛ばし続ける連中に対し、堪忍袋の緒が切れ、「おまえら、降りてこい。5人までなら相手してやる」と言ってのけたという伝説が残っているほど腕に覚えのある男。さあ、これはどうなることかと見ていると、津田は駒田に対して怯むどころか、「来るなら来んかい！」という感じで睨みかえしたから驚いた。津田という投手に対し、「いったいどこが気が弱いんじゃい!?」と見直す思いがしたものだ。つまりは勝負の場であるマウンドで、津田は別人になっていたということであろう。

〝弱気は最大の敵〟——を座右の銘にして、自分の弱さを乗りこえた男こそ津田であったのだ。

それにしても、天はなぜかくも、誰からも愛されたこの好漢に試練を与え続けたのであろうか。

山口県新南陽市出身の津田は南陽工高から社会人の協和発酵を経て、昭和57年、ドラフト1位で広島カープに入団し、11勝6敗をマーク、球団初の新人王に輝いた。その2年後のオフには本格派投手の宿命ともいえる右手中指の血行障害に悩まされ、3年後リリーフに転向しストッパーとして復帰、22セーブをあげてカムバック賞、平成元年には40セーブポイントで最優秀救援賞を獲得した。

だが、その翌年、入団9年目は肩や肘、膝を痛めて1年間を棒に振った。その傷も癒え、ようやくカムバックが叶い、満を持して臨んだキャンプが平成3年春のこと。同年4月14日、対巨人戦の広島市民球場、1点リードの8回、赤ヘル必勝パターンで登板した津田は一死もとれずに降板、これが彼の最後のマウンドになってしまう。今度は脳腫瘍という不治の病が津田を襲うのだ。敗戦投手となった翌日、広島市内の病院で精密検査を受けた結果見つかったもので、1カ月後の最終検査で悪性の脳腫瘍と判明、家族には余命半年と宣告される。むろんそのことは津田には伏せられた。

退団を余儀なくされた津田の10年間のプロ通算成績は、49勝41敗91セーブ。「広島カープの守護神」「炎のストッパー」と賞賛されながらも、自らの弱気、肩痛、血行障害、右膝痛、ストッパーの重圧、そして脳腫瘍という栄光と挫折の繰り返し、試練と闘いを強いられた津田の人生。

だが、マウンドの闘志溢れる姿勢同様、津田はそこから逃げず、つねに真っ向勝負を挑んだ。脳腫瘍に対しても同様で、約2年3カ月の闘いの中、一時は記憶も薄れかけていた津田が奇跡的な回復を見せたこともあったという。平成3年8月に入院した福岡の済生会病院を同年12月24日、退院できるまでになったのだ。福岡市郊外の借家に親子3人で住み、3歳の一人息子と公園でキャッチボールをし、なおかつジムに通い、

「もう一度投げる」

と復帰の夢まで語るようになった。その陰に、晃代夫人の誰にも真似ができないような献身があればこそであった。が、それは燃え尽きる直前のローソクの炎のようなものであったかも知れない。病が再発し、津田は翌4年8月、再入院、2カ月後に意識を失い、その意識が再び戻ることはなかった。

津田が永遠の眠りに就いたのは、平成5年7月20日午後2時45分、時あたかも自身が5度も出場、生涯無失点の記録を持つ思い出深いオールスターの第1戦当日のことだった。

# 花形 敬《はながた・けい》

## 安藤組幹部・昭和38年9月27日没33歳
## ステゴロ一本喧嘩無敗の男が「兇暴と清廉」を併せ持つ理由

戦後、東京・渋谷を根城に一世を風靡《ふうび》した新興愚連隊組織といえば、世間的には安藤組の名で通っていた安藤昇率いる東興業。

東洋郵船の横井英樹社長襲撃事件で一躍名を馳せ、組解散後は映画スターとなった安藤昇を始め、幹部には大学出や大学中退者の変わり種が多く、インテリヤクザの走りともいわれた。

なかでもひときわ異彩を放ったのは、33歳の若さで殺された花形敬であったろう。花形には数々の伝説がある。

まず、そのケタ外れの喧嘩の強さ。

「あんなに喧嘩が強かった男は、あとにも先にも見たことない。それも武器を一切手にせず、素手による喧嘩、ステゴロ一本だった。誰一人勝てなかった」

と、いまも関係者の間で語り継がれている。

あの天下無敵の力道山でさえ、安藤組の人間に挑発され喧嘩を売られたとき、同席していた花形に、

「オレが喧嘩したら、敬さん、どっちに味方する？」

とお伺いを立てたというほど、力道山からも恐れられた男が花形だった。１８０センチの長身、学生時代ラグビーに打ちこんだ鋼のような体軀、一撃でＫＯするパンチの破壊力も凄まじかった。無数の疵痕《きずあと》が残る顔は（自分でナイフで刻んだ疵もあったという）、喧嘩慣れした連中をも、初対面で慄《ふる》えあがらせたという。

強すぎるゆえにときには身内からも妬まれ恐れられ、同じ安藤組幹部と敵対し、その一統から拳銃を向けられたこともあった。そのとき、花形は酒も入って千鳥足状態。それでも怯まず、掌を突きだして相手を牽制、銃弾は1発目が外れ、2発目が左手の指を貫通、3発目が腹部を直撃した。

花形は血まみれのまま外科病院で指と左腰部貫通の手当てを受けると、病院のベッドから抜けだし撃った相手を求めて渋谷の街をさまよい歩く。そのあとで再び酒を飲み、夜明けには女を連れて旅館に泊まった。

事件を知ったボスの安藤が、翌日昼過ぎ、花形を事務所に呼び出し、詳細を聞こうとしたが、花形は何も喋らない。そのうちに花形のズボンの裾から何かがポロッと落ち、床で乾いた音を立てた。

花形の左腰部を貫通した昨夜の銃弾だった。信じられないような話である。不死身というしかない。

だが、もともと花形敬という男は、そんなアウトローの暴力社会へ飛びこまなければならないような素地はかけらもなかった。

名にし負う良家の子息で、その実家は甲斐の武田二十四将を先祖とする、400年にわたって続く花形家という東京・世田谷有数の旧家（小田急線経堂駅に近い世田谷区船橋町）。なにしろかつては、家から現在の京王線下高井戸駅前まで約1・5キロの直線距離を他人の土地を踏まずに行け、宅地の中にはテニスコートがあり、門番まで住んでいたというのだ。

## 変わり果てた姿を前に母は…

そんな名門一族の一員として花形敬は、明治の世にアメリカの大学を出てシアトルでディーラー勤めが長かった父と、長州・萩の士族の娘の母との間に、6人兄弟の末っ子として昭和5（1930）年に生まれた。

幼少から頭脳明晰だった花形は昭和18（1943）年4月、世田谷随一の進学校である旧制千歳中学校に5期生として入学する。2期下の同校7期生に、『疵―花形敬とその時代』（ちくま文庫）の著者のジャーナリスト・本田靖春がいて、彼は同著で《彼を暴力の世界に、私を遵法の枠組内に吹き分けたのは、いわば風のいたずらのようなものであった》と書いている。

では、花形を暴力社会へと押しやったものとはいったい何だったのか。

何もかも〝時代〟のせいにできないのはむろんだが、10代の最も多感なときに、戦争、敗戦、戦後――を体験、時代の波に翻弄された世代であることを抜きにして、花形の心の闇は語れないのも確かだろう。

少年は学業もスポーツも図抜けていただけでなく、ことのほか正義感が強く、母によれば、自分が正しいのに誤解されどんなに不利になることでも何ひとつ言いわけをしない正直さときれいな心を持ち合わせていたという。暴力社会の住人となってからも、その兇暴さとは裏腹に、母の誕生日には必ず銀のスプーンを贈るような母思いで心やさしき一面も、また花形のものだった。育ちの良さと品格は隠しようもなかった。

その一方で、本田の『疵』を読むと明白だが、少年は義侠心に溢れ、仲間がやられたり、弱い者いじめや権力者の理不尽な横暴に対して、決して見て見ぬふりができない性分だった。

そこで避けられないのは戦いであり、頼りになるのは腕力であったわけで、自分の思わぬパワーに気づかされることになったのも、それゆえであったろう。

「オレは、鼻が高《たけ》え（花形敬）んだ。何でも一番になるんだ。そういう教育を受けてるんだ」（『疵』より）

とのセリフは、少年の時分からの花形の口癖であったという。両親のどっちの血筋をとっても名門士族に溯《さかのぼ》り、花形も紛うことなきサムライの末裔《まつえい》、くわえて、「強くあれ」というのは、時代の要請でもあった。母もそうやって息子を教育してきたのである。

だが、刺殺され変わり果てた姿で家に戻ってきた花形を見て、つめかけた安藤組組員たちに、

「私は敬を、負けちゃいけないと育ててきましたが、間違っていました。皆さん、どうかこれからは喧嘩に負けてください」

と言ったのも彼女だった。

その日、昭和38（1963）年9月27日、花形が川崎の自宅アパートへ戻ったのは、午後11時を過ぎていた。アパートの約300メートル手前の道路で運転してきた車を停め、鍵をかけている花形の背後から、忍び寄ってくる2人の男があった。待ち伏せしていた刺客だった。

「花形さんですか」

「そうだ」

2人組は左右から躍りかかった。1人は拳銃を構え、もう1人が柳刃包丁を花形の脇腹に突きたてた。さすがの花形も不意を襲われ、防ぐ術とてなかった。

刺客は一突きしたうえで、なお躰《からだ》ごとぶつかるように突進、花形の胸を包丁でえぐった。

なんとか逃れようと、花形はアパートのほうへむかってしばらく走ったところで力尽きた。

そのまま路上に倒れ、33年の激烈な生涯を閉じたのだった。

# 夜桜銀次

よざくら・ぎんじ

山口組系組員・昭和37年1月16日没33歳

## 背中一面に桜の刺青を背負い派手に散った鉄砲玉の生涯！

《拳銃で通れば拳銃で散る
　こいつの名は確か……》
　いまも憶えているこんな映画ポスターの惹句《じゃっく》――そう、山口組の九州進攻の伝説の〝鉄砲玉〟・夜桜銀次をモデルに作られた菅原文太主演の東映実録ヤクザ映画『山口組外伝　九州進攻作戦』のものである。
　この映画が全国一斉公開されたのは昭和49（1974）年4月のことだが、どういうわけか、それよりずっと前――、昭和40年代初頭に、東北の山奥に住む私のような中学生の間にも、〝夜桜銀次〟という名は轟きわたっていた。
　おそらく消息通の不良少年から伝わってきたものだったのだろう、どこの何者とも実在するかどうかも知らないのに、そのネーミングはいかにも粋でキザでカッコよく、田舎の少年をシビれさせるに充分だった。

「背中に夜桜の刺青をしているから、夜桜銀次って言うんだ」

知ったかぶりの不良少年の言に、何だか知らないままに、ホーッと唸ったものだが、まだ東映ヤクザ映画そのものも未体験であった私には、しかとしたイメージは浮かんでこなかった。

いずれにしろ夜桜銀次は、早くから名前だけが先行する暗黒街伝説のスターであったのは間違いない。

夜桜銀次——本名を平尾国人と言い、九州の生まれ。〝夜桜銀次〟という通り名は本人が好んで使っていたもので、前述の不良少年の言うとおり、背中の夜桜の刺青に由来していた。

〈銀次は五尺六寸、筋肉質で背中一面にサクラの入れ墨を入れ、男ぶりはよかった。が、無口で陰性で、いつも肌身離さず持っているコルト三十八口径の拳銃をちらつかせ、遊びはハデであった〉

とは『田岡一雄自伝』にあるが、関西にいた銀次が三代目山口組の直参になったばかりの伊豆組伊豆健児組長を頼って、福岡・博多へ舞い戻ったのは昭和36（1961）年10月のことだった。もともと銀次は伊豆の兄弟分である別府の山口組直系組長・石井組石井一郎組長の舎弟だった。

この前年8月、山口組は大阪で1000人軍団といわれた明友会と衝突。その抗争に勝利を収め、大阪に橋頭堡《きょうとうほ》を築くと、全国制覇に向けて怒濤《どとう》の進撃を開始しようとしていた。

銀次が博多へ赴いた時期と同じくして、山陰では山口組系組員らによる夜行列車殺人事件が勃発、各地で進攻の狼煙《のろし》があがりつつあった。対明友会抗争にも参戦して活躍した銀次の博多行きもその一環であった。

銀次は、山口組直参平松資夫の舎弟である石川尚とともに、後の三代目山口組若頭となる山本健一から呼びだされ、

「銀次は九州で、石川は名古屋で死んでこい。立派な葬式を出してやる」

と命じられたのだ。つまり2人は、山口組全国進攻の〝鉄砲玉〟として指名されたのだった。

## ハデな遊びが目を引いて…

そのための軍資金として、2人が山健から支給されたのは50万円ずつ。大学卒公務員の初任給が1万4200円という時代の50万円であったから、いまならさしずめ1000万円を超えるだろう。

が、任地へ赴く前に、2人は大阪の賭場へ直行した。3日3晩通いつめたが、さっぱりついておらず、2人とも50万をきれいさっぱり使い果たした。

そうして名古屋行きの石川よりひと足早く博多入りした銀次は、福岡市祇園町のアパートに落ち着くと、その夜から酒と女と博奕に明け暮れた。

実は福岡には銀次の金主ともいうべき炭鉱経営者がいて、小遣いには不自由しなかったのだ。以前、土地の売買を仲介してやって以来の関係だが、銀次はそこからたびたびカネを引っ張っていた。

夜な夜な博多のネオン街を飲み歩き、賭場にもよく通い、愛人を作ってアパートに連れこんでいた。女にもよくモテたのは、なにしろ男っぷりがよくてオシャレ、きっぷがよく、毎晩キャバレーをハシゴしてはつねにジョニ赤のニューボトルを取り、支払いはピンの1万円札を置いてツリは取らないというキザさ加減にあったろう。

だが、ハデな遊びっぷりは、地元組織の目を引いて、「山口組の鉄砲玉ではないのか⁉」との警戒感を呼び起こした。

銀次は地元の賭場でも、鉄砲玉として型どおりの行動に打って出た。金銭上のトラブルを起こしたうえで開き直って貸元を殴り、天井へ向け二丁拳銃を威嚇発砲しているのだ。

銀次の最期は昭和37（1962）年1月16日のことだった。

その日、銀次は放免祝いに出席する予定があったのだが、朝から悪寒がしてどうにも躰がダルかった。毎日好き放題している報いというべきか、鬼の霍乱《かくらん》とでもいうのか、明らかに風邪の症状で、銀次は仕方なく妻に、

「オレの代わりに放免祝いに出てくれ」

と頼んだ。この時分、夜な夜なアパートに連れこんでいた愛人とも手を切り、妻を呼び寄せていたのだ。

午前10時少し前、銀次は自分の代理で放免祝いに出席する妻に、

「医者はいいから、マッサージ師のとこに寄って、すぐここに来てくれるように言ってくれ」

と頼み、妻を送り出したあとで玄関に施錠もしなかった。用心深い性格の銀次にしては珍しかった。

妻が出かけて間もなくすると、玄関から部屋に誰かが入りこんでくる気配がしたので、床に伏せたまま、

「おっ、来たか。待ってたぞ」

とマッサージ師と信じて疑わない銀次が、そちらのほうを見向きもしないで声をかけた。

直後、「パーン！　パーン！……」と、銀次の部屋で銃声が轟きわたった。その数、4発。

夜桜の彫り物を背負った男は、ベッドの上で胸、顎、喉、左肘を撃ち抜かれ、血の海のなかで命を絶たれた。

犯人は、銀次がカネヅルにしていた福岡の炭鉱経営者だった。そのたび重なる無心にたまりかねた経営者が、殺し屋を雇った犯行であった。

が、地元組織の仕わざと確信した山口組は、神戸から大量動員をかけ、両者は睨みあった。すんでのところで抗争は回避されたが、銀次が鉄砲玉として充分な働きをしたことだけは、確かであったろう。

# 沢田教一《さわだ・きょういち》

カメラマン・昭和45年10月28日没34歳

## 戦場取材での強運尽きた34歳「オレの武器はカメラ」が信念！

死の2日前に撮られたというその写真——顎に左拳を当て、どこか虚空を見遣ったその男の表情は、えっ、これで34歳？　と思えるほど老成した顔であった。

いくら昔の人は現代人と違って顔からして大人びているといっても、それは少しばかり極端であるような気がした。どう見たって、その風情は貫禄がありすぎ、というより世の中の酸いも甘いも知りつくし達観したような老け顔で、とても34歳には見えなかった。

まさにすぐ先に訪れようとしている死を透かし見ている感さえあるニヒルなたたずまいに、ふっと思い至ったのは、そうか、彼はこのとき、現世にありながらすでに半分はあっちの世界に行っていたのではないか——ということだった。

それほど彼——沢田教一は、ベトナム戦争が激化の一途をたどっていたあの時代、戦場を駆け巡って写真を撮り続け、生と死が紙一重の世界に生きていたカメラマンであった。

　死は日常茶飯事、頭上を爆撃機隊の轟音、ロケット砲や迫撃砲、機関銃、手榴弾が飛びかい、ナパーム弾やらプラスチック爆弾、地雷がいつ爆発するとも知れない地帯、そこら中に溢れたおびただしい死体……平和な日本では想像もできない世界に身を置き、自らも、「いつ死んでもしょうがない」と覚悟を決め、戦場の写真を撮ることに命を賭けた日本人カメラマン沢田教一。そんな男が戦場の束の間の小休止、フッと見せた放心したような表情……。

　その沢田のスナップ写真を撮ったのは、知人のABC放送テレビの日本人カメラマンで、場所はカンボジアのプノンペン郊外の小さな村。沢田はその日、UPIプノンペン支局長のフランク・フロッシュ、ABCテレビチームとともにカンボジア政府軍に従軍、国道掃討作戦の開始前の待機中、カメラマン仲間が沢田に向け何気なくシャッターを切ったものだった。

　それから2日後——昭和45年10月28日、沢田はフランク・フロッシュ支局長と国道2号線をタケオ州チャンバクへと取材に向かった。当地で激しい攻防戦が起きているとの情報を摑んだからだ。

　が、フロッシュからその取材に誘われたとき、沢田が当初断ったのは、時刻が午後3時近かったからだ。そんな時間帯での前線取材というのは、危険このうえないことを、長い経験から沢田は熟知していた。午前中から出発して夕暮れ前に帰ってくるというこの地での取材の鉄則を、守り通してきたのが沢田である。だが、ベトナム帰りで、沢田より7歳年少、アトランタから赴任して間もない新任支局長は張りきっていた。どうしても出かけると言う彼に、沢田も折れ、ライカを手にしたのだ。チャンバクはプノンペンから南へ40キロ余り先の地域だった。

## 弾が飛んでくる方向がわかる

日本製のブルーのサニーをフロッシュが運転し、2人はUPI支局のあるホテルロワイヤルを出発した。

沢田はこのとき、

「アンブッシュに遭うかも知れないなあ」

との冗談めかした言葉を同僚に残していた。「アンブッシュ」とは反政府軍による待ち伏せ攻撃のことだった。実際、7カ月前にクーデターが起きて以来、ベトナムの戦火がカンボジアにも飛んだ形となって、この国のゲリラ戦はより激しさを増していた。ジャーナリストにとっても危険きわまりない地域は少なくなく、取材に出かけたまま行方不明となる事件があとを絶たなかった。反政府軍に捕まって生還したジャーナリストはほとんどいなかった。

その唯一の例外が沢田教一で、実は5カ月前、UPIプノンペン前支局長のロバート・ミラーとともに取材中、解放戦線に捕まるという事件が起きていた。2人は長い従軍キャリアを生かしたとっさの機転と、解放戦線との肚を据えた交渉で難を逃れた。ミラーとともに8時間後に解放された沢田は以来、「死に神に見はなされた男」と称されるようになったという。

それでなくても沢田は、青木冨貴子の『ライカでグッドバイ』（ちくま文庫）によれば、危機一髪の窮地を何度も乗りきって、GIの間で、「サワダの伏せる方向に伏せれば安全さ」との噂がたち、「危険を嗅ぎわける嗅覚を持つ男」と言われるようになり、調子のいい日は弾が飛んでくる方向がわかるという彼を、「動物的感覚が備わっている」と見るサイゴン（現ホーチミン）のジャーナリストもいたほどだった。

だから、その日、出かける前に感じた彼の不安は本物で、まさに現実のものとなるのだが、「死に神に見はなされた男」の強運は、ここへきてついぞ作用しなかったことになる。

悲劇が起きたのは、チャンバクでの取材を終え、支局へ帰る途中であった。2人の乗った車が、プノンペンまで34キロの地点に来たときだ。激しい雨の中、アンブッシュ——待ち伏せ攻撃が突如2人を襲った。車の後方から数発の銃弾が撃ちこまれ、1発が運転するフロッシュの首筋をかすめた。急ブレーキとともに車は国道から外れ、水田に突っこみ、大木へ激突して止まった。

襲撃者は容赦なかった。前部が大破し銃弾で穴だらけになった車から這い出た2人に、なお襲いかかり、胸といわず背中といわず銃弾を浴びせたのだ。2人はほぼ即死状態だった。一晩中雨が降り続く中、2人の遺体は水田に放置された。2人とも所持品はすべて略奪され、沢田のライカもなくなっていた。

沢田が青森高校（同級生に寺山修司がいた）卒業後勤めた三沢基地のカメラ店で、同じ職場の先輩として出会い結ばれたのがサタ夫人。その夫人によれば、沢田は危険な戦場で自分の身を守るため周囲からどれだけ銃の携行を勧められても、決して持とうとしなかったという。「オレの武器はカメラ」が決まり文句だった。

「戦場カメラマン」と呼ばれることを何より嫌ったのも、「まるで戦争があるのを待っているようだから」。

戦争の悲惨さ、残酷さ、空しさを誰より知っていた男でもあった。彼がピュリッツァー賞を受賞した、2組の親子が爆撃を逃れて川を渡る姿を撮った『安全への逃避』にこそ、何より彼の伝えたいベトナム戦争の現実が凝縮されてあったということだろう。

「平和になったら、南から北までゆっくりベトナムの写真を撮って歩きたい」

沢田は夫人によくこう夢を語ったという。

# 高橋輝男

たかはし・てるお

## 大日本興行初代会長・昭和31年3月6日没34歳

## 〝銀座警察〟の異名をとる俠《おとこ》は常識を超えた先見性を持ち…

昭和31（1956）年3月6日に起きた〝浅草妙清寺事件〟は、もし事件が起きていなかったら、その後の関東ヤクザ界の勢力図や歴史は大きく変わっていただろうといわれる。

住吉一家に所属し、間違いなく次代を担うといわれた大幹部の率いる一派同士が、葬儀の席上、激しい銃撃戦を演じ、そのトップ両者を含む3人が死亡するという事件で、斯界《しかい》に与えた衝撃は計り知れなかった。

その当事者の一人が、戦後〝銀座警察〟の異名をとった大日本興行初代会長の高橋輝男であった。このきわめて先見性に富んだ開明派ヤクザは、1発の銃弾を心臓に受け、わずか34歳という若さで人生の幕を閉じたのだった。

事件の数日前、輝男は銀座並木通りの喫茶店「ナンシー」で、詩人の菊岡久利とバッタリ

顔を合わせている。一人で珈琲を飲んでいた菊岡に、輝男は、

「ああ、先生、やっぱりここでしたか」

と声をかけてきたという。

輝男より14歳年上の菊岡は、アナーキスト転じて頭山秀三《とうやまひでぞう》門下の民族派となり、詩人にして画家、小説家でもあり、書家としても知られる異色の文士だった。戦後、銀座8丁目の金春湯前に「一隅軒」なる古美術店を開いており、その事務所が輝男たち一統のサロンになっていた。

ブラック誌あたりからは「銀座警察の参謀」などと中傷されたが、こよなく不良少年や市井反骨の徒を愛した心やさしき自由人が、菊岡久利だった。

輝男も菊岡を心の師と仰いで、終生変わらぬ尊敬の念を抱き続けた。

「オレたちは銀座警察なんて言われても、心に疚しいことや恥ずべきことをしてない以上、世間からどう誤解されようと恐れないけど、いつも一番気になるのは、菊岡先生にどう受けとめられるかってことだな。いわば、菊岡先生の存在がオレのブレーキ役になってるから、間違ったことはできないよ」

と身内にも漏らしていたほどである。自宅の寝室にも、「青年の愛と汗で」「若い人を大切に」「人を攻めるな、されど、非道の攻撃に屈するのは恥と知れ」などの菊岡に教えられた

モットーを貼るほど、輝男は菊岡に傾倒していた。

迫り来る死を前にして、その菊岡に急に会いたくなって銀座の馴染みの喫茶店を訪れたというのも、輝男に虫の知らせのようなものがあったのかも知れない。

輝男は菊岡の作家仲間にも不思議な人気があり、たとえば菊岡久利というペンネームの名づけ親でもある横光利一は、菊岡と顔を合わせるたび、

「おい、近ごろ、輝ちゃん、どうしてる？」

と消息を訊ねたという。

## 南方を夢見て語学習得を…

高橋輝男は大正11（1922）年、東京・麻布の生まれ。目黒区祐天寺に来たのは小学校を出てすぐのことだった。親戚の豆腐店に丁稚奉公することになったのだ。この豆腐店での仕事が、輝男の足腰や膂力《りょりょく》、腕力を鍛え、そのうちに大人と相撲をとっても引けをとらなくなった。度胸もあって喧嘩も滅法強かった。俠気に富んだ輝男は、仲間がやられていると聞けば、相手が誰であれ、すっ飛んでいって助けた。やがて、〝祐天寺の輝〟の異名をとって、界隈《かいわい》の不良少年の間にその名が轟くようになった。

輝男が並の不良少年と違っていたのは、早くもこの時期、マレー語を習得しようと、神田

錦町の専門学校に通っていたことである。

「これからは海外へ出なきゃダメ。それも中国や満州じゃない。南方だよ」

輝男は生涯、南方へ雄飛して拠点を構える夢を持ち続けた男だが、その夢は早くも不良少年時代に芽ぶいていたことになる。

さらにその夢を助長させたのが、海軍に応召し陸戦隊の一員として送られた南支の海南島で、東京外語学校教授だった奥平一世司令官に出会ったことだった。輝男は奥平に可愛がられ、多大な影響を受けたのだ。

では、そんな輝男が復員後、間もなくして銀座に出てヤクザ渡世に入門したのはなぜだったのだろうか。

「戦争に負けて価値観が180度ひっくり返り、日本的なものが一切剝奪され、何もかも失った荒涼たる焼け跡のなかで、唯一まだ日本らしさが残ってると感じられたのが、この世界だったんだよ」

輝男は後年、知人に漏らしたものだった。

銃弾に斃れた3月6日という日は、彼にとってつくづく厄日だったようで、〝銀座警察〟との呼び名が初めて世に出たのも、6年前の同じ日だった。

《銀座私設警察一斉検挙　署長浦上信之は逃走中　司法主任高橋輝男をはじめ、他の幹部も

検挙される》

との見出しで新聞にセンセーショナルに報じられ、輝男たちはいっぺんに有名になった。もとより彼らはそれまで自ら〝銀座警察〟と名のったことは一度もなく、司法主任などという肩書きがどこから出たものなのか、狐につままれたような気分になった。

「何が〝銀座警察〟だ。ふざけてるよ。なんで輝ちゃんが市民生活のダニみたいな書かれかたをしなきゃならないんだ。それにしたって、日本の大新聞や警察はセンスがない。銀座警察だって⁉ これならアル・カポネの〝夜の大統領〟のほうがスマートだし、ユーモアもあるじゃないか」

と輝男たちの良き理解者である菊岡は、この報道に怒り嘆いたといわれる。

菊岡は輝男たちが戦後の不良外国人の横暴から銀座を守り、ヒロポン撲滅運動の口火を切ったり、貸植木業を営んで、荷車を引いて銀座の取引のある店をまわって汗水たらして働いていたのを、目のあたりにしていたからだった。

ただ、自ら名のったことはなくても、輝男の一統が経済事犯の被害者の依頼を受けて、したたかな悪党連中相手に、私設警察もどきのことをやったのは事実だった。

昭和31年3月6日、高橋輝男が思いもよらぬ銃撃戦の果てに命を絶たれたとき、

「誰だ？――オレを撃ったのは……」

と漏らしたひと言が、最期の言葉になったという。

祐天寺に眠る輝男の墓碑には、《この道を生き貫きし面影の眼に浮ぶなり春寒くして》という三浦義一の歌と、《惜也若途中静眠　おしむなりわかきとちゅうしずかにねむる》との菊岡の漢詩とが刻まれている。戒名は、顕義院殉誉仁道輝光居士であった。

# 杉山登志

すぎやま・とし

CFディレクター・昭和48年12月12日没37歳

## 鬼才の名をほしいままにした男はみずからの絶頂期に突然

リッチでないのに
リッチな世界などわかりません
ハッピーでないのに
ハッピーな世界などえがけません
「夢」がないのに
「夢」をうることなどは
……とても
嘘をついてもばれるものです

こんな一篇の詩ともメッセージともつかぬ文言が、一枚の原稿用紙に認《したた》められ机の上に残されていた。きれいな筆跡で乱れた様子もとんとないというそれは、明らかに遺書であった。昭和48（１９７３）年12月12日、東京・赤坂の自宅マンションで自ら命を絶った一人の男が残したものだった。

世は第4次中東戦争が勃発して石油価格が暴騰、日本をも直撃した第1次オイルショックの真っ只中、洗剤とトイレットペーパーを求めて主婦がスーパーに殺到し、テレビの深夜放送は中止、節電でネオンサインが消えて東京の夜が暗かった時代である。

自死した男の名は杉山登志、「テレビＣＦ（コマーシャル・フイルム）界の黒澤明」と呼ばれ、「鬼才」の名をほしいままにしたＣＦディレクター、37歳という若さだった。

パジャマ姿の杉山の遺体が発見されたのは、翌12月13日のこと。風呂場と洗面所の間の鴨居に荷造り用のロープをかけての縊死《いし》だった。

彼は見苦しくなく苦痛も少なく死ねるように計算し周到に準備していた。鴨居の高さは１８５センチなのに対して、杉山の身長は１６５センチ。彼は巧みにロープの長さを調節し、足の爪先が床につくような状態で首を吊っていたのだった。

警視庁の検視官が思わず、

「この人は実に見事なうまい死にかたをした……」

と嘆息を漏らしたという。

妻子はなく独身、ひとり暮らしだった。覚悟の自殺であったのは、はっきりしており、遺書とともに自画像が残され、前日に行きつけの酒場のツケの払いも済ませていたという。

遺書には「リッチでないのに」とあったが、「日本天然色映画」の常務取締役として破格の高給とりで、大卒初任給5万円の時代に1千万円以上の年収があり、赤坂の高級マンションに住み、ワーゲンやポルシェを乗りまわすなど、充分にリッチであった。遺体が発見されたときもボーナスは手つかず、35万円入った11月分の給料袋が残っていたという。

CMの仕事にしても、国内外の賞を数多く手にしてきた、誰もが認める制作キャリアの持ち主。37歳という脂の乗りきった年齢で、1年に平均して60本という制作本数は、仕事量がかなり多いといわれるディレクターの2倍というモーレツぶり。超売れっ子といってよかった。

そんな彼がなぜ自殺したのか？　謎めいた遺書の文言からは、確かなことは何も伝わってこなかった。

## 心の底にあった絶えなき屈折…

杉山登志（本名・杉山登志雄）は、昭和11（1936）年8月7日、韓国・釜山の陸軍官舎で5人兄弟（4男1女）の二男として生まれた。父は陸軍軍属の建築技師だった。

幼いころからズバ抜けて絵の才能があった杉山は画家を目指し、日大芸術学部美術学科在学中に敬愛する画家、永田力の門を叩いた。その永田の紹介で、大学を中退後、入社したのが前述の映画館用のＰＲフィルム制作会社「日本天然色映画」、通称「日天」で、彼はたちまち頭角を現していく。

テレビＣＦディレクターとして、杉山のデビュー作品は昭和35（１９６０）年の文化シヤッターの「三匹のこぶた」。以降、数々のテレビＣＭを手がけ、森永製菓「チクレガム」で第1回ＡＣＣ　ＣＭフェスティバル銀賞を受賞したのを皮切りに、資生堂「ファッションベイル　サイコロ」で第10回カンヌ国際映画祭テレビＣＭ部門銀賞、資生堂「チェリーピンク口紅」で第5回ＡＣＣ　ＣＭフェスティバルグランプリを受賞するなど、数多くの栄冠を手にした。

とりわけカンヌで銀賞を受賞したときには、業界関係者をして、

「黒澤明監督の『羅生門』のグランプリ受賞に匹敵する快挙」

と言わしめたという。

なかでも彼の作品でよく知られているのは、昭和46年のモービル石油「旅立ち篇」。どこかの田舎道で2人の青年が燃料切れの旧型ダットサンを押しながら、

「のんびり行こうよ　オレたちは」

と歌い旅する姿に、

「クルマはガソリンで動くのです」

とナレーションが被さるテレビCFだ。

この青年役の一人を演じたグループサウンズのザ・モップスの鈴木ヒロミツは、後年、自分の著書『余命三カ月のラブレター』（幻冬舎）で、このCMを撮るため、杉山が何時間も晴天（ピーカン）を待ったという、まさに黒澤明ばりのそのこだわりに驚愕《きょうがく》したと回想している。

杉山の口癖は「太く短く」で、高校時代から自殺願望のようなことを口にしていたという。大酒飲みでウイスキーのオンザロック専門、一晩にボトル1本を空けることも珍しくなかったというが、社会的にどれほど成功し名をあげても、心の底には絶えず屈折したものがあったようだ。

杉山が師事した画家の永田力によれば、

「スギの中には、CMを創っている〝杉山登志〟と画家志望の〝杉山登志雄〟という二つの顔があって、〝杉山登志雄〟を知っている人間はあまりいない。彼は純粋に絵だけ描いていたあの頃に帰りたいという気持ちをずっと持ち続けていました」（『ｄａｎｋａｉパンチ』平成20年6月号「杉山登志――伝説のCMディレクターが伝えたかったこと」北沢夏音）

また、杉山は子どもが大好きで、絵本を描きたいとよく言っていたという。もともと絵本作家になる夢を持っていた男だった。

一方で、超繁忙なＣＦディレクターとして仕事の鬼でもあった。会社では常務という要職に就いても、あくまでＣＦ作りにこだわり、現場から離れようとしなかった。

最後の仕事は男性化粧品「ロードス」。撮影は12月11日夜まで続き、赤坂の自宅マンションに帰宅した翌日、観葉植物に囲まれた部屋で、杉山は自死を遂げたのだった。

# 高橋和巳

たかはし・かずみ

作家・昭和46年5月3日没39歳

## 「全共闘運動の象徴的存在」は39年の命を燃やし尽くした

「好きな作家は高橋和巳です」

あの時代、何度このフレーズを耳にしたことだろう。

私が大学生となったのは、連合赤軍のあさま山荘銃撃戦や同志粛清事件が起きた年で、学生運動は決定的に下火になったはずだが、私の入学した大学キャンパスは連日のように白いヘルメット軍団で蔽《おお》い尽くされ、熱気はいささかも衰えているふうには見えなかった。

入学当初、クラスで自己紹介が行われたとき、私の隣の女の子も、かのフレーズを口にし、その作家の信奉者であることを表明した一人だった。

間もなくして、キャンパスを行進する白ヘルの隊列の中に彼女の勇姿を見たときには驚くとともに、「なるほど、作家の影響力とはこういうことなんだろうな」と納得した思いがした。

高橋和巳にいれこんで、まっしぐらに学生運動に飛びこんだ純情可憐な少女。彼女が選んだセクトはその後、対立党派と激しい内ゲバを繰り返し、双方の間で累々と屍を築いていくことになるのだが、そうした内ゲバに最も心を痛め、事態を憂慮したのも、高橋和巳という作家であった。

そんな全共闘世代に圧倒的な支持を得た高橋和巳が世を去ったのは、三島由紀夫が壮絶な割腹自決を遂げた半年後、昭和46年5月3日。京大文学部助教授の立場で京大闘争に真摯に向きあって心身ともに疲れ果て、癌に斃れ、わずか39年の命を燃やし尽くしたのだが、それは闘いの末の戦死同様の死で、まさに〝三島ショック〟ならぬ〝高橋ショック〟とも称され、多くの学生・若者の間に衝撃が走ったものだった。ただし、本人にすれば、あの陰惨な連合赤軍事件も、その後の党派間の血みどろの内ゲバも知ることなく死んだのは、幸せなことであったかも知れない。

あの60〜70年代の熱い政治的季節の中で、高橋和巳ファンは左だけでなく右の側にも少なくなかった。今も民族派運動を続ける60代のリーダーの一人も、

「若い時分、闘争の果てに4年ほど服役したときに読んだ本の中で最も感動したのが高橋和巳の『邪宗門』。出口王仁三郎の大本教への弾圧事件がモデルで、政治ばかりか思想・宗教

までを管理しようとする戦前の巨大な権力悪が描かれていた。その権力悪を身に沁みて実感できる場所にいましたから、とても肌寒い思いをしたもんです」

「バリケードの中のベストセラー作家」といわれ、全共闘運動の象徴的存在、師の埴谷雄高から「苦悩教始祖」とも称された作家は愚直なまでに誠実な男でもあった。

京大全共闘が大学本部を占拠したのは、昭和44年2月26日夜のこと。その夜、一人の全共闘派学生が眼球破裂の重傷を負う事件があり、高橋和巳は助教授として、ろくに手当てもせず放置した民青系大学病院に対してその責任を追及した。それが、高橋和巳と全共闘の最初の接点で、彼は学生たちとの団交の席でも、

「教授会と学生の相互批判を確保せよ」

と、「良心的かつ原理的」に大学闘争に取りくんだ。

## 夢うつつの中で浮かんだ言葉

だが、そんな誠実さも、学生たちによって「清官教授」と批判され、所詮、清（良心的）であっても官（役人）に変わりなし、官をやめない限り清たりえない——との告発文が出された。

それを目の前で読みあげられた高橋は、その晩、深酒し、寝酒を飲み加え、明けがた、

「ふと目醒め、そして不意に嘔吐するように嗚咽した」（高橋和巳『わが解体』河出書房新社）という。

その後も全共闘支持を表明、一貫して学生側に立ち「自己否定の論理」を追求し続けたのが高橋だった。

大学闘争は激しさを増し、機動隊が導入される中、そうした状況と軌を一にするかのように、高橋の躰も病魔に蝕まれていく。

《若い、体力旺盛な学生たちとの深夜にまで及ぶ論議、パンや牛乳だけですませておく不規則な食事、心痛と不眠、そして神経を麻痺させるための飲酒》（前掲書）

というような生活ぶりが病状の悪化に拍車をかけたのは間違いあるまい。

昭和44年10月初め、高橋は右腹を激痛に襲われ、病院にかつぎこまれた。当初の医師の診断は胆嚢炎であったが、実際は胆嚢の裏側にあたる大腸の潰瘍が腫れあがりねじれた状態になっており、「もう数日かつぎこまれるのが遅ければ死んでいた」という。

翌45年4月30日、東京女子医大病院に入院。レントゲン検査で結腸に癌が見つかったのはその翌日で、和子《たかこ》夫人は最後まで本人には知らせなかった。

5月7日、手術は執刀されて成功し、再発の可能性は50％。和子夫人の「臨床日記」（臨時増刊『文芸』昭和46年7・5号）によれば、

「手術後の回復は早く、主人は一時的にもとの健康状態にもどった」という。

この手術前後、高橋和巳は、夢うつつの中、大学時代からの友人であるSF作家・小松左京の、かつて言った「オレたちは二度敗《ま》けた」——との言葉が、脳裡に浮かんだり消えたりしたという。

一度目は昭和20年の敗戦。二度目が「日本の社会及び国家の構造を戦前戦中とは全く異なったものに組みかえるべき運動の最初の挫折」とのこと。

そして高橋は「三度目の敗北——闘病の記」(『わが解体』)にこう書くのだった。

《このまま死ぬにせよ、生きながらえるにせよ、これが恐らく私にとって三度目の敗北なのだ、と》

手術後の経過は良く、2カ月ほどでいったんは退院したが、12月に癌は再発、再び東京女子医大病院への入院を余儀なくされた。

退院している間に三島由紀夫事件が起き、高橋とは思想的立場が違っても、「相互に拮抗しあっている敵手に対してだけ抱く特殊な感情を持っていた」(前掲書)ので衝撃は大きく、心身ともに打撃を受けたようだ。

高橋和巳が危篤状態に陥ったのは、昭和46年5月3日の朝のことだった。臨終は午後10時55分。

《祖母の葬儀が終わってから東京に向かいつつある兄、上の弟、上の妹、下の妹の到着を待つうちに、深夜近くになって、ふいに呼吸が間伸びしてきて、息が薄くなったかと思うと、息絶えた。十時五十五分。病名を知らず、不可能な時間を夢見たまま、主人は命を終えたのであろう。やすらかな顔であった》（高橋和子「臨床日記」）

# 力道山《りきどうざん》

## 上機嫌で始まった「運命の日」意地の一刃が致命傷になった

プロレスラー・昭和38年12月15日没39歳

その日、力道山がことのほか上機嫌だったのには、理由があった。

昼過ぎ、日本相撲協会理事の高砂親方（元横綱・前田山）が、東京・赤坂のリキ・アパートの自宅に訪ねてきたからに他ならなかった。理事らの来訪の目的は大相撲アメリカ巡業についての相談で、かつて自分を廃業に追いこんだ角界が頭を下げて頼みごとにきたのだから、こんな愉快なこともなかったろう。

加えてプロレスのほうも、前夜、浜松での試合を最後に今年の全日程を終了したことで、解放感もあったかも知れない。高砂親方一行と昼から自宅でウイスキーを飲み、その後も彼らを誘って赤坂の料亭「千代新」で飲み続けた。

力道山はこの夜、ＴＢＳラジオの朝丘雪路の番組へゲスト出演する予定があったのだが、同番組スタッフが千代新へ迎えにきたころにはかなり酩酊しており、とても録音できるような状態ではなかった。それでも力道山は局入りしNG（ボツ）になったとも知らず、村田英雄の『王将』をご機嫌で歌ったという。

番組収録を終えると、力道山が向かった先は、近くのホテルニュージャパン地階のナイトラウンジ「ニューラテンクォーター」であった。「コパカバーナ」の予約をキャンセルして同店に切り換えたもので、7、8人の取り巻きを連れて力道山が馴染みのクラブに着いたときには夜10時ごろになっていた。

力道山にとって運命の日となった昭和38（1963）年12月8日のことである。

力道山一行が案内された席はステージに近い2列目のテーブル。すでに〝できあがった〟状態の力道山は、コーラスグループのザ・ワンダラーズがショーを繰り広げるステージに向かってコースターを投げつけたり、野次を飛ばしたり、挙句は酒癖のグラスかじりまで出るほどのはしゃぎようだった。

力道山は、11時をまわったころ、トイレに立った。いつもと違っていたのは、ホステスや側近の同行者がいなかったことだ。

用を済ませた力道山がトイレを出ようとして、入り口付近で馴染みのホステスに会い、立ち話に及んだとき男が入ってきた。力道山の横を通り抜けた男に対し、「待て」と呼び止め、

「オレの足を踏みやがって」

と怒鳴ったのは、力道山のほうだった。

「踏んだ覚えはないよ」

天下無敵の力道山と知っても、男がツッパったのは、れっきとしたヤクザであったからだ。一歩でも引き下がる行為は、安目を売るといってヤクザの恥である。

「何だと、このヤロー！」

相手の態度に怒った力道山は、やおら男を突き飛ばした。たまらず男は数メートルも吹っ飛んで転倒した。

その躰の上に覆いかぶさった力道山は、相手を押さえつけ、馬乗りになって頭に殴りかかった。それは並の力ではなかった。なにしろ、並みいる強豪外人レスラーを次々となぎ倒してきた手だった。組み伏せられた男は心底、このままでは殺される——と恐怖心でいっぱいになった。必死で躰を半回転させて、左脇腹のベルトに隠し持っていたナイフを引き抜いた。しっかり握って、自分を押さえつける躰めがけて突いたところ、ナイフは力道山の左脇腹を突き刺していた。力道山の力が緩んでようやく解放された男は、すばやく立ちあがると、地上へ通じる階段をまっしぐらに駆けあがっていった。

力道山は何事もなかったかのように歩いてテーブルに戻り、ステージにあがってマイクを

摑むと、

「皆さん、気をつけてください。この店に殺し屋がいます」

と喚《わめ》いたほど元気だった。それでもすぐに「ニューラテンクォーター」を引きあげ、近くの山王病院で応急処置をして帰宅。その後、力道山が救急車で再び山王病院に赴いて入院し小腸の創縫合手術を受けたときには、夜が白々と明けていた。手術は成功し、執刀した医師から、

「傷は小腸まで達していましたが、心配はありません」

と伝えられた関係者は一様に胸をなでおろした。

## 田岡が評価したもう一つの才能

鳥取・米子で日本海芸能社を主宰し、力道山とは親交の深い小塚斉もその1人だった。だが、さすがに当初は自宅で、
《力道山、ナイトクラブでケンカ、刺される》
との12月9日付の新聞を読んだときには驚いた。力道山の酒場でのトラブルは珍しいことではなく、「力道山が乱暴」という見出しで新聞記事になったのは過去5度あったが、「刺された」というのは6度目にして初めてだったからだ。

間もなくして親分の神戸芸能社社長、田岡一雄からも連絡が入り、

「すぐに東京へ行ってリキを見舞ったってくれんか」

と言われ、小塚は上京、山王病院に力道山を見舞った。力道山はベッドに起きあがって小塚を迎え、想像以上に元気だった。手術後、驚異的な回復を見せた力道山は、病院から全治2週間と発表されていた。

そのため、手術後の12月10日からの5日間、小塚だけでなく、政財界人、芸能人、プロスポーツ・興行関係者など多くの友人・知人が見舞いに訪れた。

小塚も力道山の元気な様子にすっかり安心した。

「よかった、よかった、やっぱりあんたは不死身や」

「田岡の親分さんにもすっかりご心配をおかけして……」

「親分もホッとしなさるだろ」

田岡はプロレスラーとして以上に、シャープ兄弟やルー・テーズを日本に呼べるような傑出したプロモーターとしての力道山の才能、手腕を高く買っていた。

その田岡の信頼を受け、神戸芸能社山陰支社を主宰して活躍、力道山から、近くの出雲大社にあやかって「米子の大黒さん」と呼ばれている男が小塚だった。

そんな小塚にすれば、力道山を見舞った3日後によもやの訃報を聞くことになろうとは到

底信じられなかった。いや、それは小塚だけではなかった。前日までピンピンしていた天下無敵のチャンピオンに、不意の死が訪れようとは誰に想像できたろうか。腸閉塞を起こし、再手術を受けた7時間後の死亡であった。

昭和38年12月15日午後9時50分のことである。日本中を熱狂させた国民的ヒーローはわずか39歳で世を去ったのだった。死因は穿孔性化膿性腹膜炎と発表された。

# III

# 40代で死んだアウトロー

# 桂三木助《かつら・みきすけ》

## 落語家・平成13年1月3日没43歳
## 人も羨む出世コースを歩んだ男が陥った早死の落とし穴！

立教大学出身で若くてなかなかの二枚目、高級外車を乗りまわし、夜な夜なネオン街に繰り出す遊び人。噺家《はなしか》としても、「名人」と謳われた三代目桂三木助を父に持つサラブレッド。本業の落語ばかりか、レポーターや俳優業までこなし、テレビタレントとしても人気を博した。

そんな奔放な現代っ子ぶりが「落語界の新人類」と称されたゆえんなのだが、昭和60（1985）年、わずか28歳の若さで真打ち昇進を果たし、大名跡「桂三木助」を襲名するという、人も羨むような出世コースをまっしぐらに駆けあがった。その四代目桂三木助が首つり自殺を遂げたのは、それから16年後、21世紀の幕明け早々、平成13（2001）年1月3日、めでたい正月の最中のことである。43歳という若さだった。

東京・田端の自宅で遺体が発見されたのは、3日昼過ぎ。その日、彼は浅草での高座を控えていた。が、時間になっても起きてこないため、同居していたマネージャーの姉が部屋へ行くと、ベランダの物干しフックに和服のひもを掛けて首をつっている彼の姿があったのだ。ジャージ姿だったという。

翌4日には、部屋から、

「自分でも整理がつかないと同時に、私の力の無さを痛感する」

との遺書めいた走り書きのメモも見つかった。そのため、自殺の原因を、

「芸の行き詰まり、先代三木助の長男としてのプレッシャー、その名を汚してはいけないという名跡の大きさに押し潰されてしまったのではないか」

と見る関係者は多かった。

自殺したころの三木助は知人や落語関係者の目にも、かなり様子がおかしく、奇行も目についたという。

自殺直前の元日、2日にも浅草の高座があり、彼は2日間、無断で遅刻、代わりの者が先に演じることになったのだ。それは業界では〝だんまり抜き〟といって、許されない所業とされる。

それればかりか、前年暮れには、自身がプロデュースする高座なのに、4日目からは顔さえ

出さなくなっていたという。

「いや、大事な高座を無断で遅刻したり、休演して、他の芸人の出番を狂わせてしまうなんてことは、今回のことだけではなく、もう数年前からしばしばありましたよ。だから、正月恒例の2つの寄席も、今年は1つだけ。席亭のほうから断られてしまったからなんだ」

との落語関係者の証言もあった。同年代の擡頭《たいとう》に気持ちの焦りもあったのか、そのころはめっきり酒と睡眠薬の量も増えていたようだ。電話口でロレツがまわらなかったとか、深夜の街を彷徨《さまよ》っていた、意味不明のことを口走っていたとの話も伝わっている。

「酒と睡眠薬を一緒に飲むと異常をきたすそうで、それで興奮した状態に陥ったとも聞いています」

とは知人の弁。

そんな三木助の奇行の始まりは、死の5年前、飼っていた猫の缶詰を買いに出たところ、

「ヘッドライトのような光るものを見て」

と路上で倒れ、意識不明で発見されたこと。交通事故に遭ったとの本人の弁も、警察は事故と認定せず、いったい事故だったのか、転んだだけなのか、真相は不明のままに終わっている。

## 58歳で死んだ父を意識して…

父と3歳で死に別れた三木助は、立教大学在学中に父の弟弟子だった後の人間国宝・柳家小さん門下に入門。18人抜きで真打ちに昇進したのは、入門からわずか8年目のこと。

その5年後、平成2（1990）年7月2日、33歳のとき、元モデルのNさんとホテルオークラで有名人も多数出席する盛大な結婚式を挙げている。が、この結婚はたった4カ月で破局を遂げた。理由は「性格の不一致」というもので、三木助は離婚記者会見でも、

「原因はすべて僕にあります」

と述べたが、真相はわからぬままの不可解な離婚とされた。

以後、三木助はずっと独身を通したのだが、父と自身が最も得意とした人情噺『芝浜』のように、亭主を立ち直らせてくれる恋女房がいれば、その人生の幕引きももっと違ったものになっていたかも知れない。

離婚から3年ほど経ったとき、重度の胃潰瘍を患い、胃を4分の3も剔出《てきしゅつ》する手術を受けている。その後も体調の悪さはずっと続いていたようで、死の前年の9月にも腸閉塞となり、仕事のキャンセルを余儀なくされた。

暮れから正月にかけてもコンディションは決して良くなかった。それでも正月興行を休む

わけにもいかず、気持ちを奮いたたせ、なんとか出演しようとしていた。が、どうにもならない自分がいた。

そうした葛藤、あるいは最後まで悩まされた体調の悪さ、それに伴う精神的な弱さが自殺の引き金になったのではないか――とは、マネージャーをつとめた姉の見方だった。

「胃の大半を切除する大病になり、58歳で胃癌で亡くなった父のことを意識するようになって、死生観もガラッと変わったんですよ。酒も極端に弱くなって、オレも早死にするんじゃないか――なんて、精神的な弱さを垣間見せるようになってました」（落語関係者）

もっとも、三木助自身の早い死の予感は、大病を患うよりずっと前からあったようで、それは真打ち昇進以前のことだった。

そのことを彼から打ち明けられていたのは、「兄さん」と慕われた春風亭小朝。三木助とともにテレビロケでオランダを訪れていた昭和58（1983）年ごろのことで、三木助がまだ「柳家小きん」を名のっていた時分からだ。

「ホテルの部屋で雑談していたら、突然〝兄さん、葬儀委員長やってもらえませんか？〟って言い出したんです」

「これはシャレじゃないと感じて〝何でそんなこと言ってんの？〟って聞いたんです。すると〝兄さん、僕ね、長くは生きられないと思うので、今のうちにお願いしときたいんです

よ〟って」（『週刊新潮』平成28年3月10日号）

2人とも素面、大真面目な会話であったという。その予感通りの死となってしまったのだった。

姉によれば、その死に顔はニッコリ笑って、心よりホッとしたという、きれいな顔であった。

# 斎藤竜鳳《さいとう・りゅうほう》

映画評論家・昭和46年3月25日没43歳

## 無頼派左翼は「なにが粋かよ」の言葉のままに生き抜いた

革命を夢見、女とクスリに明け暮れた無頼派左翼・斎藤竜鳳が43年の生涯を閉じたのは、昭和46年3月25日夜のことである。

3番目の妻に3日前に去られ、竜鳳は誰にも看とられず、東京・中野のアパートでひとり電気毛布にくるまったまま息をひきとった。死因は薬物中毒による心臓麻痺で、枕元にはアトラキシンやハイグレランの瓶が転がっていた。

部屋の壁には毛沢東と緋牡丹お竜――藤純子の写真が貼ってあった。彼がこよなく愛し、映画評論家としてエールを送り続けた藤純子は、まさに凜として咲く高嶺の花であったのだろう。

テーブルの上に走り書きのメモが残され、

《コーラが飲みたい。今日はよく勉強した。Ｓｕｂ帰ってこない。寂しい》

とあった。Ｓｕｂとは、彼のもとを去っていった妻の愛称だった。

その時分、竜鳳の原稿料だけでは妻と幼い子を養いきれず、夫人が家計を支えていた。いわば竜鳳はヒモとして生活を送っていたのだが、２人の間にはいさかいが絶えなかった。繰り返される竜鳳の妻への暴力。

とうとう彼女は子どもを連れて家を飛び出したのだ。それを竜鳳が追いかけ、子どもに玩具を買い与えた。その時、妻は黙って夫に４０００円を手渡した。当座の生活費だった。

それから3日後に竜鳳は世を去り、最初に彼が死んでいるのを発見したのは、アパートの管理人だった。たまたま竜鳳の母からアパートに掛かってきた電話を彼に取りつぐために部屋を訪れたのだ。そこで彼が目にしたのは、竜鳳の変わり果てた姿で、その鼻からは白っぽい桃色の血が泡のように出ていた。

遺体はすでに腐乱が始まっていて、救急車で病院へ運ぼうとしてその手に触ると、ガバッと手の皮がめくれてくるほどだった。遺体が病院から野方署の霊安室に移されたころには、屍臭もひどく、顔も2倍にふくれあがっていた。

最初は変死と見て事件性を疑った警察も、

「薬の飲みすぎによる心臓ショック」

と断定した。若い頃からヒロポン、ハイミナールなどのクスリを濫用し、何度か精神病院を往復した経歴のある竜鳳の肉体は、すでに限界に達し、ボロボロになっていたのだ。

ヤクザ映画に恋い焦がれ、その夢を熱く語った男。革命を夢見、政治的実践運動に身を挺して闘い続け、毛沢東を信奉したひとりの男の、このうえなく寂しい無惨な死にざまであった。無頼を貫いたハチャメチャな生きざま同様の苛烈な死にざま。

だが、それゆえに斎藤竜鳳はひとつの伝説と化した。

映画監督の大島渚は、

「龍鳳よ。斎藤龍鳳よ。

ぼくは確かに君の叫び声を聞いたよ。君の叫びは、ぼくたちの時代の無念さを伝えていた。映画批評などを書いて生きねばならなかった君の無念さを伝えていた。それは君が自分の生活を語った文章にあったような美しくも悲しい響きだった」

と悼み、ルポライターの竹中労は10年後、「中国革命の総括と展望」というテーマのシンポジウムで、某知識人と大喧嘩した際、

「……斎藤竜鳳はどうして死んだんだ⁉　あいつは、オレの友だちは！」

と吼《ほ》えた。

## 薬物中毒からの「再起」を望んだ

昭和3年1月11日、東京府下吉祥寺で公務員の長男として生まれた竜鳳は中学3年のとき予科練に志願、後に鈴鹿の海軍航空隊に配属された。日本の敗色濃厚な時分、特攻隊に志願するも出撃命令が出ぬまま終戦を迎えた。

竜鳳が解放思想の洗礼を受けたのは敗戦の翌年であった。軍隊から復員し、母校である長野・須坂中学に復学後、町で聞いたコミュニストの演説に感動、その後上京し六全協以前の日本共産党に入党、さらに左翼武闘派へと突き進むきっかけとなった。

竜鳳が映画記者として活躍するのは30代、内外タイムスにいた時分で、昭和38年からは『映画芸術』誌に毎月本格的に映画批評を書くようになる。とりわけ当時は評論の対象にすらならなかったヤクザ映画をいち早く取りあげ、その思いいれをこめた彼の文章にファンは注目した。

昭和40年、37歳のとき、9年間つとめた内外タイムスを辞めフリーになると、徐々に政治の世界に移行、日韓闘争のデモに参加し、新左翼のML派に接近、42年3月、善隣会館闘争ではっきりと毛沢東思想支持に踏みきった。さらに学生たちとともに日大闘争や東大闘争にも参加、昔の日共火炎瓶時代の経験が若い活動家に重宝がられた。

一方で、私生活は無頼、奔放を極めた。女にのめりこみ、暴力（DV）を振るい、別れ、また別の女に惚れるという繰り返し。

そして、クスリ。内外タイムスの前、時局雑誌『丸』にいた時分はヒロポン中毒で、「原稿用紙から字が飛び出す。それをピンセットではさんでマス目に戻す」ような幻覚症状があった程。

それをようやく断てたのに、今度は睡眠薬や精神安定剤の類いを濫用するようになっていたのだ。全共闘運動が退潮し、文筆活動もできず、八方ふさがりになってそれはなおさらひどくなった。薬物中毒による2度の入院。

だが、そんな中、竜鳳は必死に再起を果たそうとした。昭和46年が明けると再び映画を観始め、批評家としての再出発を試みた。

1月、2月と東映京都撮影所を訪れ、俊藤浩滋プロデューサーや山下耕作、笠原和夫と会い、「ヤクザ映画の今後」を論じた。

かくて竜鳳の再起を賭けた評論が、『現代の眼』（昭和46年4月号）に発表された。タイトルは「やくざ映画になぜ惚れる」だった。

《私は飛車角、吉良常、沓掛時次郎、関の弥太っぺ、矢野竜子と、東映の作家が理想として作り上げた「義理人情」に厚い人びとの像を、現代日本における親しい友人として、志を同

じくするきょうだい達と同様に全肯定するだろう》
だが、竜鳳に不運な死が訪れたのは、それから間もなくのことだった。
「なにが粋かよ」——竜鳳の何よりお気に入りの言葉であった。中村錦之助の『遊俠一匹』の主題歌の一節である。

なにが粋かよ　気づくころには　みんな手遅れ吹きさらし

# 小池重明《こいけ・じゅうめい》

アマ棋士・平成4年5月1日没44歳

## 新宿の殺し屋とさえ呼ばれた真剣師は逃亡と放浪の果てに

ベストセラーを連発する名物出版社・幻冬舎に設置されている「アウトロー文庫」といえば、そのテーマは大きく分けて「裏社会」「エロス」「事件」の3本柱。設立以来、団鬼六、沼正三、本堂淳一郎、正延哲士……、多数の人気作家の文庫が刊行され続け、根強い人気を保っているという（かくいう私も大変お世話になっているのだが）。

このシリーズの企画発案者は見城徹社長だそうで、伝説の将棋ギャンブラー・小池重明をモデルに描いた団鬼六のベストセラー長編『真剣師　小池重明』を文庫化したいという氏の一念から生まれたとの話も伝わっている。

だとすれば、私も鬼六先生、ひいては小池氏の恩恵を多分に受けているわけで、この真剣師に足を向けて寝られないであろう。

真剣師とは何か？　賭け将棋を生業とする将棋界の裏街道の住人の謂《いわ》れで、強い真剣師には金主もついて、盤上の勝負に大金が賭けられることもあったという。

新宿を根城にしていたころは〝新宿の殺し屋〟の異名をとるほど凄みのある将棋を指し、無類の強さを誇って、〝最後の真剣師〟といわれた男が小池であった。

ファンの間でいまも語り草となっているのが、関西で〝鬼加賀〟の異名を持ち、真剣師として日本一といわれた加賀敬治との通天閣5番勝負。双方にスポンサーがつき、賞金は5番勝負で50万円。大方の予想を覆して、死闘の末に3勝1敗で勝ったのは小池で、その名は全国に轟いたのだ。

が、強すぎるがゆえに勝負を挑んでくる相手がいなくなり、小池は真剣師として商売あがったりとなった。プロを相手にするしかなくなって、小池は将棋雑誌の企画したアマ・プロ戦にチャレンジし、気鋭の若手プロ棋士四段五段クラスを連破する。将棋と相撲だけはプロとアマの実力差が歴然としており、アマは絶対にプロに勝てないといわれた時代であったから、常識では考えられない話に棋界は騒然となった。

さらに小池は2度のアマチュア名人戦を制したうえで、当時のプロ八段・森雞二に平手（ハンデなし）で勝つという離れ業をやってのけた。それは棋界を揺るがす大事件といってよく、〝プロ殺し〟小池の名は生きた伝説とさえなった。

だが、その一方で、私生活はとことんデタラメ、酒とギャンブル（将棋以外はまるきり下手くそだった）、女に溺れ、カネにもだらしなかった。人妻と駆け落ちすること3回、世話になった人の金を失敬してドロンを決めこむが、律儀に借用書だけは残した。逃亡と放浪を繰り返し、ついには寸借詐欺騒動を起こしアマ棋界から追放されてしまう。

なにしろ破天荒、大一番の前夜でも、大概は朝まで酒を飲んで二日酔いのまま勝負に臨むのだ。対局中、相手が長考に入ると横になって寝入ってしまう。それでも揺り起こされて指す手は鋭く、負け知らず、悪魔の使い手としか思えず、およそ将棋は天才的だった。

大山康晴十五世名人と角落ちで対局したときも、前夜は泥酔した末に御乱行、朝泊められた新宿署の留置場から駆けつけ勝ったというのだから、とんでもない男に違いなかった。

「人に嫌われ…人に好かれた」

小池は昭和22年、名古屋のドヤ街で生まれた。実の父親は酒乱で早くに出奔、「夜の女だった」（小池の手記）母親が再婚した継父のもとで育てられたという。その継父から教わり将棋を覚えたのは高校1年のときというから、決して早くはない。町道場に通い、高校2年のときには県の学生選手権で優勝、女のとりあいで大学生の将棋マニアと真剣勝負をして勝ったこともあった。

高校を中退後、各地を転々とするが、やがて、なんとか将棋でメシを食いたいと上京、賭け将棋で勝ち続け本領を発揮。いつしか真剣師としてその名が知られるようになったのだ。

小池が最初からプロになろうという気がなかったのは、20歳前に師を選んで奨励会に入り修業を積んでからというプロ入りの面倒な条件が、性分に合うはずもなかったからだった。それでもそのケタ外れの強さゆえに、特例としてプロ入りの話が出たことがあった。が、私生活の乱れ、素行の悪さが指摘され、棋士総会で否決され、プロの道は閉ざされてしまう。

そんな小池と、SM小説の鬼才・団鬼六が交流を持つようになるのは、寸借詐欺騒動で将棋界を追われ、2年間、名古屋の飯場《はんば》で働いていた小池が、再び東京へ舞い戻ってからのことである。

大の愛棋家として知られ、その時分、潰れかけた『将棋ジャーナル』誌を引き受け発行人となっていた団は、相変わらず生活苦にあえぐ小池を何かと面倒みた。同誌で小池とアマ棋士との「果たし合い」を企画し、物心両面でチャンスを与えると、彼は次々と強豪を負かした。それまで2年間、将棋の駒を一度も手にしたことがなかったというから、やはり天才としかいいようがなかった。

私生活も安定する。茨城県石岡市で、かつてのスポンサーが経営する焼肉屋の店長に納まったのだ。

が、それも束の間、土地の人妻と3度目の駆け落ち、今度は店の金の他、経営者の新車までかっさらった。団の前に現れたとき、それは売り飛ばされ、ボロ車に変わっていた。

小池はなぜそんなに女にモテたのか？

「彼の幼児性が女の琴線をくすぐるからです」

とは、団の弁だった。

それでもトラックの運転手となり、駆け落ちした女としばらく落ち着いた生活が続くかに見えたが、やがて破局がくる。すでに小池の躰は病魔に侵されていた。肝硬変による食道静脈瘤破裂で大量に血を吐くのだ。

小池が茨城県石岡市の医師会病院において、肝不全のため死去するのは平成4年5月1日午後4時20分のことである。点滴や酸素吸入器を自分で引きちぎったというから、実質は自殺といっていいかも知れない。享年44。

「人に嫌われ、人に好かれた人間だった。これほど、主題があって曲がり角だらけの人生を送った人間は珍しい」

と、『真剣師　小池重明』に書いた団鬼六は、「天才は醜聞を起こし得る一面をもつ」との芥川龍之介の言葉を引いたうえで、最後をこう締め括っている。

「とにかく、面白い奴だった。そして凄い奴だった」

# たこ八郎

たこ・はちろう

コメディアン・昭和60年7月24日没44歳

## ノー・ガード戦法の後遺症をあえて治そうとしなかった！

テレビやＣＭにまで登場し、すっかり人気者になる以前から、たまらなくその芸――というより、彼の存在そのものが好きだった。

最初に彼を知ったのは、山本晋也監督のピンク映画『未亡人下宿』シリーズで、怪優久保新二との軽妙でハチャメチャな掛けあいがなんとも面白かった。そのうちに東映の『新網走番外地』シリーズやら菅原文太主演作品などにチョイ役で出る彼の姿を見るようになり、多岐川裕美がデビューした『聖獣学園』では谷隼人とつるむ結構大きな役をやっていて「おっ」と思ったりした記憶があるが、その芸風は一貫して変わらず、演じているとも地ともつかぬズッコケたとぼけた味は最高だった。ともあれ私は、世間にあまり知られていない時分からの彼――たこ八郎のファンであった。

そんな彼が『幸福の黄色いハンカチ』では少しもボケずに、健さん相手に、マジなチンピラ役を演じているのを観たときには、「おいおい、山田洋次監督よ、いくらなんでもそれは違うだろ。たこ八郎にそんな役をやらせたんじゃ、彼の持ち味が消えてしまうじゃないか」などと、訝しがったりしたものだ。そしていつごろからか、実は彼はたこ八郎をやる前は、斎藤清作といってファイティング原田や海老原博幸と同期のライバル、日本フライ級チャンピオンになったこともある、打たれても打たれてもひたすら前へ出ていく伝説のブル・ファイターだった——という話を耳にするようになった。確かに彼の風貌からもボクシングの痕跡は窺えたので、さもありなんと思い、〈もしかしたら、あの地とも演技ともつかぬ芸も、激しく打たれ続けたというボクサー時代の後遺症とも関連があるかも知れないなあ〉などと勝手に推測したりしたものだが、本当のところはわからなかった。

詳しいことを知るようになるのは一冊の本——笹倉明の『天の誰かが好いていた』（集英社）を読んでからだが、そこには聞きしに勝る、凄まじいばかりのボクサー斎藤清作がいた。

彼はなぜ危険を度外視してノー・ガードで相手に打たせるだけ打たせてから攻撃するというボクシングに徹したのか？　左目がまるで見えないというハンデをカバーするため？　いや、仮に目が悪くなかったとしても、彼はそのボクシングスタイルを貫いたであろう——とは、本人自身も認めるところなのだった。

では、なぜか？　おそらくその問いは、上温湯隆はなぜあれほどまでにサハラにこだわったのか、あるいは沢田教一に、なぜベトナムの戦場を撮ることにそこまで執念を燃やしたのか――と訊くのと同じことであるような気がする。そこにあるのは、生命尊重以上の価値の所在を求めて、何かに突き動かされて止まなかった男の業としかいいようのない情念であろう。

## 大好きな海で泳いでいて…

そのたこ八郎の本物と会ったのは、新宿ゴールデン街の「クラクラ」という店。「はみだし劇場」を主宰する外波山文明《とばやまぶんめい》の営む店で、たこ八郎は毎夜そこで飲んでいることが多かった。

先輩に連れられ初めて入った同店で、隣の席にいた彼に驚き「うわっ、たこさんだ！　スクリーンで観てますよ」と思いきりミーハーをやる私。たこ八郎のほうは映画とは違い、あくまで物静かなたたずまいを見せていた。四六時中酒を飲み続け、酔っているほうが多かったというたこ八郎だが、不思議なことにその後も、「クラクラ」で2、3度会っているはずなのに、彼の酔った姿は記憶にない。むしろ、いつも酔っているのはこっちで、彼は静かに酒を飲んでいたという印象しかないのだ（あるいは店の長椅子に寝ていたのかも知れない）。

斎藤清作がボクシング界から引退を決断したのは、日本フライ級タイトルを2度防衛し、3度目の防衛戦で敗れたときで、昭和39年春、23歳だった。戦績は41戦32勝（10KO・TKO）8敗1分で、KO負けは一度もなかった。引退届を出した翌日、かねて念願のコメディアンとなるべく、同郷の宮城が生んだ喜劇界の大御所・由利徹の門下となった。たこ八郎の芸名も由利が名づけた。

が、その時分、もう彼の身体はボロボロになっていた。由利の部屋住みとなってしばらくすると、寝小便や昼でも失禁をしたり、由利の舞台でもセリフが出てこなかったり、膀胱障害や直腸障害、言語障害が生じだしていた。そうしたボクシングで打たれ過ぎた後遺症は、慢性硬膜下血腫による可能性が高いとは笹倉本の記すところだ。

6年ほど経って寝小便は止まり、直腸障害と言語障害は消えたが、たこは言語障害のほうはあえて治そうとしなかったという。そのほうがコントや芝居で観客に大受けしたからだった。

たこ八郎の最後のテレビ出演は死の前日の昭和60年7月23日、収録した先は後楽園ホール、斎藤清作時代の思い出深い場所である。収録を終えたその夜、彼は大親友のファイティング原田と銀座で一緒に飲みカラオケを歌った。原田と別れ、たこが新宿「クラクラ」に戻ったのは24日午前零時過ぎだった。

いつもの長椅子で寝ているところを、夜中、外波山に起こされたのは、皆で海水浴へ行く約束をしていたからだった。たこ八郎、外波山、「はみだし劇場」の劇団員計6人が車で向かった先は神奈川・真鶴岩海水浴場。夜明けの5時少し前に着くや、たこ八郎は焼酎の麦茶割りを3杯飲み、仮眠をとった後で泳ぎだした。外波山が異変に気づいたのは午前9時半ごろだった。

浜辺にいる外波山のほうに向かって泳いでいたたこ八郎が、沖合約25メートルのあたりでうつ伏せになったまま波間にぷかぷか浮き沈みしているではないか。外波山ともう一人があわてて寄っていき彼をひっくり返すと口や鼻から泡を噴き、顔色が真《ま》っ蒼《さお》になっていた。2人で浜辺まで抱え人工呼吸を行っても意識は戻らず、駆けつけた救急隊員が酸素吸入を施しても状態は変わらなかった。死亡が確認されたのは午前10時49分。大好きな海で溺死したたこ八郎、享年44。

さんざん迷惑をかけられたことまですべて含めて、これほど人に愛された男も稀だったろう。葬儀の場では、赤塚不二夫がおいおい泣き、葬儀委員長由利徹の声涙ともにくだる御礼の挨拶が参列者の胸を打ち、最後は賑やかな拍手と三本締めで送られた男が、たこ八郎であった。

# 梶山季之《かじやま・としゆき》

作家・昭和50年5月11日没45歳

## 徹底した奉仕精神、気遣い…大流行作家の「華麗な最期」！

〝元祖トップ屋〟〝産業スパイ小説の旗手〟〝ポルノ作家〟〝弘済会ベストセラー作家〟〝文壇酒徒番付の横綱〟などさまざまな冠を付された昭和の大流行作家・梶山季之が、香港で客死したのは、昭和50年5月11日未明のこと。享年45。死因は食道静脈瘤出血と肝硬変。誰よりも原稿を書きまくり、ひたすら酒を飲み、女性を愛し、賭博に興じてきた男が、その波瀾《はらん》の生涯を終えたのだった。

その死を、

「文壇の特攻隊のように斬り死して仕舞った」「華麗な虹のような死」

と評したのは、直木賞作家で、〝ケンカ坊主〟といわれた今東光であった。

この今大僧正が梶山に贈った戒名が、「文麗《ぶんれい》院梶葉浄心《びょうじょうしん》大居士」。「文は流麗にして留滞なかりき。時に五月、梶の葉の美しい季節に、浄《きよ》き心の持主の逝くを限りなく惜しむ」の意という。

４００字詰め原稿用紙に少ない日で30枚、はかどったときには80枚書くのが日課で、毎月９００枚から１０００枚、最盛期には週刊誌連載７本、他に月刊誌、新聞の連載を持ち、単発の読切も書いて月産１２００枚を超えることもあったという。

若い時分に結核を患い、両肺に大きな空洞をあけながらも、ヘビースモーカーで缶入りピースを愛喫し、朝からお茶がわりにビールを飲み、銀座通いを欠かさず、行けば必ずサントリー・オールドを１本以上飲んだ。それが10余年続いた。

相手が誰であろうと接する態度は変わらず、原稿を頼まれればどんな媒体にも書いた。

編集者の間では、「困ったときの梶頼み」なる言葉があった。人気作家の急病で２５０枚くらいの穴があきそうになる雑誌があったとする。編集者は梶山のもとに駆けこんでピンチヒッターを頼みこむのだ。残された時間は2日か3日。その期日で２５０枚。それを断らずに引き受けてくれる作家となると、梶山以外考えられなかった。梶山もまたそんな超人的な離れ業を見事にやってのけるのだ。

だが、当然文章は粗くなり、梶山は専門家に腐されることになるのだが、内容は面白いから雑誌は大いに売れる。得するのは出版社で、無茶をした梶山ひとり損するという図になる。

そんな梶山を、「他人の為に身を削った男」と評したのは、彼から兄貴と慕われた作家の黒岩重吾で、それほど梶山の他人への気遣い、サービス精神は徹底していた。女性へのやさしさも半端ではなく、その訃報が伝えられたとき、銀座のホステスたちは心底から涙を流し泣いたという。

梶山が黒岩の他に最も親しくつきあっていた作家仲間が、『眠狂四郎』を書いた柴錬こと柴田錬三郎。

あるとき、柴錬、黒岩、梶山の3人が、四国愛媛・奥道後の温泉ホテルのオープンパーティに招待されたことがあった。前夜、3人はブラック・ジャックに興じ、梶山が一人、大負けした。そこで柴錬が、「明日のパーティで挨拶のとき、女の性器の名称を叫んだら、この貸しは無しにしてやる」と冗談を言った。

翌日のパーティ招待客は3000人。関西財界人の夫人や娘さんの姿も多数あった。梶山は壇上に立つや、

「ポルノ作家の梶山季之であります。人生はオ××コであると思います」

とやってのけたから、司会の高橋圭三は蒼ざめ絶句し、会場はシーンと凍りついたという。

これまた天晴れ、梶山季之にしかできない芸当であったろう。

## ライフワークは大河小説だった

梶山が死に場所となる香港に飛びたつ前、最後の夜の銀座で会ったのが黒岩で、その翌日、テレビ番組で最後に対談した相手が柴錬であったというのも、不思議な因縁であろう。

黒岩と柴錬も、後に、
柴錬「一番親しいヤツとはちゃんと別れをしていっているわけだ、あいつは」

黒岩「あいつの持っているサービス精神がそこまで出ている感じやね」（『週刊小説』昭和50年5月30日号）

　と振り返ることになる。

　梶山がＮＨＫテレビで柴錬、永井路子と鼎談《ていだん》をし、その足でマカオ経由で香港入りしたのは5月5日のこと。ライフワークの取材旅行が目的だった。

　7日昼、宿舎のマンダリン・ホテルの部屋で突然、大量吐血。救急車で近くのカノッサ病院に運ばれたが、重症だったため9日夜、政庁立のクィーンズ・メアリー病院に移された。

　美那江夫人と一人娘の美季さんが駆けつけたのも、ちょうど同じころだった。吐血、下血が止まらず、点滴と輸血が続けられたが、意識ははっきりしており、

「オレは大丈夫だ」

と夫人に言い、娘さんには、治療した歯のことを訊ねたりしたという。

だが、肝機能が見る間に低下し、衰弱も激しくて手術ができない状態で、〝不死身のカジさん〟と自称した男の突然の死は、2日後の5月11日午前5時過ぎに訪れたのだった。娘さんに宛てた遺書には、

《パパは今、ポルノ作家と云われたまま、死にましたが、志はもっと高いところにあったのです。たとえば『李朝残影』のような小説をうんと書き残したかったのです》

とあったという。

『李朝残影』とは、生まれ育った韓国・ソウル時代の思い出をテーマに昭和38年に発表、直木賞候補にもなった作品だった。このソウルをテーマにした作品こそ、梶山が作家を志して以来、ライフワークの一環として考えていたものだった。

朝鮮半島、加えて父の故郷である広島と原爆、南米移民（ハワイ生まれの母が移民であったがゆえに）という3つのことをテーマにした7000枚以上の大河小説を書くことが、梶山が考えるライフワークであった。そのために集めた書籍・雑誌類の資料も膨大なものになっていたという。

だが、なかなか手がけられずにいたのは、生来の旺盛なサービス精神、頼まれたら嫌といえない面倒見のよさ、義理人情の厚さゆえのことで、編集者及び読者への奉仕に徹してきた

がためであった。そしてようやくそのライフワークに取り組み始めた矢先、突如訪れた死であったのだ。梶山にすれば、さぞや無念であったろう。

「酒と血と女にまみれた最後の無頼派」と評した週刊誌もあったが、その死に対し、一時は某機関による謀殺説が出たほど、権力を恐れず、権威と闘い続けた作家でもあった。それ以上に、およそこれほど人に愛された男も稀であったろう。

# 唐牛健太郎《かろうじ・けんたろう》

## 元全学連委員長・昭和59年3月4日没46歳

## 日本中の誰よりも男だった酒豪の若武者「さすらい人生」

60年安保闘争の輝ける全学連委員長、戦後学生運動史上最大のヒーロー・唐牛健太郎が、直腸癌のため、46年の波瀾の生涯を閉じたのは昭和59年3月4日のことである。

唐牛を看とった国立がんセンターの主治医・小山靖夫氏が、その最期をこう記している。

《……二月中旬頃から黄疸と意識障害が加わり、二月十九日には、誤飲による肺炎や舌根沈下のための窒息が心配な状態となった。やむなく気管切開。……血小板の減少、出血傾向の出現、黄疸の増強、意識レベルの低下と事態は悪化の一途をたどり、三月四日午後八時二十三分遂に鬼籍に入られた》（『唐牛健太郎追想集』）

およそ1年間にわたる癌との壮絶な闘いの果ての死であった。

唐牛が沖縄の徳洲会病院で直腸癌と診断されたのは、前年1月のこと。東京の国立がんセンターで手術をし、その後、千葉・鴨川の病院に移り、数カ月間のリハビリを経て、一度は退院した。

すでに癌細胞は手術で治せる限界を超えて拡がっていたのだが、入院中も酒豪・唐牛の酒の飲みっぷりは変わらなかった。

「病状には関係ないから」

と、見舞いにきた友人を連れだしては飲み歩いたり、土・日曜日には帰宅して知人から貰った焼酎を飲んだり、ついぞ酒を止めることはなかった。手術後に装着を余儀なくされた人工肛門を身につけたままであり、終いには神経がきかなくなってカテーテルを導入したまま飲み続けたという。

半年ぶりに退院した折の挨拶状に書かれていたのも、「酒は飲むべし」のひと言。その言葉通り、退院後、豪快にウイスキーを1本あけ、沖縄へ渡って友と飲み交わす唐牛の姿があった。

だが、沖縄行きの直後から癌は急速に全身に転移して容態は悪化、11月下旬、再び国立がんセンターに入院するに至った。

癌が脳に転移したのは死の1カ月前、さらに死の1週間前には意識を失った。髄膜炎で流れなくなった髄液を取った際、感染を起こしてしまったのだった。

その間、付きっきりで看病したのが、真喜子夫人であった。消え入りそうになる唐牛の心臓の鼓動の画面が大きく反応を示すのは、夫人がその手を握って小林旭の『さすらい』を口ずさんだときだったという。それこそ唐牛が終生こよなく愛した歌であった。

## 火を吐くようなアジテーション

思えば、唐牛の生涯もまた、『さすらい』――流浪に次ぐ流浪に他ならなかった。唐牛はなぜ、さすらい続けたのか？

32歳で与論島へ渡るとき、作家の長部日出雄から、

「どうして急に旅に出る気になったんだ？」

と訊かれて、唐牛は、

「小林旭の『さすらい』が大好きなもんだからね。いったん好きになったら、その歌の通りに生きてみなくちゃいかん、という気になったんだよ」

と答えたという。もとより韜晦《とうかい》には違いあるまいが、なぜか納得してしまいかねないようなところがあったという。

昭和35年4月26日午後、国会正門前に立った唐牛は、まさに高倉健さながら、緋縅《ひおどし》の鎧の若武者そのものであった。

いや、正確に言えば、この時分、健さんはまだ男になっていなかった。いまだ『日本俠客伝』も『網走番外地』も『昭和残俠伝』も生まれておらず、彼は美空ひばりの相手役などに甘んじてくすぶっていた。そんな健さんに先駆けて、このとき、日本中で他の誰よりも「男」であったのは、唐牛健太郎であったろう。

この弱冠23歳、北大生の若者は道学連委員長だった前年6月、全日本学生自治会総連合（全学連）委員長に抜擢《ばってき》されたばかり。世は60年安保闘争真っ只中、彼は安保条約改定阻止運動を果敢に引っ張り、精力的に闘った。昭和35年1月16日には、安保新条約調印全権団の渡米を実力阻止するため、全学連を指揮し羽田空港占拠事件を起こし、唐牛は多数の幹部ともども逮捕された。そしてこの日、安保改定阻止を叫び国会前に集まった万余の学生デモ隊の先頭に立ったのが、唐牛だった。

彼らの目前——国会正門前には、装甲車が3列に並んで立ちはだかり、機動隊の壁がその行く手を阻んだ。

そんな中、宣伝カーに乗った唐牛は、万余の学生たちを前に、

「装甲車を突破し国会へ！」

と火を吐くようなアジテーションをぶった。それは突撃ラッパにも等しく、真っ先に突進し装甲車に飛び乗ったのも唐牛だった。

だが、機動隊の壁は破れず、唐牛は装甲車を飛び降りたところで、機動隊の警棒攻撃を浴び逮捕された。

唐牛のあとに続いた多くの学生も、同じ運命を辿った。それは予想を超える人数で、闘争の大きなエネルギーとなり、唐牛不在のままに、運動は昂揚《こうよう》してピークとなり、東大生樺美智子さんの犠牲をも出した6・15事件へと至ることになるのだ。

唐牛は懲役10カ月の実刑判決を受けて服役し、出所後は運動から足を洗った。闘争中資金援助を受けたとしてとんだスキャンダル渦に巻きこまれた右翼の田中清玄のもとで働いたあと、『太平洋ひとりぼっち』の堀江謙一らとヨットクラブを作り、東京・新橋で飲み屋、与論島での建設作業、北海道での北洋漁業船員と、流浪の人生を送った。

昭和56年再び上京し、オフィス・コンピューター会社に勤めたあと、57年には医療法人徳洲会の徳田虎雄と知りあい、奄美本島や徳之島で、彼の選挙の応援活動を行っていた。その最中の直腸癌発覚であった。

前述の『唐牛健太郎追想集』には、文字通り多くの関係者の追想文が記載されているのだが、短文の中にも唐牛という人をよくとらえ、見事な追悼文となっていると思われるのは、〝ピース缶爆弾男〟の故牧田吉明の一文である――。

《俺たちは、一体、何を喪ったのだろうか。もし仮に、ソ連軍（注・追想集は昭和61年刊行）の北海道侵攻があったとして、その際、遊撃戦の総隊長をやれたかも知れない、ただ一人の男を喪ったのだ。言ってみれば、そういうことだ。

虐殺された末娘と、流浪する長男の神話によって保持されていた、安保ブントの聖家族も、かくして終わった》

これはうまいなあ。

# 中上健次《なかがみ・けんじ》

作家・平成4年8月12日没46歳

## 「にいやんのところへ行きたい」〝無頼派作家〟ただ一度の弱音

『岬』『枯木灘』『地の果て　至上の時』などの作品で知られる戦後生まれ初の芥川賞作家中上健次が、腎臓癌のため、故郷の南紀・熊野——和歌山県那智勝浦町の日比記念病院で死去したのは、平成4年8月12日午前7時58分のことである。46歳という若さだった。

血尿が出るなど体調の悪化に伴い、中上健次が、高校時代の友人が理事長をつとめる那智勝浦の同病院で診察を受けたのは、死の7カ月前、同年1月のこと。そこで腎臓癌が見つかったのだが、すでに末期で癌細胞は両肺にも転移していた。血尿が出る以前に自覚症状があったはずなのに、病院嫌いの作家は長い間放置したまま一度も治療を受けていなかったのだ。

中上は東京・新宿の慶應病院に入院し、2月14日、手術が行われ、左の腎臓と尿管を摘出した。癌細胞は両肺だけでなく肝臓へも転移しており（やがて右脳、脊髄にも達した）、抗癌剤の投与によって両肺のそれはいったん消えたが、他はどうしようもなかった。

それでも術後はだいぶ元気になり、3月16日には自ら求めて『文學界』のインタビュー(聞き手・文芸評論家渡部直巳）を受け、

「CTとレントゲンを撮ったら、腎臓がもうめちゃくちゃになって腫れあがっている。CTを見れば癌だとわかる。……肺に癌性の白い点々、穴ボコみたいなものが、八個あるという状態だった。その時は少しばかりこたえたね」

と話し、自分の分身でもある『岬』や『枯木灘』の主人公・秋幸の新たな物語の構想があることを語り意気軒昂なところを見せた。

その後、横浜の診療所に通院し抗癌剤投与を受けていたが、7月20日、南紀の日比記念病院へ入院、こよなく愛した故郷に戻り闘病生活を続けたのだった。

かつて100キロあった体重も半分に痩せ衰えて太い腕も骨と皮だけになり、波のように絶えず押し寄せる発熱、倦怠感や頭の鈍痛、全身の痛みや痺れにさいなまれながらも作家はそれに耐え、かすみ夫人（作家の紀和鏡）の前でも決して弱気な姿を見せなかったという。

ただ、闘病中、同業者の死はショックだったようで、井上光晴、李良枝に続いて松本清張の訃報（中上の死の8日前）を聞いたときには涙を流し、夫人に、

「オレもそろそろ死にたくなった。にいやんのところへ行きたくなった……」

と漏らしたというが、中上が弱音を吐いたのはそれきりで、最後の最後まで生きる意欲を見せ、〝無頼派作家〟らしくとことんツッパリ通した。

亡くなる前の晩さえ、ぜいぜい言う父の身体をさすりながら、「パパ、苦しい？」と心配する娘に対し、枕元のスケッチブックに、

「くるしい。でもがんばる」

と書いたという。

最後まで創作意欲も旺盛で「文学の鬼」ぶりを見せつけ、また、自身が故郷で創設した「熊野の歴史や意義を説く」市民大学の「熊野大学」にも、並々ならぬ情熱を燃やし続けた。

が、8月12日未明、体温が急激に低下し、35度を切り、血圧も50未満となった。日本文学史に残る不朽の名作『枯木灘』を書いた作家の命運はいよいよ尽きようとしていた。

同日午前7時58分、窓の外に熊野の海が見える病室で、彼は懐かしい人に脈をとられ、両親と妻、3人の子どもに見守られながら、眠るように息をひきとったのだった。彼が最後に残した言葉は、「ありがとう」であった。

## 文豪ならぬ〝ビン豪〟の異名

髙山文彦『エレクトラ―中上健次の生涯―』（文藝春秋）によれば、その死を看とった医

師は高校の同級生で、仲のいい友人であったから、臨終を告げたあと、

〈健次、何でこんなになるまで自分の体を放っていたんや⁉〉

と無念の思いに涙が溢れてたまらなかったという。

確かに晩年の中上健次は、妻とは別居し、家族と離れて暮らす生活が何年も続いていた。「最後の無頼派作家」の呼び名通り、精力的な創作活動を続ける一方で、朝に至るまでの飲酒、トラブル、喧嘩ざたなど、酒場での武勇伝にも事欠かなかった。文壇バーや新宿ゴールデン街などで、やれ編集者の誰それを殴ったとか、同世代の作家と議論の果てに怒りにまかせて殴り倒したといった話が流布されていた。

私自身、一度だけこの大作家と新宿ゴールデン街のGで同席し、そのとき図らずも本人からそうした行状の一端を聞いたことがあった。それによると、ある店で執拗に中上にカランでくる客がいて、あまりにしつこいのでビール瓶を投げつけて黙らせた。が、その際、相手に怪我を負わせてしまい、少なからぬカネを払って示談にした云々――ということだった。

真偽の程は定かではないが、Gのママも中上に対し、冷やかし半分に盛んに「文豪」ならぬ〝ビン豪、ビン豪〟と呼びたてていたから似たようなことがあったのかも知れない。それにしても、〝ビン豪〟とは、ママの親愛のこもった揶揄《やゆ》のように思えた。

文芸誌に連載された『路地』という短篇小説で初めてこの作家を知り、『枯木灘』で計り

知れない衝撃を受け、その作品のほとんどを読破するほど熱心な読者であった私にしても、そうした行状を聞いても、さもありなんという印象しか受けなかった。

ともあれ、そんな深酒や無頼な生活ぶりが命を縮め、病院嫌いが中上の命取りになったのも確かだった。慶應病院入院中も安静にしているどころか、病院を脱けだしては四谷荒木町の酒場「英」へ何度も顔を出していたという。肺炎を起こしたのも、そんな行状が災いしてのことだが、それも業ともいえる作家魂の発露というか、無頼派、肉体派の面目躍如たるところがあったろう（もっとも、マスコミの言う〝武闘派〟というのは怪しいもので、新宮高校時代はコーラス部で、むしろ気の弱いいじめられっ子だったというから、多分に本人のポーズもあったのだろう）。

実際、行動する作家であり、平成2年に日本文藝家協会の永山則夫死刑囚入会問題の対応に不満の意を表明、筒井康隆、柄谷行人とともに同会を脱会、翌3年の湾岸戦争時には、「文学者の討論集会」呼びかけ人の一人として戦争反対声明を発表していた。

「死は恐くない。あと5年生きられたら、全部の仕事ができる」

とも中上健次は語ったというが、「よみがえりの地」と言われる熊野で、ついに奇跡は起こらなかった。

# 見沢知廉《みさわ・ちれん》

作家・平成17年9月7日没46歳

## 左翼から右翼――両極に揺れた「革命家」は残照に身を投じた

その日――平成17年9月7日夕、『調律の帝国』で三島由紀夫賞候補にもなった作家・見沢知廉は、赫奕たる残照の中に身を投じ、命を絶った。

46歳という年齢は、終生、その存在を意識し、目標とし、その名を冠した賞を取りたがった三島由紀夫の齢を1歳だけ上まわるものだった。見沢知廉というペンネームも、書店の書棚に並ぶ際、三島の隣りに配されたいとの思いがこめられていた。

見沢知廉はなぜ自裁したのか？

いや、それは単に抗鬱剤が悪く作用した不運な事故だったと指摘する人もいるが、やはり自裁こそ見沢の最期に相応《ふさわ》しかろう。見沢を知る人の多くは、その唐突な死に驚き、衝撃を受けたけれど、その一方で、ああ、とうとうそうなってしまったかという予定調和的な感慨があったのも確かなところだった。

「到底、畳の上で死ぬ人間とは思わなかった。自死は決して悪いことではない、いや、むしろ作家たるものは自死によって自分の文学を完結させるのが本当だろう——と、つねづね言っていた男ですから」

とは、ある友人の弁だ。

見沢が8階マンションから飛んだ日、都内近郊は只ごとならぬ夕陽の美しさに包まれた。見沢と親しくしていた民族派の友人も、都内でその夕陽に見とれてしまった一人だった。

「生まれてこのかた、あんなにもきれいな夕陽にお目にかかったことがなかった。この世のものならぬというか、凶々《まがまが》しいまでの美しさだった。……見沢の訃報を聞いたのはその翌朝なんですが、ああ、そうか、見沢が死んだのはあの夕陽のせいなんだなって、真っ先に思いましたもの……」

見沢も三島同様、文学に永遠の志を持ちながらも、いかに美しく死ぬかという過激浪曼主義《ラジカルロマンチシズム》の宿痾《しゅくあ》を生涯背負った作家であった。

私は見沢知廉と顔を合わせる機会があるたびに、

「もうこれからは書斎派に徹して、埴谷雄高の『死霊』を超えるような観念小説の極まりを書いてくれないか。わが陣営の作家で、それが可能なのは見沢知廉しかいないじゃないか」

などと、勝手なことを言っていたが、いかんせん見沢の場合、血が熱過ぎた。

本籍であるはずの文学以上に、なぜかいつまで経っても「革命」の二文字に血が騒ぎ、むしろ革命家として死ぬことを夢見ていたような男が見沢であった。

なにしろ見沢は17歳のときに共産主義者同盟（ブント）戦旗派に加盟、18歳で三里塚闘争に参加、そして19歳のとき、後に自らの小説『天皇ごっこ』で、「歴史の熱球に触った気になった」と書く、決定的な瞬間に立ち会うことになる。昭和53年3月26日に起きた成田空港管制塔占拠事件である。

新東京国際空港（当時）の開港が4日後に迫ったその日、機動隊1万4000人が厳戒態勢を敷く中、新左翼ゲリラ部隊が下水道を伝って空港内のマンホールからエレベーターで管制塔に突入、占拠し、鉄パイプ等で空港システムを完全に破壊して、開港を延期せしめたのだった。その闘争にブント戦旗派の一員として参加、空港周辺で機動隊と激しい攻防戦を繰り広げる大部隊の中にいた一人が見沢であった。この事件こそは、見沢にとって「歴史の熱球に触った」瞬間であり、革命の核心を垣間見、その端緒を摑んだ瞬間でもあった。見沢はまさに19歳の身空で知ってしまったのだ。この世の至上の祝祭を、めくるめく至福の時を。

これだ、これこそオレの求めて止まない夢、このためにオレは生まれ、このためにオレは死んでいく人間だ――と、見沢は心から叫びたかったに違いない。

## 手紙を利用して獄中から小説を

だが、祭りはあっという間に終わり、「革命」の尾っぽを摑んだはずの喜びは、たちまち失望へと変わる。次の闘いのために遺書まで書いて備えたのに、3・26は再び来なかった。セクトの武装闘争路線から大衆路線への方向転換。見沢は左翼を見限り、翌年、ブントを離れた。

それでも「歴史の熱球に触った」陶酔は忘れられなかった。闘いの場を求めた果てにたどりついたところが、反対ベクトルの極北である新右翼の最過激派・統一戦線義勇軍であった。

「三島由紀夫の自決を茶番と決めつける左翼に大衆の心が摑めるとは思えない。あの連中には絶望した。あんな硬直した考えしか持てない連中に革命などできっこない。むしろこれから真に変革運動を担っていけるのは新右翼だ。発想に柔軟性があって戦闘的だし、大きな可能性が開けている」

と、見沢は統一戦線義勇軍に飛び込んだのだった。

昭和57年3月には同書記長に就任するも、その半年後、悪夢のような事件を引き起こしてしまう。〝右翼版連合赤軍事件〟と言われたスパイ粛清事件である。見沢は懲役12年の刑を受け、千葉刑務所への服役を余儀なくされる。

地獄のような刑務所の日々（うち8年間を、普通の者なら1年で精神を病むといわれる厳正独房で過ごしたのは、態度が反抗的とされたからだった）。この間、見沢を支えたのは文学だった。5000冊の本を読み、ひたすら小説を書いた。小説の発表は禁じられていたので、母宛ての手紙を利用した。小説とバレそうなときには焙りだしにしたり、本の背表紙の裏にメモを隠した。母は息子から送られてきた小説を徹夜で清書し、出版社各社の文学賞に応募するのだ。

こうして出所を目前にして新日本文学賞佳作となったのが『天皇ごっこ』だった。見沢は出所と同時に異色の新人作家として話題を呼び、その後も『囚人狂時代』『母と息子の囚人狂時代』がベストセラーとなり、『調律の帝国』が三島由紀夫賞候補作品になった。

一方で、長期拘留、とりわけ8年の厳正独房暮らしがたたり骨も内臓もボロボロ、骨粗鬆症、繊維筋痛症、加えて拘禁症に侵され、鬱病も高じ、死の数年前から入退院を繰り返していた。

だが、自死した時分には精神的にも安定し、体調も良く、「小説を書くぞ。書きたいものがいっぱいあるんだ」と執筆意欲を見せていたという。受験生ばりに机の前に「母に恩を返す」「孤独は文学で」と書いて貼っていたといい、ヤル気は本物で、それがなぜ突然自死するに至ったのか？

「夕陽が眩しかったからさ」

と本人は今ごろ天上で呵呵大笑《かかたいしょう》しているのかも知れない。

# 寺山修司《てらやま・しゅうじ》

歌人、劇作家・昭和58年5月4日没47歳

## 「休むのは罪悪」の信念を貫き病身でも企画を出し続けた…

寺山修司が東京・阿佐谷の河北総合病院で肝硬変による急性腹膜炎のため世を去ったのは、昭和58（1983）年5月4日午後12時5分のことである。47歳だった。

元夫人で、寺山が亡くなるまで劇団運営ひいては人生のパートナーをつとめたといっていい女優の九條今日子が、その最期の場面をこう記している。

《『嘘でしょう』ハッと我にかえると、わたしはこう叫んでいた。ネフローゼを患った二十歳の頃から、寺山は何度も『ご臨終です』の場面を体験してきたといっていた。今度もそうなんでしょ。だって、あなた、スーパーマンだもの。あなた、天才だもの。死ぬはずなんてないよ!!》（九條今日子『ムッシュウ・寺山修司』ちくま文庫）

だが、私たちが真っ先に思ったのは、

「47で死ぬなんて、やっぱり寺山は天才だったのかも知れないな」

というもので、寺山ファンならずとも、多くの人が抱いた感慨ではなかったろうか。

同じような思いを作家流イロニイで表現したのは、寺山の大学時代の詩友である河野典生だった。

「天才は夭折すべきだとすれば、47歳の死はギリギリ天才の死に間に合ったな」（長尾三郎『虚構地獄　寺山修司』講談社文庫）

寺山は絶筆となった『週刊読売』（昭和58年5月22日号）のグラビア「ジャズが聴こえる」に寄せたエッセイ「墓場まで何マイル？」で己の死にかたを言いあてていた。

《……同級生のカメラマン沢田はヴェトナムで流れ弾丸《だま》にあたって死に、アパートの隣人の芳江さんは溺死した。私は肝硬変で死ぬだろう。そのことだけは、はっきりしている。だが、だからと言って墓は建てて欲しくない。私の墓は、私のことばであれば、充分》

寺山は多くの顔を持っていた。演劇実験室「天井桟敷」の主宰者、劇作家、演出家、映画監督、歌人、俳人、詩人、作家、エッセイスト、評論家、作詞家、他には競馬評論家としても知られ、熱狂的なボクシングファンでもあった。

だが、職業を問われると、「ボクの職業は、寺山修司です」と答えるのがつねだった。

寺山は昭和10（１９３５）年12月10日、青森県三沢市生まれ。早大教育学部国文学科に入学した昭和29（1954）年、18歳のとき、「チェホフ祭」50首で第2回短歌研究新人賞受賞。多彩な才能を開花させたのは昭和35（1960）年のこと。ラジオドラマ『大人狩り』、劇団四季の創作劇『血は立ったまま眠っている』の戯曲、篠田正浩監督の映画『乾いた湖』のシナリオを書き、『文學界』に小説『人間実験室』を発表、さらにテレビドラマ『Q』を書いて注目を浴びた。

また、60年安保のこの年、寺山は、城山三郎、石原慎太郎、江藤淳、大江健三郎、小田実、谷川俊太郎、武満徹、浅利慶太ら若手文化人で作る「若い日本の会」に最年少で参加している。

昭和42（1967）年には、横尾忠則、九條映子（今日子）、東由多加と演劇実験室「天井桟敷」を結成、『青森県のせむし男』『大山デブコの犯罪』『毛皮のマリー』などを上演、アングラ劇とも言われ、唐十郎の「状況劇場」と双璧をなして若者の圧倒的な支持を集め社会的現象ともなり、寺山は一躍時代の寵児《ちょうじ》となった。

## 意外な同期生が寺山の歌と対峙

歌人・寺山修司の代表的な一首として挙げられるのは、「マッチ擦るつかのま海に霧ふかし身捨つるほどの祖国はありや」。

この歌に注目し、ずっとこの歌と対峙してきたことを訴え、自決という最後の行動に出たのは、寺山とは同じ昭和10年生まれの意外な同期生であった。

平成5（1993）年10月20日、東京・築地の朝日新聞本社において壮絶な拳銃自決を遂げた野村秋介その人で、野村は最後の檄文の一節に、

《……私は寺山修司の『マッチ擦るつかのま海に霧ふかし身捨つるほどの祖国はありや』という歌と十数年にわたって心の中で対峙し続けてきた。そして今『ある！』と腹の底から思うようになっている。私には親も妻も子も、友もいる。山川草木、石ころの一つに至るまで私にとっては、すべて祖国そのものである。寺山は『ない』と言った。私は『ある』と言う……》

と書いた。野村の辞世の句「惜別の銅鑼は濃霧のおくで鳴る」も寺山の「マッチ擦る――」に対置させる形で詠んだ句とされる。

同世代という以外、何の接点もないと見られた2人の思わぬ交錯だが、死に関して言えば、寺山もまた少年時代からつねに死を意識してきた芸術家だった。

父を戦争で亡くしただけでなく、昭和20（1945）年7月28日、母とともに住んでいた青森市が米軍の大空襲を受けたときにも、多くの死を目のあたりにした。自身も頭上から焼夷弾が雨あられと降るなか、母とともに逃げまわり、助かったのは奇跡でしかなく、生と死

は紙一重であった。

19歳のときにはネフローゼで長期入院をして、《一日おきに輸血し、月に一度位は危篤状態に陥るようになっていた》と、自伝『誰か故郷を想はざる』にある。

その分、寺山は生に固執し、生きることに全精力を傾けた。九條今日子の前掲書によれば、寺山は「休んでいることは罪悪だ」という考えを貫き、体調が悪くなってからも毎日10種類くらいの映画や演劇などの企画書を出したという。

《唖然とさせられたのは、寺山が亡くなって書斎を片付けていたら、『スケジュール表』がどの引き出しからもかならず出てきたこと。さらにびっくりしたことには、そのどれにも二年先、三年先の予定がビッシリ書き込まれているのだ》

これをして、寺山は生き急いだのだという人もいるかも知れない。

寺山が朝日新聞に、

《昭和十年十二月十日に
ぼくは不完全な死体として生まれ
何十年かゝって
完全な死体となるのである》

との書きだしの『懐かしのわが家』という遺書めいた詩を発表したのは、昭和57（198

2）年9月1日付のこと。死の8カ月前、肝硬変の病状も進行していた時期だった。
急性腹膜炎で突如意識不明となるのは翌58年4月22日のこと。それから5月4日に息を引きとるまで、寺山はついぞ意識を取り戻すことはなかった。

# 尾崎清光《おざき・せいこう》

政治活動家・昭和59年1月30日没48歳

## 病室で現金を勘定中に現れた暴漢は「お命頂戴」と告げて…

それはさながらギャング映画を地でいくようなシーンであった。

この日本で、いまから30年ほど前の昭和の時代に本当に起きた、あまりに現実離れした事件だった。

昭和59年1月30日午後9時50分ごろ、東京・新宿の東京女子医大付属病院中央棟5階501号室、そこは床には絨毯が敷かれたバス・トイレ付き1日4万円という特別室。そのとき、同病室に入院中の主は、ちょうどベッドの上で札束を勘定している最中だったという。傍らには、その500万円の札束を持参してきた側近が1人控えていた。主は400万円を数え終えて鞄にしまいこみ、残りの100万円を数えているところだった。

そこへ突如、病室入り口のドアが開き、乱入してきた3人組の男たちがあった。部屋の主と側近が驚いて彼らを見遣った。

　3人組はいずれもハンチングを目深にかぶって白いマスクを着け、カーキ色の作業用ジャンパーを着ていた。3人とも20代から30代と思しき男たちで、先頭の者は右手に拳銃を持っていた。ヒットマンであるのは明らかだった。

　拳銃を手にした先頭の男が、ドスの利いた声で、

「黙って壁に向かって立て！」

　部屋の中年男2人に命じた。これにはベッドの上の主も傍らの側近も、言われるままに壁に向かうしかなかった。

　3人組のターゲットはあくまで入院中の主1人だった。壁に向かって立った彼に、拳銃の男はしっかりと狙いを定めた。両手で銃を構え、腰をおろすと、

「お命頂戴！」

　鋭く言い放ったかと思いきや、次の瞬間、続けざまに3発発射。2発が的の後頭部と背中に命中、残りの1発は頭を越えて壁に当たった。たまらず主は崩れるように床の上に倒れた。

　すかさず別の1人がそこへ駆け寄って、絨毯の上でもがく男の背中にドスを突き刺し、止《とど》めを刺した。

　銃声が聞こえなかったのは、サイレンサー（消音器）付きの銃であったからだった。事を

なし終えた3人組は、壁際で呆然とする側近やベッドの上の札束には目もくれず、一目散に部屋を飛びだした。この間、ざっと数十秒、あっという間の出来事だった。3人組は職員用エレベーターで下まで降り、駐車場に待たせていた車に乗りフルスピードで逃げ去ったのだった。

襲撃された特別病室の主が出血多量のため絶命したのは、それから約1時間後、午後11時前のこと。

男の名は尾崎清光、日本同和清光会最高顧問という肩書きを持っていた。享年48。

これほど凄絶な殺されかたをした尾崎清光とは、いかなる人物であったのか。

## 「歩く3億円」と称された生活

当時の組関係者たちの証言によれば――。

「尾崎は〝同和〟を駆使して、大蔵、農林水産、建設、厚生といった各省庁に高圧的なわたりをつけ、莫大な利権をあさっていたんだな。とにかく、われわれから見ても想像を絶するような男だったよ」

「ヤクザをも手玉にとってた男ですよ。公共事業の利権をとってやると持ちかけては巨額なカネを借りたり……尾崎が殺られたあと、『オレんとこは尾崎に億単位でひっかかった』なんて声も、ほうぼうから聞こえてきてた。１００億ともいわれる尾崎の借金のほとんどはうちの業界筋からのもんでしょう」

その背景にあったカラクリは、「役人は同和に弱く、ヤクザは役人に弱い」という力学。尾崎は同和団体の名のもとに、同和行政における特権をフルに活用、政治家にも取り入って、建物を建てられない市街化調整区域の解除、国有地払い下げ工作などに辣腕を振るったのだ。

平然と高級官僚を怒鳴りつけ、自分の誕生パーティに官公庁の局長クラス以下を勢ぞろいさせるほどの権勢を誇り、ヤクザの親分衆をも唸らせ、かつ呆れさせたものだ。

尾崎は昭和10年6月2日、高知県佐川町の生まれ。17歳のときに少年院入りしたのを皮切りに、恐喝、傷害、銃刀法違反など数々の容疑で捕まること十数回（実刑は数回）。ヤクザの世界へ足を踏みいれたこともあったというが、名を知られるようになったのは、昭和45年ごろ、西郷吉之助元法務大臣が乱発した4億５０００万円の手形事件。西郷本人から額面1億円の回収を依頼されたのが尾崎だった。

その時分、大阪・梅田に事務所を構えていた尾崎のもとで、仕事を手伝ったという元東組幹部は、

「尾崎は大阪拘置所にいたとき、うちの東清総長と知りあい、総長に惚れこみ、『東の兄さ

ん』と慕ったんです。私も刑務所を出たばかりで、大拘の総長に面会に行ったところ、『おまえ、やることないなら尾崎のとこへ行け』と言われ、尾崎の仕事を手伝うようになったんです。手形のサルベージやら何やらを。まあ、万事、世間に知られたような、あの通りの男でしたね。北新地一の最高級クラブへ夜な夜な通いつめたり……」

確かに尾崎は殺される前年、経営していたモデルクラブが倒産、数十億の負債を背負ったばかりか、100億といわれる借金があったとされながらも、その暮らしぶりは「日本一のゼイタクをした男」「歩く3億円」と評されるほど、豪華絢爛《ごうかけんらん》、派手そのものだった。

自家用車は3000万円のキャデラックのリムジン2台で、床には厚い毛皮が敷かれ、テレビに冷蔵庫、洋酒のボックス付き、3本の専用電話が付いていた。両手にはめた腕時計は一つがダイヤ入りの1億2000万円、もう一つが8000万円の代物、その他、エメラルドの指輪やアクセサリー、100カラットのダイヤ入りタイピンやカフスボタンなど、身につけた装飾品を合わせると合計3億円になったという。

女性関係も派手で、好みはうら若き女性専門、事務所を置く「パレ・ロワイヤル永田町」近くのホテルに常時スイートルーム5室を予約していたのも、そんな彼女たちを泊めるためだったともいわれる。

いやはや、男の甲斐性極まれり、豪傑ぶりもここまで徹底できれば、アッパレというほかないではないか。本人にしても、人生は太く短く、いつ殺されようが刑務所に行こうが覚悟のうえ、と肚を括っていたのではあるまいか。

この〝お命頂戴事件〟、実行犯たちは捕まることなく、迷宮入りしている。

# Ⅳ 50代で死んだアウトロー

# 新井将敬《あらい・しょうけい》

## 身の潔白を証明すべく検察を批判して「武士」は自裁した

衆院議員・平成10年2月19日没50歳

悲しいかな、わが国にはその辞書に「恥」という文字を知らない人種が存し、その名を政治家という。

票のためなら平気で土下座もするし、「その罪、万死に値する」などと言いながら自決するどころか、議員辞職の責任さえとらない元首相もいた。

だが、どっこい、ここに紛れもなく恥を知っている政治家が存在した。

その男——自民党代議士の新井将敬が、身の潔白を証明するため自らの命を絶ったのは平成10年2月19日のことである。享年50。

彼の遺体を最初に発見したのは真理子夫人であった。新井夫妻は前日18日から、東京・港区高輪3丁目の「ホテルパシフィックメリディアン東京」の23階の部屋に宿泊していた。この日19日午前9時半ごろ、彼女は夫の両親が息子を心配して兵庫から上京してくるのを出迎えるため、いったん大田区内の自宅に帰った。

ホテルに戻ったのが、午後1時ごろだった。部屋に入った夫人が見たのは、エアコンの通風口に浴衣の帯をくくりつけて首を吊っている新井議員の姿だった。

彼女は動顚《どうてん》しながらもすぐに2人の秘書に連絡、駆けつけてきた彼らとともに遺体を下ろし、ベッドに仰向けに寝かせた。議員は白ワイシャツに黒ズボン姿、ノーネクタイだった。

部屋にはウイスキーのミニボトルの空き壜《びん》約10本が散乱し、ホテル備えつけのA4判の便箋に書かれた遺書が2通あった。1通が夫人、もう1通が同じ旧三塚派の亀井静香前建設相（当時）にあてたもので、

「いろいろお世話になりました」

などと書かれていた。

遺書は走り書きで字が乱れ、妻あての遺書は5行程度、言葉も飛んで意味不明の部分もあった。

事件の通報が遅れ、高輪署員がホテルに出向いたのは、遺体発見から2時間以上経た午後3時過ぎのこと。情報を聞きつけたマスコミからの相次ぐ問いあわせを受けてのことで、同署員は午後3時24分、新井将敬の死を確認した。

死因は首を吊ったことによる窒息死で、遺書があったことなどから、同署は自殺と判断した。死亡推定時刻は19日正午ごろ。

署員が駆けつけたとき、真理子夫人は遺書を握り締めたまま、遺体の横たわるベッド脇の床に呆然自失状態で座りこんでいたという。

新井議員は日興証券に不正な利益供与を要求し、株取引を通じて2900万円余の利益を受けたとして証券取引法違反で国会に逮捕許諾請求されていた。が、前日夕、衆院議院運営委員会で弁明し、疑惑を全面否定。

その後の記者会見でも、「真実は一つ」「政治生命すべてを賭けた最後の言葉です。虚心坦懐に受けとめていただきたい」などと述べ、日興証券からの利益供与を、「要求したことはない」ときっぱり否定していた。

逮捕状を請求した検察に対しても、

「私は検察にはめられた」

と強い口調で批判し、会見では「最後」という言葉を何度も口にした。

「最後の言葉に嘘はない」

「皆さんとお話しすることももうないと思う」

などと話した。

この議員会館での会見を終えると、新井は宿泊予定のパシフィックメリディアン東京へ入る直前、20分間ほど、すぐ側の品川ホテル最上階のバーで一人、ビールを飲み、東京タワーの夜景を眺めていた。その胸中に去来するものは何だったのだろうか。

## 新右翼思想家の拳銃自決に共感

新井が自裁した部屋のベッドの下には、刃渡り30センチほどの脇差しが置かれていた。それは親交のあった新右翼思想家の野村秋介から贈呈されたものだった。

2人の出会いは昭和61年7月の衆院選のとき。新井は野村秋介の住む大田区蒲田を選挙区にして同じ自民党公認候補の石原慎太郎と票を争っていた。

その選挙運動の際、新井候補に対する石原陣営の卑劣な妨害を目のあたりにした野村が、石原陣営に対し抗議行動を起こしたのだ。前回（昭和58年）の衆院選の際にも、石原陣営は新井候補のポスターに、「この男は朝鮮からの帰化」との中傷シールを貼って歩いたという前歴があるだけに、野村の怒りも大きかった。新井とは何の面識もなかったが、野村にすれば民族派として、許しがたい所業として抗議行動を起こさずにはいられなかったのだろう。

この一件は新井をいたく感激させ、野村への敬愛の念となって、親交を結ぶようになったのだった（野村と石原も後に和解し、逆に仲良くなっている）。

新井と野村の友情を目のあたりにしたのは、野村門下の二十一世紀書院代表の蜷川正大氏。氏によれば、何度か2人の酒席に同席する機会があり、そのとき話が「死生観」や「生き様」といったことに及ぶと、新井は居住まいを正して野村の言に聴きいるのがつねだったという。

また、平成5年10月20日、野村が朝日新聞東京本社において壮絶な拳銃自決を遂げたとき、通夜に駆けつけた新井は、その席で誰に言うともなく、

「右翼も政治家も死なないきゃあかんのですよ」

とつぶやいたことを、蜷川氏は強い印象で記憶していた。

翌6年2月、新井は『ブルータス』誌に2回にわたって『政治的な死』『野村秋介氏の自決』と題するコラムを書いている。前者で「政治指導者の究極の言葉は、国民に死ぬべき理由を明らかにすることである」と記し、後者では野村に対して、「氏の信ずる日本は、選挙やマーケットの中には絶対見つけることのできない日本であった」「そのことを示すために、自殺以外のいかなる道があったというのだろうか」との共感を示した。

新井の自裁は、野村の自決から5年後のことである。

新井はつねに死を意識し、自殺を肯定的にとらえていたことが窺える。衛藤晟一議員によると、新井の自宅のベッドの枕元には、『日本人の死生観』という本があり、「人間は死を覚

悟したときに正直に生きられる」という部分にアンダーラインが引かれていたという。

新井の自裁の根本にあったのは、「武士として縄目の恥辱は受けず」という、およそ政治家には類い稀な「恥」の意識、男の美学であったのかも知れない。

# 竹中正久《たけなか・まさひさ》

## 山口組四代目・昭和60年1月27日没51歳

## 頑ななまでに信念を貫き通しひたすら男の道を全うした！

『サンデー毎日』特別取材班から生きかたを問われ、

「そりゃ、オレは男で死にたいよ。一言でいえば、男だった、ということで死にたいわ」

と、生きかたならぬ死にかたを答えたのは、四代目山口組を継承して間もない竹中正久であった。

このインタビューから5カ月後の昭和60年1月26日、彼は一和会ヒットマンの銃弾を浴び、翌27日、51年2カ月の激動の生涯を閉じた。

その言葉どおり、頑《かたく》ななまでに己の信念を貫いて決して筋を曲げず、ひたすら男の道を全う、志半ばではあっても、短い人生をまさに男として死んでいった。不意に現れた4人の刺客に対し、何ら怯むことなく素手で立ち向かい玉砕して果てるという姿こそ、竹中そのもので、死にざまこそ生きざま——を証明してみせたのだった。

この日、竹中は午後1時から行われた神戸市灘区の山口組田岡一雄三代目邸隣りに建設予定の新本家上棟式に出席。その後、中山勝正若頭らとともに、京都府八幡市の病院に入院中の田岡文子未亡人を見舞った。

竹中一行は上棟式の報告を兼ねての見舞いを終えると、大阪・ミナミのホテルに赴き夕食を摂った。食事後、一行はミナミの馴染みのクラブへ行き、1時間半ほどくつろいだ。

店を出たのは午後8時過ぎで、このとき中山若頭が、

「今日はもういいから帰れ」

と、6人ほどのボディガード組員を引きあげさせた。もともと竹中はぞろぞろガードに付かれることを極端に嫌うタイプだった。

竹中が中山と南力若中の2人だけを伴い、南組組員の運転するベンツで向かった先は、愛人の住む大阪・吹田市江坂のマンション。そこで一和会ヒットマンが待ち構えていた。長野修一をリーダーとする田辺豊記、長尾直美、立花和夫の4人。彼らは大胆にも同じマンションにアジトを構えていたのだ。

竹中一行を乗せたベンツがマンションに着いたのは午後9時10分。南、竹中、中山の順でマンションのロビーに入り、3人がエレベーターの前に立ったところ、背後からいきなりヒ

ットマンたちが躍り出てきた。

手にした拳銃、彼らの殺気だった様子に、ガード役の南が「何やっ、おまえらは⁉」と怒声を発し、一瞬、双方が睨みあった。

「おどれらは何じゃい！」

竹中も鬼の形相で一喝したが、刺客たちも後戻りできなかった。すでに覚悟を決め、端から命を捨ててこの場に臨んだ彼らはそれぞれ「男として死にたく思うわが死の果てに仏も神もあらまほしく思う」「友はいま　極寒に耐え　敵を待つ　知らせあればわれ撃ちに行くなり」「春がきて咲く花もあり花咲かぬ草もあるこの世かな」との辞世まで残してきていた。いわば、彼らはこのとき天下の山口組四代目と、己の全人生を賭けて対峙していたのだ。

「体を起こせ」が最後の言葉に…

直後、田辺の38口径コルト357マグナムが火を噴き、銃弾は竹中の右上腹部に命中、小腸と大腸を突き抜け、腎臓の裏側にまで達した。

それでも竹中は田辺の前に立ちはだかり、その銃をもぎとろうとして、放たれた2発目の銃弾に右手人差し指を関節から吹っ飛ばされた。その田辺の弾丸は右胸上部の皮膚を剝脱して止まった。同時に竹中に向け発射された長尾の32口径レームの銃弾は外れ、中山若頭を狙った立花のコルト32口径も不発だった。

だが、田辺が発射した3発目は中山の背中に命中、すかさず長尾が追いうちをかけ発砲、銃弾は若頭の右肩と頭部に当たった。

さらに田辺は竹中に止めを刺そうと両手でマグナム357を構えたところ、南力に体当りを受け、ひっくり返った。

南はすばやく田辺に馬乗りとなり、腰のベルトに挟んだ拳銃を引き抜こうとした。が、拳銃を抜く間もなく長尾に頭を撃たれ、南はその場に倒れた。

2発の銃弾を受けながらも、竹中は気丈だった。腹部を押さえ、まっすぐ立って玄関へと足早に歩いた。その背に向けて立花がコルト32口径の引き金を2度引いたが、1発目が不発で、2発目は当たらなかった。

マンションの外で待機していた南組組員が、玄関から血まみれで出てきた竹中に気づいて、車に助け入れた。

その前に立ちはだかった長野と立花を、ベンツは急発進してはねとばした。

車に乗りこんだ竹中は、南組組員に「大丈夫や」と言い、撃たれた箇所を訊かれ、「腹と胸や」と答えた。

だが、ベンツが南組事務所に到着し、そこから救急車で病院へ運びこまれたときには意識

不明の重体で、

「体を起こせ」

との言葉が、彼の最後のそれになった。

その体内に撃ちこまれた銃弾のうち致命傷となったのは、前胸右側上部から入って右心房と大静脈の間を通って肝臓にまで達していた32口径の弾丸であった。それは田辺が撃ったものでも、他の3人のヒットマンが放った弾丸でもなく、大いなる謎となった。

ともあれ、竹中が永遠の眠りに就いたのは、撃たれてから26時間後、昭和60年1月27日午後11時25分のことだった。その遺体を司法解剖した医師が、

「普通の人間ならとっくに死んでいたでしょう。26時間も保《も》ったのは、まず基礎体力。それと同時に気力。死んでたまるかという意志が強かったんでしょう」

と述べた。壮絶なる戦死といってよかったろう。

竹中は豪胆にして武骨、決断力や統率力に長《た》け、反骨精神に溢れ頭脳明晰、その素顔はイメージとは裏腹に、繊細な感性の持ち主であったようだ。また、読書家でもあり、手もとに広辞苑や六法全書を置いて、新聞は何紙もとって隅から隅まで目を通していた。

一方で、徹底して反権力の姿勢を貫いて、警察との取り引きなど論外、一切妥協せず、逮捕されても容疑をすべて否認し通すことも一度ならずあり、若い衆に対してもつねづね、

「警察で余計なことは喋るな。自分の尻が腐るか、刑務所の床板が腐るか、勝負するという根性で刑務所に行ってこい」

と、教えた。それでいて面会や手紙を欠かさず、無類に若者の面倒見はよかったという。

一途に極道の分をわきまえ筋を通し、剛直な極道らしい極道を貫いた竹中正久。その生き死には、「最後の極道」と呼ぶにふさわしいものではなかったろうか。

# 横山《よこやま》やすし《やすし》

漫才師・平成8年1月21日没51歳

## 酒、女、ボート…無頼を貫いた破滅型芸人の安らかな死に顔

公序良俗に反せず、どこまでも品行方正、社会人としても模範的な優等生、NHKに出ても立派に通用するお笑いタレント――そんな手合いばかりになってきた今日このごろ、無性にこの人が懐しく感じられる。

「天才漫才師」と評されながらも、酒と女とモーターボートに入れこんで、脱線すること数知れず、私生活ばかりか、ときには仕事もすっぽかし、テレビの生本番中も失言、暴言の数々、番組を降ろされても止《とど》まらぬ破天荒、でたらめさ、ハチャメチャぶり、やりっ放しで、世間の顰蹙《ひんしゅく》を買うこと甚だしい。

昔なら、こんな芸人、決して少なくなかったような気もするが、いまや消えて久しい絶滅種。

あっぱれ、この芸人の名を、「やっさん」こと横山やすしという。

こう書くとすぐに、

「何を言ってるか。『芸人だから』で許される範囲を逸脱していたのが、やすし。だからこそ、暴力団との密接交際が露見した島田紳助同様、吉本をクビになり、芸能界から追放されたのではないか」

と目クジラを立てる御仁も多かろう。

だが、ちょっと待ってもらいたい。芸人がいつからそんな立派なシロモノになったのか。彼らがつねに社会的常識や良識、行儀の良さを求められる存在であり、ましてヤクザより上等、まっとうな人種であるなんてことはついぞ寡聞にして知らなかった。あたしゃてっきりヤクザも芸人も、かくいうモノ書きなんていう人種も、まっとうなカタギ衆から見れば、みんな同じ化外《けがい》の民、言ってみれば兄弟分のようなものだと思っていたのだが、どうやらそうではないらしい。

閑話休題。話を戻すと、「天才漫才師」と謳われながら、無頼を貫き、芸人の美学を破滅にこそ求めたような風情があった男こそ、やっさんであった。

最期もいかにもそんな破滅型芸人やっさんらしい死にざまだった。

それは突然の死で、最初に異変に気づいたのは啓子夫人であった。平成8年1月21日午後

7時40分ごろ、彼女が外出先から大阪府摂津市内の自宅に帰ると、やすしはいつものように居間のテレビの前で横になっていた。傍らに転がっていたのは缶ビール2本。

彼女が不審に思ったのは、「お父さん」と声をかけても返事がなかったからだが、夫の体に触るとすでに冷たくなっていた。仰天した彼女は、すぐに救急車を呼んで病院へ運んだが、時遅く心臓停止状態だった。

やすしが息を引きとり、51年の波瀾の生涯に幕を閉じたのは午後8時10分。苦悶の表情は見られず、安らかな死に顔であったという。遺体は翌22日、大阪医大病院で行政解剖され、死因はアルコール性肝硬変と判明。血中からはそうとうな濃度のアルコールも検出されたという。最後の最後まで酒を手放さなかったのが、やすしという無頼派芸人であったのだ。

昭和34年、中学卒業後、漫才師としてデビューしたやすしが、西川きよしと「やすしきよし」のコンビを結成したのは昭和41年。4年後の昭和45年4月には第5回上方漫才大賞を受賞し、またたく間に漫才界の頂点を極めた。

その年の12月2日、阪神高速道路上でタクシー運転手相手に暴行事件を起こしたのが、その後繰り返されるやすしの不祥事の始まりであった。酒を飲んでマイカーを運転し、しかも無免許だったことも発覚。懲役3カ月、執行猶予2年の刑が下されたのだ。長い謹慎生活を余儀なくされ、やすしはそれから2年半、テレビから姿を消した。

## 大阪と東京に1人ずつ愛人が

だが、天才芸人はこれで終わらなかった。謹慎明けから再び大活躍、昭和52年に2度目の上方漫才大賞を受賞、昭和50年代後半の漫才ブームにも乗り絶大な人気とともに名人芸が注目を浴び、漫才界のトップランナーとして走り続けた。

それでもやすしは、相変わらず懲りない人だった。カムバック後もトラブルは絶えず、昭和52年にも大阪市内で妻とタクシーに乗車中、運転手に、「おまえらはもともとカゴカキやないか」と暴言を浴びせたとして侮辱罪で訴えられ、慰謝料10万円を支払っている。

その後も、若手芸人への暴行、ボートの免許不携帯での現行犯逮捕、酒気帯び運転で厳重警告処分あり、借金踏み倒し疑惑で告訴されたり、事件やトラブルの連続だった。番組収録中であろうとベロベロになるまで酒を飲み、その末の御乱行というのが、やすしのワンパターンだった。

女性関係も何ら隠しだてすることはなかった。啓子夫人は3人目の妻、他に大阪と東京に1人ずつ愛人がいることも知られていた。オンエア中の番組を途中で抜けだしたことがあったのも、愛人問題を名古屋の友人に相談するため新幹線に乗る必要があったからだった。

昭和61年、西川きよしが参院選で当選、〝やす・きよ〟コンビが解消すると、酒量がさらに増え、御乱行に拍車がかかってくる。スナックでの喧嘩沙汰、泥酔や二日酔いでの番組降板やすっぽかし……。昭和63年11月には息子で俳優の木村一八が傷害事件を起こし、自らも謹慎中、人身事故を重ねた。平成元年4月、酒気帯び運転の末の人身事故で書類送検された2度目のときには、ついに吉本興業も堪忍袋の緒を切った。やすしが吉本興業からクビを宣告されたのは、事故から3時間後のことだったという。

全盛期には1億円もの年収があり、数十隻のモーターボートや軽飛行機を所有するなど得意の絶頂にあったやっさんも、失意のどん底へと叩き落とされたのだった。テレビで見ない日はなかったその顔も、お茶の間で見られる機会はほとんどなくなってしまう。

平成4年の参院選では「風の会」から立候補して落選。それからわずか10日余りの8月6日早朝、何者かに暴行を受け、脳挫傷で意識不明の重体となる。退院後も言語障害や記憶喪失といった後遺症があり、舞台復帰の夢が遠のくと、自暴自棄から飲酒癖がぶり返した。2年後に肝硬変が悪化。腹水が溜まる症状が出て、以来入退院を繰り返すようになった。そんな矢先の急死であった。まさに破滅死を選んだ〝最後の芸人〟――。

「人に迷惑をかけ、あれだけ好きなことをやって、天下も取って、好きな酒で逝って……幸せな人生やったんやないか……」

とは、彼を知る人の共通の感慨であったようだ。

# 田宮高麿
たみや・たかまろ

## 元赤軍派最高幹部・平成7年11月30日没52歳
## ハイジャックを成功させた「明日のジョー」
## 謎の心臓麻痺

どうしてこの男が左翼なのだろうか？　どうしたら彼とマルクス・レーニン主義とが結びつくというのだろうか？　とんだミスマッチもいいところではなかったのか——ずっとそう思ってきた。

牧田吉明が唐牛健太郎を評した言葉を借りて言えば、「彼と共産主義との出会いなんて、（絶滅しつつある）知床の大鷲が間違ってコウモリの里に舞い込んでしまったような話」なのではないか——と思わずにはいられなかった。

それほどこの男——元赤軍派最高幹部・田宮高麿から立ち昇ってくるイメージ、そのメンタリティから感じられるのは右翼民族派以外の何ものでもなかった。

いつも下駄ばきで詩吟を唸っていたバンカラ学生、親分肌で皆から「組長」と慕われていた男。何より義理を重んじ、義理に生きた男。

《田宮同志は、信念の人であると同時に、義理の人であった。田宮同志の義理の心の深さに胸をうたれたことは一度や二度ではなかった》（小西隆裕『回想　田宮高麿』紫翠会出版）

また、『人生劇場』や『唐獅子牡丹』を愛唱し、組織ネームを「鶴田健」とするほど東映任俠映画に入れ込んでいた田中義三のような俠気溢れる男を配下にし、「田宮さんがいたから、よど号ハイジャック闘争に志願した。田宮さんについていけば間違いないと思った」と言わしめるような男が、田宮でもあった。

その「よど号」グループのメンバーと強制的に〝結婚〟させられ、北朝鮮の日本革命村で彼らと一緒に生活をしていたという八尾恵さんも、こう喝破している。「田宮は任俠の世界に生きている人で、田宮と田中で親分子分のようにはまった関係になり、小西もその次に従え、組を守らせてもらいますという感じでした」（八尾恵『謝罪します』文藝春秋）

はたして彼らは右翼だったのか、それとも左翼だったのか、左翼運動にはミスマッチな学生たちがどう間違ったか北朝鮮に来てしまった悲劇、いや喜劇（？）が繰り広げられていた――とも、彼女は述べている。

いわば彼女はそうした関係を半ば揶揄して否定的にとらえているわけだが、もとより私は彼らの任俠的気質をバカにも否定もしない。むしろハイジャックを成功させ北朝鮮で結束できたのも、決して前段階武装蜂起のための国際根拠地論などという赤軍派理論などではなく、そうした「死ぬも生きるも一緒」という任侠風の強い絆があったればこそであろうと思う。

田宮の右翼的なメンタリティは、ハイジャックのときにも存分に露わになっている。よど号が北朝鮮へ飛びたつ前夜、機内ではハイジャックメンバーと人質乗客との奇妙なお別れパーティが催された。田宮はそこで「祖国を愛するがゆえに」と挨拶した後で詩吟を朗々と唸っている。その詩吟が、唐の時代に「詩仏」と称された王維の詠《うた》った「送元二使安西」（元二ノ安西ニ使ヒスルヲ送ル）と題する有名な友との別れの詩。

ついでに言えば、この王維の別離を詠った漢詩をこよなく愛し、書に認めることも多かったのが、別項で紹介する、新潟港岸壁で壮絶な割腹自決を遂げた右翼民族派重遠社《じゅうえんしゃ》代表の三浦重周《じゅうしゅう》であった。本物の右と左の心性は通底するという証左であろうか。

## 金正日総書記と「怒鳴りあい」に

また、田宮がハイジャックについて書き残した、

「我々は、この歴史的任務を遂行しうることを誇りに思う。そして、最後に確認しよう。我々は〝明日のジョー〟である」

との出発宣言はあまりに有名になったが、これまた右翼的な感性・ロマンチシズムと言わ

ずして何と言おう。左翼なら、こんな非論理的な感性に頼るような運動はナンセンスとして、本来、斥《しりぞ》けられる代物であろう。そして田宮にとって最大の不幸は、この一か八かのハイジャック闘争がよもやの成功に至ったことであったろう。大阪戦争、東京戦争、首相官邸占拠のための大菩薩峠軍事訓練……等々、掛け声だけは勇ましいが、悉《ことごと》く失敗に終わった赤軍派の闘争が、ことハイジャックに限って成功したという歴史の皮肉。

事が失敗し夢が挫折してこそ成立するのがロマンチシズムというもので事が成功した途端、浪曼が浪曼でなくなってしまうのはロマンチシズムの宿命ともいえる。夢が叶わないからこそ、明日のジョーは明日のジョーのままでいられたのだ。

田宮たちは北朝鮮へ渡って軍事訓練を受け、秋には密かに帰国し同志たちとともに前段階武装蜂起を敢行する計画をたてていた。「金日成をオルグする」と、若者らしい気宇壮大な意気ごみを語った田宮。

日本へ帰った暁には、新聞の尋ね人欄に「麿」という名で広告を出して仲間と連絡をとりあい、上野の西郷さんの銅像前で待ちあわせる手筈も決めていたという。日本を発つ前、田宮が一人、上野公園に桜を見に行ったのも、そんな計画があったからだろう。

見事な桜を見て、故国にしばしの別れを告げた田宮。が、しばしのはずが永遠の別れとなった。それから25年後の平成7年11月30日午前4時、田宮は平壌で急死した。享年52。死因は「過労による心臓麻痺」と発表された。

田宮が亡くなる前日まで、塩見孝也元赤軍派議長が訪朝中で平壌に滞在しており、朝、帰国する塩見を見送りに田宮は平壌駅へ出向いている。前夜は2人で大激論を交わしたという。塩見を見送った後で、東平壌にあるよど号の事務所に戻った田宮は、夕刻、疲れた様子で帰宅したという。3人の子どもたちは寄宿舎暮らし、妻の森順子は仕事で平壌を離れていて、夜遅くなったので事務所に泊まった。つまりその夜、自宅には田宮しかいなかった。

翌朝、起きてこない田宮を不審に思ったメンバーが部屋を訪ねた。田宮は寝室のベッドの下に転がった状態で死んでいたのだった。田宮は定期的に健康診断を受けていて、心臓の疾患はまったくなかったという。

『宿命』を書いたジャーナリストの高沢皓司《こうじ》は、数々の傍証からその死を粛清と指摘している。「金正日総書記と議論の末に怒鳴りあいになった」という、かの国のタブーに触れる田宮の行為があったというのだ。

いずれにしろ、田宮の死は、よど号メンバーの吉田金太郎、岡本武・福留貴美子夫妻の死の真相、あるいは日本人拉致への彼らの関与について、すべての真実を知る男の死でもあった。

# 中島らも

なかじま・らも

作家・平成16年7月26日没52歳

## 「生きるということは窮屈…」破天荒な鬼才が予期した最期

アッパレ——と言うしかあるまい。呑んべえを極め、その果てに玉砕した鬼才・中島らも。私なんぞも呑んべえ道40余年、酒の味もわからぬままに10代からひたすら飲み続け、

「いつ死んでも構わない」

などと無頼を気どっては朝に夕にグラスを手にしてきたものだが、所詮はセコい酒飲みに過ぎなかったことは、馬齢を重ねたいまの己が証明している。

それにしても、あの大傑作『今夜、すべてのバーで』や『ガダラの豚』をものした中島らも。こちとら、才能ではもとより到底勝てっこないのだから、せめて酒で勝ちたいと思うのだが、それさえ遠く及ばなかったわけで、なんともはや情けない。またぞろ酒を呷《あお》りたくなってしまう。

なぜ勝てないのか。らもは、

「生きるということは窮屈なんや。しらふではやってられへん」

と口にしていたというが、なるほどその酒飲み心理は同じでも、やはりその思いの強さ、あるいはニヒリズムの深さというか、気合いの入りかたがまるで違っていたのだ。つまりは呑んべえとしても、こっちは紛いもの、向こうは本物であったということだろう。

もっとも、らもにすれば、自分の死にざまをアッパレなどと言う輩に対しては、それこそ

「アホなこと言いなんな」と苦笑し、

「これぞ中島らも――っていうくらい、ホンマにオレらしい死にかたやったなあ」

と天上で呵々大笑しているに違いない。

実際、美代子夫人にも、つねづね若死にすると言い、「階段から転げ落ちて死ぬという、そんなトンマな死に方がいいな」（『文藝春秋』平成20年2月号）と語っていたという。奇《く》しくも自らの死を予言していたことになる。

らもが泥酔状態で神戸市内の居酒屋の階段から転げ落ち、頭を強打し意識不明となり、病院へ運ばれたのは、平成16（２００４）年7月16日未明のこと。前夜開催された三上寛のコンサートに飛び入り出演してギターを弾き、打ちあげにも参加して仲間と一緒に酒を飲んだ後の事故だった。

頭蓋骨骨折、脳挫傷、急性硬膜下血腫と診断され、神戸大学医学部付属病院で緊急手術が午前7時から始まり、午後5時まで延々10時間も要する大手術となった。手術を終えた後も、らもは10日間意識を取り戻すことなく、HCU（高度治療室）で眠り続けた。

最期を看取ったのは、夫人と2人の子ども、実兄、マネージャー、親しい編集者の6人。7月26日午前8時16分、らもは苦しむことなく静かに息を引きとった。52年の波瀾の生涯に幕を閉じたのだ。安らかな死に顔であったという。

《ライブに参加させて頂き、大好きな酒を飲んで、意識が戻らないまま、旅立ってしまった。らもはまだ若かったけど幸せの絶頂にあって逝くことができました。それも、これ以上ないくらいに、らもらしい死に方でした》（『文藝春秋』平成16年10月号「ありがとう、夫・中島らも」中島美代子）

## 灘高時代に覚えた酒で…

らもは死にかた同様、生きかたも破天荒だった。

昭和27（1952）年4月3日、兵庫県尼崎市生まれ。神戸の有名進学校・灘高校をドロップアウト。酒を覚えたのもこの灘高時代で、修学旅行先の旅館で、大酔いして体育の教師に、

「こらっ、オレよりちょっと女を知っていると思って大きな顔をするんじゃねえ」
とカランんだのが、酔っ払い人生の始まりという。

大阪芸大を出てコピーライターとして名を馳せ、エッセイやコラムでも人気を博すようになった。また、ラジオやテレビにも出演、劇団リリパット・アーミーを旗揚げ、バンド活動も開始するなど、多方面で異能ぶりを発揮した。

平成4（1992）年には、アルコール性肝炎での入院体験を書いた『今夜、すべてのバーで』で吉川英治文学新人賞、平成6（1994）年に『ガダラの豚』で日本推理作家協会賞を受賞し、直木賞にも3度ノミネートされた。

その一方で、らもは躁鬱病やアルコール依存症に苦しみ、35歳のとき、アルコール性肝炎発症以降は、4～5年に1度は入院を余儀なくされた。薬の副作用で一時は目が見えなくなったこともあったという。

そして死の前年の2月4日には、大麻取締法違反で逮捕され、懲役10カ月、執行猶予3年の判決を受けている。自宅で寝ているところを、捜査令状を持った近畿厚生局の麻薬取締官に踏みこまれ、らもは逮捕されるのだが、夫人によれば、そのときの作家の所作が傑作だった。11人の取締官を見て、

「どことサッカーの試合すんねん？」

と言い、逮捕されるときは、

「お縄を頂戴しやす」

と両手を差しだしたというから、愉快だ。

捕まった後も、めげた様子もなく、執行猶予付きの判決が出た直後のマスコミインタビューにも、拘置所体験をもとに獄中ダイエット本を出す（7月に『牢屋でやせるダイエット』刊行）と息まき、酒のことも、

「アルコールの禁断症状でつらかったが、おかげで肝臓は完璧になった。以前は毎日、酒をボトル1本飲んでいたが、今は半分ぐらいに減った」

と意気軒昂なところを見せている。判決については、

「弁護士には反対されたが、裁判で大麻解放論をしゃべったので実刑も覚悟していた。（執行猶予付きが）うれしいかと聞かれれば、うれしくないこともない」

と、人を食った弁。中島らも健在である。

まさかこの1年2カ月後、奇禍に遭い、帰らぬ人となるとは誰に予測できただろうか。

この死に至る事故の6日前、新宿ロフトプラスワンで行われた、らもと鮫肌文殊の「らもはだ」というトークショーに参加した一人が一水会元代表の鈴木邦男で、久しぶりに再会した2人は大いに話が盛りあがったという。

なぜか三島由紀夫や野村秋介の話題になり、

「三島の切腹はいいですね。あの日本刀がいい」

「野村さんはなぜ死んだのか？　本当に惜しい」

と、らもは盛んに〝死〟について口にしたという。間近に迫った己の死を見据えていたわけでもあるまいが、不思議な符合であろう。

# 阿部 勉

あべ・つとむ

## 民族主義者・平成11年10月11日没53歳
## 伝統右翼と新右翼をつなぎ、生涯浪人を貫いたニヒリスト

三島由紀夫が主宰した楯の会1期生で憲法研究班班長、楯の会解散後も生涯浪人を貫いた無頼派右翼・阿部勉が膵臓癌で世を去ったのは、平成11年10月11日午後5時52分のことだった。53歳という若さである。戒名は泰然院勉嶽道居士。辞世の歌は、

われ死なば火にはくぶるな栄川《えいせん》の二級に浸して土に埋めよ

栄川とは故人が愛した福島・会津の名酒で、無類の呑んべえとして新宿ゴールデン街を本拠に全国の酒場に足跡と伝説を残した男が阿部勉であった。

阿部は憂国の志士ならぬ〝夕刻の志士〟〝右翼酒乱派〟を自任して夜な夜な紅灯の巷をさまよい、ひたすら酒を飲み、その果てに玉砕した感があった。

数知れぬ過失は酒とともにありその酒抱きてけふも堕ちなん

百万の桜の下に酔い臥して恥濃きわれをののき嗤ふ
盃に浮かぶ花弁の十重《とえ》二十重《はたえ》わがあやまちの数に似てをり

自らの生きざまを自嘲ぎみに詠んだ男は、ニヒルを気どった偽者ではなく、生きかたがニヒル、本物のニヒリストであった。

師の三島由紀夫が同志・森田必勝とともに市ヶ谷台上に決起し、自決したときも、阿部は前夜遅くまで飲んだ酒のせいで、深い眠りの中にあった。下宿のおばさんに叩き起こされ、酔いもいっぺんに醒めた阿部は、紺絣《こんがすり》の着物に袴という、着替えもせず寝ていたままの格好で表に飛びだした。タクシーが渋滞で止まると車を降り、下駄を手に裸足で駆けに駆けた。

現場の自衛隊市ヶ谷駐屯地に着くと、野次馬やらで黒山の人だかりだった。そこをかきわけ正門に駆け寄り、半開きの鉄扉に手をかけたところで、後ろから男数人に羽交い締めにされた。警視庁第8機動隊の面々で、拳銃まで突きつけられた。

警視庁に連行された阿部は、取調べもなく、だだっ広い柔道場に一人取り残された。しばらくすると公安刑事が現れ「三島先生は亡くなった。君もお祈りしたまえ」と告げたのだった。

阿部は愕然とするよりなかった。やがて気を取り直し正座に直ると、市ヶ谷台方面に向かって深々と頭を下げた。

阿部は三島とともに割腹自決した楯の会学生長・森田必勝とも短期間ながら早稲田鶴巻町のアパートで一緒に暮らした仲だった。森田は決して難しい話をしたり肩肘張るような男ではなく、笑うと真っ白い歯が印象的な人懐っこい男だった。それだけに阿部にはなおさらショックは大きかった。

楯の会が解散したのは事件から3カ月後、昭和46年2月28日で、元楯の会会員たちは、多くが一流企業へ就職する道を選んだ。が、阿部は早大法学部を中退。楯の会解散後も就職せず、三島・森田の事件をいつまでも引きずった。その後遺症から夜の底へと果てしなく沈潜していった。夜な夜な新宿ゴールデン街を徘徊酩酊する日々。迷い子は哀しからずやけふもまた巷にいでて春に遊ばん。

阿部は新宿ゴールデン街を中心に、いろんな場所で、牧田吉明、三上寛、友川かずき、長谷川和彦、高橋伴明、若松孝二、唐牛健太郎、松山俊太郎、竹中労、田村正敏、外波山文明、たこ八郎……といった表現者や革命家と親交を結び、多彩な人脈を築いた。

## 師・三島由紀夫の命日に「告知」

もとより阿部勉は酒を飲み、無頼な日々を送るだけには留まらなかった。民族派学生運動家時代からの仲間である鈴木邦男らとともに一水会の結成に参画。農本主義者で五・一五事件にも関与した橘孝三郎門下として研究誌『土とま心』の編集、竹中労とリビアを訪問しカダフィと会見したり、野村秋介の「風の会」の選挙参謀を務めるなど思想活動は多岐にわたった。また、新右翼と目されながら、いわゆる伝統右翼の重鎮たちからも人気があり、新と旧のつなぎ役、潤滑油的な役割も務めていた。

そんな阿部が肺癌を告知されるのは、平成10年9月26日のことだった。入院中の知人を見舞った際に「ついでに検査してもらえば」と勧められ、同病院で検査した結果、肺癌の疑いが出てきた。精密検査を受けると「肺癌II期」と診断されたのだ。早期、中期、末期のうちの中期にあたり、転移がなければ、手術で最悪の事態は免れ、生存率も高いという。

が、その20日後の10月16日、担当医から膵臓にも腫瘤があると指摘を受けた。それでも肺から膵臓へ転移した症例はほぼ皆無で、その腫瘤も転移ではなかろうと思われるが精密検査を要するとの診断だった。それが肺からの転移でなければ助かる道は大いに残されていたが、もし転移したものなら、かなり厳しい状況になるのは明らかだった。

果たしてどっちに転ぶのか、その診断がくだされる運命の日は1カ月後、奇しくも11月25日となった。その日を迎え、阿部は担当医からの結論を聞いて、日記にこう記した。

《午後、転移の告知あり》

28年前の同じ日に受けたような衝撃はなく、阿部はその事実を淡々と受けとめたに過ぎなかった。

手術もできない身となり、阿部は師走下旬、いったん病院を退院し、抗癌剤投与のときだけ入院することにして、あとは普通の生活に戻った。翌11年3月、医師から「半年ももたないかも知れない」と宣告されたが、阿部勉の泰然自若とした立居振舞いは、抗癌剤投与の影響によるスキンヘッドを除けば、発病前と少しも変わらなかった。新宿ゴールデン街をさすっては、静かに酒を飲んだ（むろん適度に量を調整しながら飲んでいた）。

同年7月には函館に赴き、少年時代から憧れ、敬愛する唐牛健太郎の墓参りも果たした。その折、阿部は唐牛真喜子未亡人から、「阿部さんは入院中も見舞客を連れて、お酒を飲みに行ってたそうですね。唐牛と同じことをしないでくださいよ」と声をかけられた。そのやさしさが阿部の胸に沁みた。

阿部が永遠の眠りに就いたのはそれから3カ月後のことである。葬儀には、会葬者が引きもきらず押し寄せ、その数はおよそ1000人に達した。

「……その飄々《ひょうひょう》として時に無責任に見え、時に非情に感ずる振舞いの中でも、その思いやりと親切は人一倍であり、まことに友情と信義に篤かったことは……」

葬儀委員長・中村武彦の声涙ともにくだる弔辞が、会葬者の胸を打った。

# 川谷拓三《かわたに・たくぞう》

俳優・平成7年12月22日没54歳

## 「殺され役」3000回以上の拓ボンは3度息を吹き返した

「なんや、肺癌か、へっちゃらや。心配せんでええ、絶対治るさかいな」

癌の告知に、川谷拓三はいささかも動じず、最後まで〝ピラニア〟のど根性を見せつけた。笑みさえ浮かべて克子夫人に応えたものだから、これには彼女のほうが拍子抜けするほどで、夫の強さに思わず胸がつまり、あとの言葉が出てこなかったという。

それどころか、川谷は自分のことより妻を気遣い、

「僕だけが癌やいうこと知らんかったら、ひとりだけ違う道を行くところやった。克ちゃん、ほんまのこと言うてくれて、ありがとう」（仁科克子『かんにんな…』光文社）

と礼さえ述べたというから、精神力が強いだけでなく、芯から心やさしい男でもあった。

平成7年6月24日のことで、それから半年間の凄絶な闘病の末、「拓ボン」の愛称で多くの

人に愛された無類の個性派俳優は、54歳の若さで世を去ったのだった。

昭和16年7月21日、旧満州で生まれたのは、無声映画時代のカメラマンの父と大部屋女優の母の駆け落ち先であったからだ。敗戦で父の故郷の高知県安芸市に引きあげたが、家は貧しかった。小学3年から映画館で自転車預かりとポスター貼りを手伝い、映画を観まくっていくうちに映画俳優を夢見るようになった。映画狂の少年が興奮した映画は、中学のときに観たマーロン・ブランドの『乱暴者』。マーロン・ブランドに憧れて東映京都撮影所のエキストラに潜りこんだのは、昭和34年、18歳のとき。デビューは『ひばり捕物帖　ふり袖小判』の死体役で、ろくに顔も映らなかった。

15年余の大部屋暮らしで殺され役は実に3000回以上。鶴田（浩二）や健さん、若山（富三郎）や文太兄ィ、お竜さんに斬られ、刺され、ドツかれ、投げ飛ばされる日々。それでも少しでも長くカメラに映りたい、目立ちたい一心の嚙みつかんばかりの形相と体を張った演技は、その他大勢の中でもひときわ存在感があった。

そんな川谷を見いだしたのが深作欣二監督で、『仁義なき戦い』シリーズで起用、同じ殺され役でも2作目の『広島死闘篇』では出番もセリフも多い大きな役に抜擢している。兇暴なヤクザ組長役を演じた千葉真一にさんざんリンチを受け、ボロクズみたいに殺される役で、この撮影のために、川谷はマラソンに励み、野菜しか口にせず、20日間で15キロの減量に成功、深作を唸らせている。

川谷はリンチの場面で、海の上をフルスピードで走るボートのうしろに両手を縛られ結わえられたまま、引っ張りまわされるシーンを演じているのだが、このときは本当に死にかけた。ボートを走らせている最中、そのまま海に沈んでしまい、身動きもままならず、溺れかけたのだ。それに気づいてあわててスタッフがボートを止めたから助かったのだが、あわやというところだったという。

そんな川谷の命賭けの役者根性が認められ、次のシリーズ3作目『仁義なき戦い　代理戦争』では、ついに初めてポスターに名前が載った。そのとき、川谷は感激のあまり、「今死んでもええわ」と夫人と涙を流したという。

この川谷の役、実は当初、荒木一郎が演じる予定であった。それが急遽《きゅうきょ》荒木が出演できなくなり、川谷にそのお鉢がまわってきたのだ。もとより深作が望んでの起用だが、その際、主役の菅原文太や渡瀬恒彦、山城新伍などの俳優仲間がこぞって、「拓ボンにやらせてやってください」と強く推したというから、川谷の人柄、人徳であろう。むろん映画に対するその並々ならぬ情熱、ひたむきな努力を皆が知っていたからに他ならないだろう。

## 最期の言葉は「かんにんな〜」

この時分、にわかに脚光を浴びだしたのが、川谷を始め兄貴分の室田日出男、志賀勝ら、殺され役が多い大部屋仲間によって昭和50年に結成された脇役集団「ピラニア軍団」。

そもそもはあまりの酒癖の悪さに、どこからも忘年会に誘ってもらえない連中が、「自分でやるよりしょうがない」と始めた飲み会の仲間だった。いずれもクセ者ぞろいだが、根っからの役者根性の持ち主ばかりだった。そんななか、川谷が注目を集めたのは、『県警対組織暴力』での演技。取調べ室で最初は虚勢を張っていたチンピラ役の川谷が、刑事役の文太にさんざんいたぶられ、終いには素っ裸にひんむかれ泣きを入れる。そんなやられっぷりの見事さと、チンピラの悲哀を演じて秀逸だった。

夢にまで見た主役の座を掴んだのは、昭和51年『河内のオッサンの唄』(斎藤武市監督)。苦節17年、35歳の男盛りだった。

「間違いですよね。どう見ても僕なんか主役の器じゃないもんねえ」

とは、いかにも苦労人・川谷ならではの言葉だった。

川谷が全国区の人気になったのは、お茶の間に登場してからのこと。テレビ初出演となった倉本聰脚本『前略おふくろ様』、CMの〝どん兵衛〟、NHK大河ドラマ『黄金の日日』。

川谷拓三はスターダムを一挙に駆けあがっていく。

そんな川谷が躰の変調を訴えだしたのは平成7年4月末のこと。重い咳をするようになって、5月、京都市内の小さな病院へ行ったところ、肺炎と診断された。が、薬を服《の》んでも咳は止まらず、6月7日、東京の病院へ入院し、精密検査を受けた。そこで肺癌が見つかったのだが、川谷の躰を蝕んでいた癌はすでに手術もできないほど進行している状態であることが内視鏡検査でわかり、夫人が川谷に癌と伝えたのは、その翌日であった。

仕事をすべてキャンセルしていく中、川谷が固執したのは、7月17日収録のNHK『もう一度会いたい　あの人あの芸』という故鶴田浩二特集番組へのゲスト出演だった。鶴田はかつて癌で死にかけている鶴田ファンの川谷の長兄のために、見舞いに来てくれた恩人でもあった。

拓ボンが世を去ったのは平成7年12月22日午後6時過ぎのこと。その最期、川谷は息が止まってから、夫人のキスで1回、長女扶紀《ふき》がすがりついて1回、長男貴《たかし》の「パパ！」の声で1回——と、3回息を吹き返したという。「タカシ、かんにんな〜」が最期の言葉だった。享年54。

それにしても、拓ボンを始め、山本麟一、天津敏、小池朝雄、成田三樹夫……と東映ヤクザ映画を彩った名バイプレーヤーたちはどうしてこうも短命であったのだろうか。

# 河合大介

かわい・だいすけ

総会屋・昭和61年10月3日没54歳

## 企業が恐れたコワモテ論客のワルになりきれなかった素顔

私が初めて河合大介という名に注目したのは、糸山英太郎の選挙参謀をつとめハデな選挙運動を展開したり、あるいは株の買い占め云々で世上を賑わせたときでもなければ、その突然の死がマスコミで大きく報じられたときでもなかった。

伝説の〝銀座警察〟の実質上のドン・高橋輝男のことを調べていたなかで、資料のなかに彼と思しき名を発見したときだった。

高橋輝男が師と仰いだ元アナーキスト詩人の菊岡久利が、高橋を追悼した文章のなかで、

《桐ヶ谷の火葬場で、高橋、桑原両君の骨を拾って帰る。（中略）高台である高橋君の家に向う時、運転台に同乗していた河合君（慶大出、全学生運動純正会幹部たり）が僕に、報告するように言った。

「先生、この坂です。雨が降ると、高橋さんは青柳さん（運転もした門下生）に、徐行、徐行、と、やかましかったです。歩いている人にただ一滴のハネもかけてはいけない。この近所で車を持っているのは僕んとこだけなんだから」》（「ある世界の出来事」菊岡久利『中央公論』昭和31年6月号）

と出てくる。「河合君」というのは、もしかしたら、との直感があり、関係者に確かめたところ、やはり彼その人であった。そうか、若い時分、河合は銀座警察で修業したことがあったのか、高橋輝男の薫陶を受けた男だったのか――と、俄然興味が湧いてきたのだ。

河合が自らの手で54年の生涯に幕を閉じたのは、昭和61（1986）年10月3日深夜のことだった。

東京都文京区白山の自宅を訪ねた知人によって、彼の遺体が発見されたのは、5日午前2時半ごろ。河合は自宅1階浴室において、湯を張った浴槽の中で全裸のまま入浴した状態で死んでいた。

検視した富坂署によれば、両手首や首、右脇腹、左肘、左大腿部など8カ所に刺切創があり、致命傷になったのは長さ20センチ、深さ2センチの左腿部の刺し傷で、直接の死因は失血死だった。死亡推定時刻は3日午前1時前後で、死後2日経過したバスタブの水は、大量に流れ出た血に染まってどす黒く変色していた。

浴室のタイルの上に刃渡り約7センチの登山ナイフが落ちており、河合本人のものであることが確認された。また、室内は荒らされた形跡がなく、内側から鍵がかかっており、台所のテーブルの上には河合自筆の家族宛ての遺書が残されていた。原稿用紙大のメモ用紙に書かれたその遺書には、

「株で穴をあけてしまった。負債がかさみ、返済できなくなったので死んでお詫びする。会社のことはすべて自分に責任がある。子どもと妻に対しては申しわけない。自分の命と引き換えに幸せになってほしい」

という意味のことが認められてあった。

以上のことや家人並びに関係者への事情聴取などから、警察はその死を自殺と断定したのだった。

## 最後の仕手戦に残された謎…

昭和7（1932）年生まれの河合大介は、慶應義塾大学法学部政治学科在学中から右翼思想に傾倒し、「将来は政治家になって日本を動かす」が口癖であった。

銀座警察の高橋輝男のもとへ出入りしたのも大学時代からだった。〝室町将軍〟と呼ばれた三浦義一や児玉誉士夫などに可愛がられ、右翼や政財界人脈の凄さはいまも語り草になっ

ている高橋のもとで修業した男となれば、河合が身につけたものの大きさもおのずと窺い知れよう。

大学卒業後、山下新日本汽船を経て、大阪・北浜の地場証券会社に勤務した際、笹川良一の実弟である笹川了平と知りあい、その娘婿の糸山英太郎とも付きあうようになった。

昭和44（1969）年の衆院総選挙のとき、東京8区から無所属で立候補して6723票で落選。次の昭和47（1972）年衆院選にも立候補、1万票余りとって落選した。「獅子は一匹のネズミを捕るときも全力を傾ける」を信条に、ライオンの顔をシンボルマークに掲げて選挙戦を闘ったが、力及ばなかった。

昭和49（1974）年の参院選のときは候補者としてではなく、空前の金権選挙を展開した糸山英太郎候補の選挙参謀として、警視庁に買収の疑いで逮捕され、執行猶予つきの有罪判決を受けている。

河合を一躍、有名にしたのは死の3年前、昭和58（1983）年の糸山ファミリーによる「よみうりランド」の株買い占め劇。同社の株を25％も買い占めるために奔走し、また糸山ファミリー側の論客として、株主総会に乗り込み、よみうりサイドの経営責任を追及する大演説をぶったのが、河合だった。経営陣もタジタジとなるほど、その論理的な攻勢は際だっており、そこいらのコワモテだけの総会屋とは一線を画した。

大手菓子メーカー「不二家」の株を540万株も取得して第2位の株主となったのは、自死する4カ月前、昭和61(1986)年6月のこと。この不二家の買い占めが、彼の〝最後の仕手戦〟となってしまった。

「その株を不二家に高く引きとらせようとしたが、河合氏がすでに糸山ファミリーとは切れていると知った不二家がそれをつっぱね、取引は成立せず、株も値崩れを起こした。それで窮地に陥ったのだとも、いや、あれは名義貸しだったとも伝えられており、真相は謎です」(事情通)

一方で、三つ揃いの濃紺スーツに身を包み、パンチパーマに口ヒゲスタイルで株主総会に乗りこむなど、一見コワモテ風だが、育ちの良さ、慶應ボーイの品格は隠しようもなく、その素顔は「歩いている人にハネをかけたくない」と車を徐行させた高橋輝男に通じるやさしさを持ちあわせた男だった。

某大手企業の総務担当は、

「あの人はもともとクリスチャンで、家族思いのやさしい父親でした。総会屋と書いたマスコミに抗議文を送りつけたのも、子どもたちが後ろ指さされるのを嫌ってのこと。結局、本物のワルになれなかった彼の資質が悲劇を呼んだと思う」

8月末に夫人が乳癌で倒れたことも、愛妻家の彼にはいたくこたえたようだ。持病の糖尿病にも悩んでおり、睡眠薬も常用していた。

覚悟の自殺と見られるのは、9月末に妻をニューヨークへ療養のため送り出し、死の前日、慶大生の子ども2人を親戚の家に預けたことからも窺える。

# 村上一郎

むらかみ・いちろう

## 評論家・昭和50年3月29日没54歳

## 「ひたはしる思ひ」の果てに日本刀で自刃した〝浪曼者〟

三島由紀夫をして「魂をおののかせる書」と絶讃せしめた『北一輝論』の著者である村上一郎が自刃したのは、三島の死から5年後、昭和50年3月29日のことである。54歳だった。村上が東京都武蔵野市の自宅において、愛蔵の日本刀「武蔵大掾忠広《むさしのだいじょうただひろ》」(刃渡り86センチ)で右頸動脈を切り、壮絶なる自決を遂げたのは、同日午後1時35分。第一発見者は夫人で、外出から帰ってきた彼女が目にしたのは、すでに事に及んで血まみれになり、息絶えた夫の姿であった。

その自決についてはさまざまに取りざたされ、「病気(躁鬱病)による自死」であるとか、「現代社会に対する憤死」「思想に殉じた死」とも言われ、あるいは「最後の浪曼者の死」「三島由紀夫の後追い自死」とも評された。

いずれにせよ、三島の自決が村上一郎に与えた衝撃は計り知れないものがあり、その死との関連なくして村上の自決も語れないであろう。

村上は昭和45年11月25日、三島が陸上自衛隊市ヶ谷駐屯地東部方面総監室で割腹自決を遂げたことを知るや、ただちに現場に駆けつけた。

だが、門衛に立ち入りを拒否されたため、海軍時代の「履歴書副本」の写真入り身分証明書を示し、

「自分は元海軍主計大尉、正七位の村上一郎というもので、三島の友人である。中へ入れろ！」

と叫んだ。このとき、村上は三島より5歳年長で、大正9年生まれの50歳。

村上をこうした「時代錯誤」とも「常軌を逸した奇矯さ」とも見られかねない行動に駆りたてたのは、事件のショックの大きさと同時に、村上の良き理解者であり、同時に最大の好敵手でもあった三島への強い思い入れがあったからであろう。およそ日本の文学者の中で、村上ほど三島の自決をわが事として受けとめた者はなかったに違いない。

三島の事件直後の夜、村上が詠んだ歌は――、
関の孫六を誇りかに持つひとなりきあはあはと死にてゆきしひとなりき
哀しきかな齢われよりも夭《わか》くしてそのむらぎもの土に帰るは

歌人でもあった村上は、三島及びともに自決した楯の会学生長・森田必勝両人の辞世の歌を、「『新古今』の道統を今日に生かしめようとした良質の歌である」
とし、
「わたしは、安物ながら日本刀を愛し、国に志あるもののひとりとして、三島氏、森田氏らの屍をふみこえて、日本の真の革命、とりわけ日本人の精神の革命のために、生死することを誓う」（村上一郎『志気と感傷』国文社）
とも記した。

## 三島由紀夫との1年間の「交流」

東京に生まれた村上一郎は2歳のとき、関東大震災で家を焼かれ、母の実家のある宇都宮で幼少年期を過ごした。中学時代は水戸学に傾倒し、愛読書は『孫子』『呉子』『神皇正統記』。東京商大（現・一橋大）に進学すると、高島善哉門下として経済学、商学などを学び、短期現役士官として海軍の主計将校となる。戦時中、海軍勤務の傍ら、隠れてマルクス、レーニンに読み耽る一方で、国家社会主義的な革命を夢見る。

戦後は日本共産党に入党、一兵卒として火炎壜闘争に参加し実践運動に身を置いたが、やがて党や労働組合の御都合主義路線に失望し、10年ほどで脱党した。

海軍主計大尉として終戦を迎えたとき、「ぼくの終戦テーゼ」として、
一、米国を以って終生の敵とし、米国的資本主義を日本社会より駆逐することを念願す。
一、資本主義的快楽主義及びそれより派生する一切の虚無的遊惰を除去し東洋的ストイシズムを社会的に訓練す。
一、窮局に於いて社会主義革命の速かなる着手に邁進《まいしん》し之を共産主義革命に高揚する基礎とす。

と、誓った男が、戦後15年経ったときには「志おとうる日、ぼくにとって、人生は八月十五日で終わっている。死ぬべきであった。十五年は蛇足であった」と記すようなニヒリストに変貌を遂げていたのだ。

60年安保の後、村上は吉本隆明、谷川雁らとともに雑誌『試行』を刊行、また昭和39年には桶谷秀昭と同人誌『無名鬼』を出し、評論活動や文芸運動にのめりこんでいく。そして『日本のロゴス』『浪曼者の魂魄』『非命の維新者』といった著作を出し、次第に日本的な土着の思想、民族主義的なものや情念に回帰していった。そうした中、三島由紀夫との出会いがあったのだ。

が、2人の交流は、三島の自決前のわずか1年間に過ぎなかった。

「三島由紀夫の風貌に現実に出会ったのは、昨昭和四十四年十二月一日のことであった。な

ぜもっと早く、出会っていなかったのかと、わたしは残念でならぬ。しかし、君子の交りは淡きこと水の如くあれともいう。まる一年足らずのこのひととの交りは、淡いが充実したものだった」(前掲書)

と、村上は述懐している。

三島は村上の『浪曼者の魂魄』『北一輝論』を高く評価し、何冊も買って体験入隊で親しくなった自衛隊関係者に読ませたという。村上は評論『三島由紀夫の政治と行動』で三島の天皇論を批判したが、三島はそれをむしろ歓迎し、村上への変わらぬ讃辞を送った。

三島の自決直前、村上が『日本及び日本人』爽秋号に発表した「草奔論序説」を読んで感動したという三島からの葉書を、村上は受けとっている。三島の自決後5年間、村上は歌集『撃攘』、評論集『志気と感傷』『草奔論』『日本軍隊序説』……等々、精力的に書き続けた。その末の自刃であった。

遺作となったのは月刊誌連載の自伝『振りさけ見れば』で、未完だった。遺書はなかったという。葬儀の際、桶谷秀昭は、

「その人間としての弱さと強さを、これほど無垢に、美しく生きた文学者を私は身近に知りません。誰よりも激しく感動し、泣き、憤り、愛し、憎み、そして、己れを責めさいなみ続けた人でした。……村上一郎の死は、その文章のように美しく、男らしい、堂々たる大往生

であります」

と述べ、歌集『撃攘』からの一首、「忍ぶなき愛こそ惜しめひたはしる思ひのはてに死なむこの身は」を引き、「『ひたはしる思ひのはてに死なむこの身は』、まさにこの通りに生き、そして死んだのです」と、村上の霊を悼んだのだった。

# 成田三樹夫

なりた・みきお

## 俳優・平成2年4月9日没55歳
## 遺稿句集も刊行されていたニヒル悪役の素顔は「文学青年」

私は生前の成田三樹夫に一度だけ会ったことがある。学生時代、新宿歌舞伎町のド真ん中、コマ劇場近くのスナックでバーテンダーのアルバイトをしていたときのことだ。その店は嵐寛寿郎のマネージャーがオーナーだったこともあって、芸能人や関係者の客が多かった。

アラカンさんが来て、私がレモンスカッシュを作ったこともあるのだが、ある夜、そんな客の一人として来店したのが、成田三樹夫であった。昭和50年のことで、成田はすでに名バイプレーヤーとして『仁義なき戦い』シリーズなどで人気を博し、この年は『仁義の墓場』『県警対組織暴力』『日本暴力列島　京阪神殺しの軍団』等に出演、40歳の男盛り、まさに役者として脂も乗りきった絶頂のときであったろう。

その成田が、帰る際、21、22歳のアンちゃんであるバーテンダーの私に、「大変ですね」

だったか、「忙しいですか」といった類いの声をかけてくれたのだから、私は舞いあがってしまい、「ええ」とか「ハイ」とか応えてポッと顔を赧《あか》らめたことを今も鮮やかに憶えている。スクリーンのコワモテと違って、実にやさしい、ああ、いい人なんだなと、しみじみ感動さえしてしまったのである（もともと同郷人＝山形＝として親しみを覚えていたこともあったが）。

成田はこの15年後、胃癌のため55歳の若さで世を去るのだが、最期を看とった、成田のいとこの夫である友人の主治医松崎氏も、

「悪役と言われますけれども、善人が演じたからこそ悪役として光ったと思うんですね。あんな優しいひとだから、悪役が出来たんですよ。悪人が悪人やったら、人間の悪がそのまま表へ出てしまって、それを芝居として見たら、醜くてしょうがないと思うんですよ」（『週刊文春』平成2年4月26日号）

と述べている。

成田三樹夫が胃の不調を訴え、都内代々木の病院に入院し、胃の3分の2を切除する手術をしたのは、平成元年12月22日のこと。松崎医師によると、すでに本人は癌と悟っている様子がありありと窺えたという。実際に癌は胃を中心に肝臓、肺の方向に広がっていて成田の体を蝕み、かなり進んだ状態だった。

術後、いったん退院したが、翌平成2年2月22日、痛みが激しくなって再入院。が、どんなに激しい痛みにも耐え、決して弱音を吐かず、苦しむ姿を妻や娘たちにさえ見せようとしなかったという。それどころか、つねに周囲に気を遣い、夜中に看護師や当直の医師を呼んだりすることを、

「さっき呼んだから」

と控えるような男が成田三樹夫であった。

## 本当の読み方ができるヤツだ

「痛み止めの薬なんかでも、彼は我慢してしまう。彼としては、自分はまだ生きられる、生きられるうちに、頭がボーッとしてしまうのはイヤだと。思考能力が低下するのがイヤだというんですね。ベッドにしがみついて痛みをこらえても、なんとか頭脳だけは保っておきたい、それで彼は頑張るんです」（主治医・前掲誌）

テレビの『探偵物語』で共演した松田優作が死去したのは成田が入院する1カ月前のことだが、その死に、「遺作の『ブラック・レイン』を観て死を覚悟した名演技なんていう人がいるが、優作は、きっと必ず治ると信じていたはずだ」と語ったように、成田もまた治ると信じて疑わず、闘病生活を送ったのだった。

実兄が東大出の岡山大独文学教授、叔父も独文学者、山形大学を中退し役者の道へ進んだ成田自身も大変な読書家で、文学に造詣の深い学者肌の人だった。永遠の文学青年・演劇青年の面影があり、若い頃から傾倒するランボーばりの詩を書く詩人でもあった。
《もう俺は飽きた。血の管よ、心臓よ、けなげな事だ。せめて、おさらばのその時は、賑やかな声のひとつも出すがいい。
小鳥が嘲る。——風が吹き、午後、大工等の働いている音がする。——時刻《とき》の流れが俺らの姿か、おいらの姿が時刻《とき》の流れか——。》
もっとも、死の5、6年ほど前からは、成田は俳句に凝りだし、毎年、賀状に自作の句を添えるようになっていたという。
大空の下で大根を抜く
ひそと動いても大音響
杉桶に水粲粲《さんさん》と大安堵
入院中も詩や俳句を作り、真剣に本と向きあう日々だった。詩や文学書を読んだり、花や山、鯨の写真集にジッと見入っていることもあったという。
荒海や王道自在のシロナガス
六千万年海は清いか鯨ども

独文学者の叔父がつねづね言っていたのは、

「三樹夫は本当の本の読みかたができるヤツだ」

とのことで、成田自身、

「何でも一生懸命読まなきゃダメだ。詩でも小説でも作者は命懸けで書いているんだ。だから読むほうだって命懸けで読まなきゃ失礼なんだ。そうでなければ字面ばかり追うだけで本当の宝物は作者は見せてくれないんだよ」

と口にするような男であった。そんな成田に対し、病院の看護師たちも、癌と闘いながら最後まで人間の尊厳を保ち品格を失わない彼の姿勢・人間性に甚だ感じ入り、誰もが尊敬の念を抱くようになったという。

そうした素顔とは正反対のニヒルな悪役、冷酷なキャラクターを持ち味とした俳優・成田三樹夫が薬石効なく幽明界《さかい》を異にしたのは平成2年4月9日午後6時45分のことだった。最期は眠るような死であったという。享年55。

その死から1年後、『鯨の目』と題された成田三樹夫遺稿句集が秋田の無明舎出版から刊行された。成田と親交のあった高平哲郎が、その句作を知り友人の同出版代表の安倍甲に相談、実現したもので、平野甲賀装幀の函《はこ》入りのおシャレな本ができあがった。成田を知る人の誰もが望んだ句集でもあった。同書の「序にかえて」で、温子夫人が新婚当時、夫から届いた手紙を紹介しており、そこに成田三樹夫という人の真髄がほの見えてくる。

《……僕もこの辺でもう一つ腰をおとして勉強の仕直しをするつもりです。とにかくもっと自分をいじめてみます。男が余裕を持って生きているなんてこの上ない醜態だと思う。ぎりぎりの曲芸師の様なそんな具合に生き続けるのが男の務と思っています》

# 三浦重周《みうら・じゅうしゅう》

「重遠社」代表・平成17年12月10日没56歳

## 「平成の北一輝」は新潟港の埠頭で何も遺さずに散った

それは見事な最期、という他なかった。

平成17年12月10日夜、日本海に面した信濃川河口東側――通称北岸壁と呼ばれる新潟港の埠頭で、ひとりの男が割腹自殺を遂げた。そのとき、漆黒の闇に包まれた埠頭は、寒風が吹きすさび、大粒の雪が舞っていた。空は一面厚い雲に覆われ、月さえ見えなかった。対岸の遠い彼方に瞬く市内繁華街のネオンサイン。

男がその埠頭にたたずみ、飽かず海を眺めるのは、子どものころからの習慣になっていた。すぐ目と鼻の先に実家の菩提寺があり、先祖代々の墓もあった。墓参りに来れば、必ずここに立ち寄るのがつねだった。眼前に信濃川と日本海が広がる馴染みの場所。彼にとってそこは紛うかたなき故郷であった。

やがて男は意を決したように海に背を向け、靴を脱ぎ、静かにその場に腰をおろした。正座し、東の空の彼方の皇居にただひと筋の思いをこめて遥拝《ようはい》する。ただこのときのためにこそオレの生はあったのだ、と。

覚悟はとうにできていた。辞世の歌を詠んだのも、もう10年以上前のことだった。

人として大和に生まれ
男なら究め尽さむ　皇国の道

赤々と燃えに燃えにし我が命　誠の道を知るは神のみ

男は包丁を手にとると、しばし瞑目し息を整えた。もはや逡巡はなかった。肚が定まるや、「えいっ！」と裂帛の気合いをこめて包丁を自分の左胸に突き刺した。そのまま包丁を一直線に腹まで引きおろす。

その刃を引き抜くと、今度はそれを首の左側へと思い切り突き刺した……。

男の遺体が近くの住民によって発見されたのは、翌早朝のことだった。男は新潟港の埠頭で、正座したまま前のめりに蹲《うずくま》るような格好で倒れ、包丁を首に突き刺したまま息絶えていた。

鞄など男の持ち物は何一つなく、遺書もなかった。その身元が明らかになったのは、上着のポケットに、自分の身分を明かしたメモ用紙があったからだった。

男の名は三浦重周、民族派政治結社「重遠社」の代表で、毎年その命日に三島由紀夫を追悼する憂国忌を主催することで知られる三島由紀夫研究会の事務局長その人であった。

三浦は武士の作法に則って腹を切り、自ら首を切って介錯まで果たし56年の生涯に幕を閉じたのである。

その座右の銘は、「決死勤皇　生涯志士」。ただ一筋に維新革命の志に生き、どこまでもその夢を追い求め、命を賭けて闘い死んでこそ維新者のつとめ——との信念を貫いた男が三浦であった。つねに布団の下に出刃包丁を置いて寝たのも、いつでも死ねる覚悟を固めるためだった。

後輩たちにも、「死にざまこそ生きざまである」と説き、割腹自決した特攻隊の生みの親である大西瀧治郎海軍中将や阿南惟幾《あなみこれちか》陸軍大臣の最期の所作にもよく触れて、自らポーズまでつけ、

「こうやって腹を切って首を切って、一晩中苦しんで死んでいったんだ。やはりオレも自決

となれば、おまえらに介錯を頼むわけにはいかないし、ああいうやりかたしかないだろうな」

と、古式に則った割腹の作法を教えていたものだ。

三浦の自決は、まさに腹を切ったうえで誰にも介錯をさせず、命果てるまで延々と長い苛酷な苦痛を己に課して死んでいった大西、阿南両将の最期同様だった。

## 「思想の価値は感化力である」

三浦が新民族主義運動に飛びこんだのは、よど号ハイジャック事件が起きるなど新左翼運動が猖獗を極める昭和45年3月。早大政経学部に入学と同時に日学同（日本学生同盟）早大支部国防部に加盟したのが始まりだった。

昭和48年3月には日学同第6代中央執行委員長に就任。大学中退後も就職せず運動に専念、52年4月には日学同の青年組織「重遠社」を創建、代表に就任し、一貫して新民族主義運動を牽引し、後進を育て、自裁するまで35年にわたって運動一筋に邁進してきた。

三浦の訃報に地面が揺らぐような衝撃を受けたというのは、同じ日学同OB、ともに裏方に徹して憂国忌を主催してきた長年の思想的同志であり、友人の評論家・宮崎正弘氏。氏は、

「……派手な行動をするタイプではなく、理論派。お金や名声などの俗っぽい欲が全くない

非常に高潔な人柄でした」

と週刊誌にコメントしている。

三浦の死から12日後、東京・市ヶ谷のホテルにおいて、有志主催の「三浦重周さんとお別れの夕べ」と銘打った追悼会が催され、参列者は200人を超えた。

三浦門下の後藤晋一氏が三浦思想とその人となりについて、涙ながらに、

「……思想の価値は感化力である——の言葉通り、三浦先生の諸理論は人々を引きつけましたが、感化力の最大のものはそのお人柄にありました」

と述べ、献杯の音頭をとった女優の村松英子は、

「……今回、日本の本当の男をまたひとり、あの世に送ったことになりますね」

としんみり語った。

また、三浦をよく知るかつての民族派の仲間は、

「政治的な遺書を何一つ残さず、溢れるほどの思いや主張を胸に封じこめ、自分の死を何ら飾ろうとも美化しようともせず、誰にも知られぬ場所でひっそりとかつ凄絶な自死を遂げるというのは、いかにも不器用な三浦らしい死にかた。逆に、何も遺さないというところに、三浦の凄みを感じた」

と述べた。

三浦が思想的に強い影響を受けたのは西田幾多郎で、北一輝を信奉、ただ一冊の座右の書ともいえる愛読書は『支那革命外史』、その卓越した理論は「三浦理論」とも呼ばれ、〝平成の北一輝〟との呼び声も高かった。一方で、固いだけの人物ではなく、東映ヤクザ映画が好きで『網走番外地』や『昭和残俠伝』をよく観ていた。お気に入りは、『網走番外地　望郷篇』の杉浦直樹が演じた平手造酒《みき》ばりのニヒルな流れ者、『仁義なき戦い　広島死闘篇』で北大路欣也扮した殺人鬼ヤクザ、『仁義の墓場』の渡哲也の破滅型アンチヒーロー。つまりは、破滅に向かって一直線に突進する人間を三浦はこよなく愛したのだった。

# 中川一郎《なかがわ・いちろう》

衆院議員・昭和58年1月9日没57歳

## 豪快と繊細の間を行き来した「北海のヒグマ」の禁秘胸中

きわめて不可解な死であった。昭和58年1月9日早朝、ホテルのバスルームで、彼の亡骸は夫人によって発見された。最初は急性心筋梗塞と発表された。が、2日後には自殺と訂正されたのだ。

つい2カ月前の前年秋には、中曽根康弘、安倍晋太郎、河本敏夫と自民党総裁選挙を戦ったばかり、将来の総理・総裁候補とも目される自民党のニューリーダーの一人として知らぬ者とてない政治家であった。その死の直前、全国の友人や同志、支持者へ届いた本人の年賀状にも、

《……昨年は私にとりまして意義ある貴重な経験をした一年でした　数少ない同志が愛党憂国の情熱を持って行動した総裁予備選挙は政治家として終生忘れ得ぬ出来事でした……国会

議員生活二十年目に入り決意も新たに郷土と祖国の為全力投球しお役に立ちたいと思います……》

との決意に溢れた文字が躍っていた。総裁予備選の惨敗のショックで精神的に追いつめられた結果の自殺――とする説は当てはまりそうにも思えなかった。

それでなくとも海千山千、魑魅魍魎《ちみもうりょう》の世界に棲息し、心臓に毛の生えた人種であるはずの政治家の自殺など、戦時中に割腹した中野正剛、終戦直後にGHQから出頭を求められた近衛文麿が服毒した例を別にすれば、過去にほとんど聞いたことがなかった。

まして「北海のヒグマ」の異名をとり、豪放磊落《ごうほうらいらく》、覇気とバイタリティに満ち、その10年前には血判を押して同志と血盟を誓った政治集団「青嵐会」を結成、政界に旋風を巻きおこした憂国の士、野心に溢れた政治家として知られている人物なのだ。

そんな男――中川一郎が果たして志半ばで自殺などするものだろうか。

自由革新同友会（中川派）を率いる派閥の長としての今後のこともあるだろうし、前年暮れには農水産物自由化問題連絡会議の座長を引き受けたばかりだった。また、先のスケジュールもいろいろ組まれていて、来日中の『悪魔の選択』『ジャッカルの日』などの英国ベストセラー作家フレデリック・フォーサイスとの会食、親しい政治評論家たちとの会食やゴルフ、2月には訪英してサッチャー首相との会談等々が予定されていたという。

それらの約束をすべて反故《ほご》にして自殺するというのも、責任感の強い中川には考えられない――と疑問を呈する関係者もいて、その死の真相をめぐって諸説紛々、さまざまな憶測が乱れ飛んだ。中川の57歳の死は、ついには〝怪死〟とまで称されたのだった。

「総裁選、派閥のことなどいろんな原因が重なり、弱気になり自信を失い、鬱状態のなかのとっさの自殺」「分身ともいうべき筆頭秘書、鈴木宗男の参院選出馬問題に悩み抜いていた」「家庭不和」「貞子夫人に心中をもちかけていた」「総裁選の借金」「肝臓癌」「総裁選で信頼していた福田派に裏切られた」「田中角栄筋の脅し」等々、自殺の理由がさまざまに取りざたされた。それればかりか、他殺説や挙句は、アメリカに亡命したソ連のスパイ、レフチェンコの「献金リスト」に名前があったとして、CIAやKGBの名も飛びかう謀殺説まで出る始末だった。

## 〝怪死〟の直前に舌がもつれ…

中川が北海道の各地で開催される年始恒例の「新年交礼会」のため、羽田空港から帯広行きの飛行機に乗ったのは死の2日前、1月7日午後のこと。それから3日間の日程で道内6会場を、車や特急列車を乗りついで700キロ近くにわたって走りまわり、それぞれの会場で30分から1時間近い演説をぶつという、ハードなスケジュールが組まれていた。

7日が帯広、釧路、8日は北見、旭川とまわって245キロほどの距離を車で走ったあとで、旭川駅から特急列車に乗りこみ、札幌駅に到着したときには夕方5時半近くになっていた。予定より少し遅れて新年交礼会場である札幌パークホテル入りした中川は、同ホテル「パークプラザの間」の中央ステージで演説した。

パーティ会場には道知事を始め政財界の主だったメンバーを中心に2000余人も集まっていた。中川の演説はおよそ30分にわたったが、明らかにいつもと様子が違っていた。

顔や首あたりから汗が流れ落ちるのを絶え間なくハンカチで拭い、表情にも精気がなかった。演説内容も先の総裁選や中曽根内閣のこと、日米農産物自由化交渉や4月の道知事選などについて話すのだが、時には舌がもつれ、精彩を欠いた。それは誰の目にも、

「中川先生はひどいお疲れでないかい？」

と異様さが見てとれた。中川も終了後、秘書や後援者らとともに、午後7時半には早々と10階の1022号室へと引きあげた。

部屋に入った中川は、汗で濡れた上着を脱ぎ、ネクタイを外し、靴下も脱いで裸足になった。その間、農業団体関係者の来客が次々と訪れ、中川はソファの背にもたれ、ウイスキーの水割りをチビチビやりながら彼らと懇談した。彼らも疲れきった様子の中川に遠慮して、30分足らずで話を切りあげた。

中川はそのあと出前のラーメンをたいらげた。が、依然としてその表情は冴えなかった。不眠と不調を訴える中川に対し、この夜、夫人、秘書、後援者は中川の身体を心配し、明日からの静養を勧めた。

それも明日の本人の体調次第との結論が出て、中川が一人、隣室のベッドルームに入り寝床に就いたのは夜8時15分過ぎのことだった。

それからおよそ11時間後の朝7時過ぎ、中川は変わり果てた姿で夫人に発見される。浴室の衣類をかける金属製フックに浴衣のヒモをかけ、首をひとえに巻いて死んでいたのだった。

中川一郎は泥くさくてエネルギッシュ、大酒飲みで人間的魅力に溢れた熱い政治家であった。国会敷地内の立ちション姿を写真週刊誌に撮られたり、青嵐会時代は胸ぐらを摑みあって議論しあうのは日常茶飯事だったという。

中川派を一時継承した、いわば中川一家の若頭的存在だった石原慎太郎も、「初めて会ったときから懐かしさを感じさせるような存在」と中川を慕った。

思えば、外見とは違った繊細さや、自殺へと至る政治家らしからぬ弱さがあったというのも、それはまた言い換えれば、中川一郎の人間的ぬくもりと言ってもいいものではなかったろうか。

# 野村秋介《のむら・しゅうすけ》

## 新右翼リーダー・平成5年10月20日没58歳

## 命賭けて責任をとる男を前に新聞社幹部は身動きできず…

　そのとき、その場に居合わせた朝日新聞社首脳の面々は、いったい何が起きたのか、とっさにはわからなかったに違いない。

　二丁拳銃を目にしても、およそ現実とは思えず、理解不能であったろう。なにしろ、それまで穏やかに歓談し、ときには呵々大笑していた男がいきなり取りだした拳銃だった。

　男との話しあいはおよそ50分間、終始、不穏な空気もなく、男にも高ぶった様子、不審な所作はまるで見られなかったのだ。いや、拳銃を取りだしたときでさえ、その男——野村秋介の顔から笑みこそ消えてはいたが、目が血走っているわけでもなく、あくまで冷静沈着、淡々としており、それは事をなし終える最後の最後まで変わらなかった。

　朝日首脳たちは、目の前で展開される光景に、なす術もなく、金縛りにあったように動け

ず、ただ固唾を呑んで見守っているしかなかった。事件後、社長が、

「まるで映画のワンシーンでも見ているようだった」

と述べたのは、正直なところであったろう。

この日、平成5年10月20日、東京・築地の朝日新聞東京本社15階の役員応接室において、同社・中江利忠社長と野村秋介との面談が開始されたのが午前11時45分であった。野村に同行したのは、長男の勇介、古澤俊一秘書、日本青年団旭心団・松本効三副団長、二十一世紀書院・辻想一編集長、朝日側の出席者は、中江社長、橘弘道出版局長、山本博昭読者広報室長、蒲宏樹同副室長、穴吹史士週刊朝日編集長、加藤千洋社長秘書の6人だった。

この面談は、前年7月の参議院選挙の際、週刊朝日に掲載された『山藤章二のブラックアングル』で、野村が代表をつとめた「風の会」を「虱の党」と揶揄したことに端を発していた。野村は抗議文を送るとともに、この問題ひいては朝日を始めとする現在のマスコミ・ジャーナリズムのありかたを問う公開討論会を要求、朝日側との交渉を約1年間続けてきた。

この日の面談は、その最終的な手打ちとなる予定であった。

冒頭、朝日新聞の全責任者として社長の謝罪があり、野村が、

「全面的に納得したわけではないが、その誠意に対し、日本人として諒とする」

と応え、間もなくして野村側の松本副団長、朝日側の橘出版局長、蒲副室長が退席、その

後は和やかな懇談の場となった。野村は社長に贈呈した刷りあがったばかりの自著『さらば群青』の内容を説明し、国家や民族派などについて持論を展開。朝日側も野村の句や書に触れ、盛りあがった。歯切れのいい〝野村節〟を堪能している感があった。

## 男が節義を全うするとは…

その空気が一変するのは、山本読者広報室長が、

「では野村さん、皆さんもお待ちでしょうし、また、私どもはいろんな機会で野村さんのお話をうかがうことがあるでしょうから」

と、お開きの弁を述べようとしたときだった。

「山本さんね、僕が今日ここへ来たっていうのは、それほど甘いことで来たんじゃないですよ」

と野村は言い、グレーの和装用コートを脱ぐと、作務衣をはだけ腰のあたりから二丁拳銃を取りだした。

「私はさっきも言ったように、朝日が倒れるか、野村が倒れるか。あなたにも言ったね。命を賭けてます、と。それは皆にも言ったね。だから、それを実行するために来たんです。さりとて皆さんに危害を加えようとかいう気持ちはないですけどね」

銃口を下に向けたまま、野村は淡々と話し続ける。

「さっき、竹下の話をした。万死に値すると言ったら、死ぬべきだ。オレは命を賭けると言ったら、命を賭けるべきだ。戦後、そういう責任のとりかたというものをしなくなったから、世の中おかしくなった。じゃあ、野村秋介が見せてやる。朝日と刺し違えてやる。……けど、まあ、社長さん、それなりの誠意を見せてくれたんでね……」

しばしの沈黙のあとで、野村は古澤に声をかけ、

「おまえの結婚式に出てやることはできないから、いま渡しておく」

と、古澤に預けていた祝儀袋の件を言い、息子には、

「お母さんを守れ。いままではお母さんがおまえを守った。これからはおまえがお母さんを守るんだ」

と語りかけると、立ちあがり、

「皇居はどちらですか？」

朝日首脳が振り向いた窓のほうへ向かって歩いた。

野村は壁ぎわを背に薄いグレーの絨毯の床に正座し、皇居のほうに向けて深々と一礼すると、

「皇尊弥栄《すめらみこといやさか》！　皇尊弥栄！　皇尊弥栄！」

と声を張りあげた。

「オレの腹に日の丸巻いてあるから中台にやってくれ」

古澤に命じると、正座を解き、胡坐《あぐら》を組んだ。

「男が節義を全うするとはこういうことだ」

このときになってようやく山本読者広報室長が、

「途中で申しわけありませんが……」

と思いとどまらせようと声をかけたが、

「うるさいぞ。男が命を賭けてる目の前で、俗っぽい話はするなよ」

と野村は一蹴した。両手に持った二丁拳銃の銃口を自分の両胸に押しつけ、「たあっ！」という気合いもろとも引き金を引いたのはこの直後、午後12時37分のことだった。

銃弾は3発。2度の銃声しか聞こえなかったのは、最初の2発を同時に放ったためで、3発目はみずからの手で介錯を行ったのだ。

かくて野村秋介は壮絶な拳銃自決を遂げ、58年の生涯を閉じたのだった。

その辞世は——。

惜別の銅鑼は濃霧のおくで鳴る
さだめなき　世なりと知るも　草奔の　一筋の道　かはることなし

思えば、野村の生涯は闘いの連続であった。巨大な不条理、権力悪を相手に、つねに弱者の側に立っての闘いだった。昭和38年に河野邸焼き討ち事件、昭和52年に経団連事件を引き起こし、その時代の政財界の巨大権力に牙を向けてきた男が、最後に選んだターゲットこそ、〝第四の権力〟マスコミの象徴的存在である朝日新聞であった。

「若い連中に生きざまは充分見せた。あとは死にざまを見せるだけ」

門下につねづね語っていた浪曼者は、最後にそれを見事に実践してみせたのだった。

# 山村新治郎《やまむら・しんじろう》

衆院予算委員長・平成4年4月12日没58歳

## 身代わりで男をあげた事件と非業の死に秘められた因縁！

「男・山新」と謳われ、〽花もツボミのやよい空　国の大事を今ここに二つの肩に載せて飛ぶ　男・身代わり新治郎（作詞＝中村弘海衆院議員）と歌まで作られた山村新治郎代議士が、凶刃に斃れ58年の生涯を閉じたのは平成4年4月12日のことだ。

元運輸大臣の命を奪ったのは、政敵の刺客でもなければ、テロリストでもなかった。では、誰であったか？　そこには彼を男にした事件にまつわる不思議な因縁話が秘められていた。

山村が「男」と呼ばれるようになる事件が勃発したのは、昭和45年3月31日のこと。同日午前7時20分に羽田空港からフライトした福岡行き日航351便ボーイング727－89型機「よど号」が、離陸10分後、日本刀や短刀、パイプ爆弾などで武装した赤軍派9人によって乗っとられたのだ。彼らの要求は、「北朝鮮の平壌《ピョンヤン》に行け！」というもの。日本初のハイジャック事件の発生であった。

よど号の乗員は石田真二機長以下7人、乗客131人のうち病人や婦女子23人が午前9時前に着陸した福岡空港で解放され、燃料を補給した5時間後、朝鮮半島に向けて飛び立った。

1時間16分後の午後3時15分、よど号はハイジャック犯を欺き、平壌と偽ってソウルの金浦空港に着陸したのだが、あえなく彼らに見破られてしまう。

それから長く重苦しい緊迫の3日間が過ぎていく。人質全員解放を要求する韓国側とこれに応じない赤軍派との交渉は平行線を辿ったままで、機内に閉じこめられた乗客の疲労はピークに達した。このとき、

「乗客の代わりに私が人質になりましょう」

と申し出たのが、ソウルの現場に乗り込み、交渉の前面に立っていた運輸政務次官の山村だった。

橋本登美三郎運輸大臣がこれに強く反対したのは、赤軍派に殺されるか、北朝鮮で拘束されるという警察の見通しもあり、無事に生還できる保証はどこにもなかったからだ。そんな危険な任務を部下に背負わせるわけにはいかなかった。まして山村は36歳の男盛り、26歳の妻、4歳と2歳の娘がある身なのだ。

もとより山村とて、すべて覚悟のうえでの決断である。「政治家なら当然のこと」と強く訴える山村に、橋本もついには折れ、

「すまんが、頼む」

と頭を下げた。赤軍派リーダーの田宮高麿もこれを受け入れ、山村を人質にとる代わり、乗客全員を解放することに同意した。

山村は橋本に政務次官の辞表を渡し、妻に電話で、

「娘たちのことだけはくれぐれも頼む」

と言い残し、風呂敷包みひとつを持ってよど号に乗りこんだのだった。その風呂敷の中身は、下着とともに4歳と2歳の娘の写真も入っていた。

「へそくりのありかまで、女房に話して出た」

後に講演会で必ずマクラに振ることになるエピソードも、そのときの山村の覚悟の程を表していた。

4月3日、山村と石田機長以下乗員3人、ハイジャッカー9人を乗せたよど号は金浦空港を離陸し、1時間後、平壌の上空に到達した。平壌近くの軍事空港に降りたったよど号は、赤軍派メンバーを降ろすと、翌々日、山村と乗務員を乗せ、何ごともなく羽田に帰還を遂げた。

## 22年の時を経て訪朝直前の凶行

空港内はヒーローを迎える大喝采で沸きたった。それに手を振って応え、「男・山新」は満面の笑みを浮かべてタラップを颯爽《さっそう》と降りた。その下には、出迎える妻と2人の幼い娘の姿があった。山村は2歳の次女をしっかりと抱きかかえた。

それから22年後、男・山村新治郎は、24歳になったその次女に刺殺されたのだった。

事件の発生は、平成4年4月12日午前零時半ごろのこと。千葉県佐原市の自宅1階で寝ていた山村は、出刃包丁を持って部屋に忍びこんできた次女に、胸や首など10数カ所を48回にわたって刺された。メッタ刺しともいえる凄惨さで、山村は下着姿のまま心臓損傷でほぼ即死状態だった。

次女は兇器の包丁をその場に捨てると、パジャマ姿のまま家を飛び出した。約1時間半後、近くの路上を裸足で歩いているところを警察官に逮捕された。放心状態であったという。

彼女は2年前、大学病院の精神科に入院し、医師から統合失調症との診断を下されていた。退院後も通院治療を続けていたという。

よど号事件で男を上げた山村は、衆議院議員としてキャリアを積み、自民党副幹事長、運輸大臣などの要職を歴任し、衆院予算委員長をつとめる身であった。翌13日からは自民党北朝鮮（朝鮮民主主義人民共和国）訪問団の団長として訪朝する直前の惨劇だった。

金日成主席生誕80周年の慶祝行事に参加する訪朝団で、山村はよど号事件のリーダー、田宮との面会も予定していたという。実現すれば事件から22年ぶりの再会となるはずだった。

一方、田宮高麿のほうも山村との再会を楽しみにしていたといわれる。その時分、しきりに望郷の念を口にし、日本に帰りたがっていたよど号グループにすれば、山村―田宮会談によって、自分たちの帰国問題に進展があるのではないかとの期待もあったのだ。

だが、訪朝を目前にした山村の奇禍によって、彼らの希望も空しく潰《つい》え去った。帰国問題の話しあいの回路も閉ざされたのだ。

山村の次女が精神的に不安定な兆候を示すようになったのも、元をただせば、〝よど号事件〟に行きあたる――と指摘する人もいる。事件以来、父親が大々的に脚光を浴びるようになり、彼女も子どものころからヒーローの娘として何かと話題になり、そのことでいじめを受けたり、嫌な目に遭うこともあったという。

突発的な凶行も、父の訪朝直前ということと何ら関係がないとは言いきれないのではないか。だとすれば、不思議な因縁というしかないし、よど号グループの罪深さの一つであろう。

関係者によれば、山村はこの訪朝で田宮と会い、

「無罪帰国だの何だの言わず、黙って帰ってこい」

と説得する予定であったという。

よど号事件で１００人を超す人質の身代わりになった男は、事件の最終決着も自らがつけたかったのであろう。その訪朝直前、「男・山村新治郎」は非業の死を遂げたのだった。

# V 60代で死んだアウトロー

# 色川武大《いろかわ・たけひろ》

作家・平成元年4月10日没60歳

## 伝説の無頼派作家は最後まで博奕打ちとしても現役だった

戦後娯楽小説の最高傑作とも、悪漢《ピカレスク》小説の金字塔とも評される阿佐田哲也の『麻雀放浪記』。麻雀を知らない人間でも、作品世界に没頭でき、これほど面白い小説もなかった。なにしろ週刊大衆でこの小説の連載が始まるや、同誌の部数は10万部伸び、発売日ともなれば学生街の書店ではたちまち売り切れ店が続出したという。

阿佐田哲也というペンネームは、彼が私淑した先輩作家の藤原審爾《しんじ》邸での徹夜麻雀の帰りに、「朝だ、徹夜だ」から閃《ひらめ》いたそうで、この覆面作家がかつて『黒い布』で中央公論新人賞を受賞した色川武大その人であることが間もなく判明する。だが、麻雀仲間の吉行淳之介などは早くから、「これは麻雀を知りつくした者しか書けない。色川だろう」と見破っていたらしい。

それほど評判を呼んだこともあって、しばらく阿佐田哲也の名で麻雀小説を書き続ける破目になる。しかし、やがて本来の志である純文学作家、色川武大のほうも、長い沈黙を破って復活する。昭和52年に『怪しい来客簿』で泉鏡花賞、翌53年には『離婚』で直木賞、昭和57年には『百』で川端康成文学賞、平成元年2月には『狂人日記』で読売文学賞と、本名の色川武大で発表した作品がたて続けに大きな文学賞に輝いているのだ。

そんな阿佐田哲也・色川武大という一人二役の作家が心臓発作で倒れ、宮城県立瀬峰病院に入院するのは、平成元年4月3日のこと。その1週間後の4月10日午前10時30分、伝説の無頼派作家は、永遠の眠りに就いたのだった。死因は心臓破裂、享年60だった。

その最後の様子を、孝子夫人がこう述べている。

《……今までの生き方も、亡くなり方も、全面的に幸せだったと思います。あの死顔を見たら絶対にそう思います。「戻ってらっしゃい」なんて言えない。「いってらっしゃい」という感じ。あんないい顔を見たことがなかった。本当に笑って眠っているの。作家でもなければ、博打打ちでもない、仏様の顔。彼はかっこよく死んじゃったのよ、かっこよく》（『文藝春秋』平成元年6月号）

長いものをもう一本、腰を据えて書きたい――と、岩手県一関市に戦後11回目となる引っ越しをしたばかりの時期で、その急逝は何より作家本人にとって無念であったろう。

本人も、死ぬとは思っておらず、亡くなる2日前、4月8日の静岡競輪に行く予定で新幹線の切符を買ってあったというから、博奕打ちとしても最後まで意気盛ん、現役だったようだ。

4月3日に入院したあとの経過も良好で、酸素吸入器も外され、点滴も1本が半本となり、亡くなった日の朝も、トマトを食べたあと、「もう一つ食べたい」と言うほど元気だった。容態が急変したのは、孝子夫人が仮眠のためホテルに帰っている間のことだった。

## 『麻雀放浪記』は実体験をもとに

色川にはナルコレプシーという厄介な持病があり、それは睡眠が持続せず、突如眠りに襲われ、しかも入眠時、幻覚、幻聴、幻視が伴う奇病であった。

ひどいときには5分おきくらいに眠気が襲い、麻雀中、ツモったまま寝てしまうこともあった。幻覚にしても死人や魑魅魍魎が現れたりするハチャメチャなもので、作家のベッドの脇に乗馬用のムチが置いてあったのは、それとの格闘のためだったという（もっとも『狂人日記』はその幻覚・幻視体験をもとに書かれたというから、やはりこれぞ作家魂というしかない）。

睡眠発作は脱力症状や1日6食という無限の食欲にもつながり、頬がこけた青年時代とはうって変わっておじさん体型となったのはそのせいもあったろう。

このナルコレプシーの発病率は1000人中2〜6人程度で、原因不明、薬で抑える以外、これといった治療法はないという。色川の人生は、この難病との闘いでもあったわけだ。

また、ナルコレプシーとは別に、胆嚢炎を患って死にかけたのは死の13年前。胆石の痛みを医者にも行かず我慢し続けていたところ、腹と背中が帯のように腫れてきて入院即大手術。自筆年譜によれば、

《熱のため気泡が胆管に残り、胆管閉塞で黄疸ひどく、東大病院に移籍。今度こそ絶望を宣告され、家族は葬式の手配までするも、一〇月、再手術が奇跡的に成功、医者が驚くうちに、一二月、二〇キロ痩せて退院》

とある。色川の真骨頂はこのあとのこと。三途の川を見てきた男が、退院したその日のうちに、畑正憲、清水一行らと丸2日間の麻雀死闘を繰り広げたというのだから、いやはや無頼ぶりもここまでくれば筋金入り。地獄から生還した男が、すぐまた別の地獄にのめりこむという有りようは、まさに生涯無頼を貫いた色川の面目躍如であろう。

色川は昭和4年3月28日、東京・牛込の生まれ。父親は退役軍人で、厳格な家庭に育った。が、旧制中学のときには麻雀を覚え、その腕は勤労工場時代に鍛えられた。中学を無期停学となったのは、友人と秘密裡に発行していたガリ版誌が工場配属軍人に見つかったためだっ

た。

戦後、中学を自主中退した後は浅草を始め各地を徘徊、本格的に麻雀打ちの道に入った。17歳から21、22歳にかけての時期で、破天荒な修羅場の日々を生きたのだった。『麻雀放浪記』は、この時代の体験をもとにした小説で、主人公の坊や哲も自身がモデル。

現実の〝坊や哲〟も、関東屈指の凄腕雀士と恐れられ、新宿中の雀荘に役満の天和《テンホー》をあがった記念の貼り紙が下がったり、警察手配の人相書きが貼りだされたこともあったという。

そうしたカタギとはかけ離れた経歴や作風、そのコワモテの風貌から、一見近寄りがたいイメージがあるが、その実、色川は無類のやさしさにあふれ、まわりに気をつかい、つきあいも大事にする男だったという。作家仲間や編集者だけでなく、いろんな方面に友人が多かったゆえんであろう。

もとより根っからの作家で博奕打ち、貯金の発想はなく、通帳に残された金額は50万円。それも最後に作った背広2着の支払いでプラスマイナスゼロ。

医師によれば、心臓破裂という最期も1年に1人いるかいないかの死因とか。

「最後まで彼らしく阿佐田哲也をやっちゃった……」

とは、孝子夫人の弁だった。

# 藤山寛美《ふじやま・かんび》

役者・平成2年5月21日没60歳

## 自分を待つ人がいるかぎり…命賭けて義理を果たす役者魂

「役者とは水の中に指で字を書いてるようなもの。書いたときは波紋が起きるけど、流れてしまえば消えていく。消えるから、また明日、芝居しようと思うやないですか」

「俳優は人に非《あら》ず、優れた人間のこと。僕は俳優じゃありません。役に徹する者、役者です」

「役者は死ぬときが定年や」

「一日一日が戦死」

　との語録を残した〝上方の喜劇王〟〝最後の役者バカ〟藤山寛美が、肝硬変のため入院先の病院で死去したのは、平成2（1990）年5月21日午後10時44分のこと。享年60だった。

　最期を看取ったのは、父と同じ役者の道を選んだ三女の藤山直美だが、寛美は最後まで

〝芸の鬼〟であった。直美が菅原文太と共演した大阪・中座の『国定龍次』のビデオを観て、死の直前まで寛美は身ぶり手ぶりをまじえ、

「それはあかん、こうや」

と直美に演技指導したという。その最後の言葉も、

「ええ芝居がしたい」

というものだった。まさにその身を滅ぼすまで舞台に生き芝居に賭けた、役者魂の固まりのような男が藤山寛美という芸人だった。

その最後の舞台は、3月の大阪・中座公演とされているが、実は医師から絶対安静を言いわたされた時期の4月29日、彼は〝最後の舞台〟をつとめている。

「ボケよけ24霊場」の一つとして知られる泉南市の金泉山慈昌院長慶寺において、講演という舞台に立ったのだ。その日、同寺で営まれた「ボケよけ霊場会」5周年記念法要の特別講演に招かれてのことだった。

2月に、松永雄重住職から依頼されたもので、その約束を果たすため、

「こんな無茶をすると、死んでしまいますよ」

という医師の反対を押しきって、病院を抜けだし駆けつけたのだ。

境内を埋めつくした約2000人の聴衆の前で、寛美の講演はおよそ10分間。それまで控

え室でグッタリと躰を休ませていたのが、舞台に立つなり嘘のようにシャンとなり、皆を笑わせ最後には、

「ボケよけになるから皆さんも御一緒に」

と童謡の『むすんでひらいて』を大きな振付で歌い終えたというから、役者根性ここに極まれり。

「自分を待っている人が一人でもいれば、行かねばならない」

との芸人としての信念を最後まで貫いて命賭けの義理を果たしたのであった。なにしろ休まぬ役者だった。昭和41（1966）年11月から62（1987）年2月まで244カ月間連続無休公演を続けるというギネスものの記録を持つほど、ガムシャラに舞台に打ちこんできた。

寛美が役者としてその生涯を賭けたのはアホ役であった。〝アホの寛美〟と呼ばれるほど一世を風靡した出色のアホ役で、上方演芸界に君臨してきたのだ。

## 酒と女、放蕩と借金もケタ違い

その一方で、私生活における〝役者バカ〟ぶりも天下一品。酒と女、放蕩《ほうとう》と借金の額もケタ違い、寛美の右に出る者はいないといわれるほど破天荒だった。

なにせ昔から浪花の芸能界では、「キタのまこと、ミナミの雄二、東西南北の寛美」と言い伝えられてきた。同じ豪快な遊び人でも、北新地あたりをテリトリーとするのが藤田まこと、ミナミの難波が南都雄二なら、行動範囲も遊びっぷりも彼らを凌駕《りょうが》していたのが、藤山寛美というわけである。

散財ぶりもケタ外れ、銀座のクラブでボーイに世話になったというので車をポンとプレゼントしたのは有名な話。タクシーに乗れば、ワンメーターの距離でも1万円を出して残りはチップ。あるクラブでは酒をこぼした詫びに、居あわせたホステス全員に数百万円分の着物を作ってあげたこともあった。

この手のエピソードはいくらでもあって、それもすべて松竹新喜劇を世間に広めるため、浪費はいずれ客となって返ってくる――との考えからだったという。

無類に人の面倒見がよく、無心されたら断れなかった。人に貸した金は忘れても、借りた金は利子をつけても返し、借金で困っている芸人仲間のもとへ1000万円を届けたときの言い草が、

「ワシの2億の借金が2億1000万円になっても同じじゃ」

人のよさゆえに知人の保証人となって逃げられたこともあったという。借金が雪ダルマ式に増えていったのは、手形の乱発が発端だったともいわれる。

昭和41年、大卒初任給が2万円の時代、借金はついに1億4000万円となって破産宣告を受け、松竹新喜劇も追放されるが、

「アホ役者のワイはホンマのアホやろか……」

とは、そのときのつぶやきだった。

寛美の舞台を知らない私が、よく知っているのはこの時代の寛美である。

折しも時は東映任侠路線の勃興期で、寛美は鶴田浩二の『関東』シリーズや『明治侠客伝三代目襲名』、高倉健の『日本侠客伝』シリーズなどに出演、その常連役者であったからだ。

松竹新喜劇を追放された寛美の面倒を見たのが、〝任侠映画のドン〟俊藤浩滋プロデューサーであったのだ。

そこでの寛美はアホ役や大きな役をやるわけではなく、主役の引き立て役が多かったが、彼が出てくるだけで、映画は俄然面白くなったものだ。

結局、寛美を追放したものの、渋谷天外が病気で倒れ、松竹新喜劇は半年ほどで寛美を呼び戻すのだが、前述の244カ月間連続無休公演が生まれるのもそれから後のことだった。

だが、浪費癖はいっこうに変わらなかったようだ。亡くなった年の高額納税者番付で関西芸能人ベスト10入りしたにもかかわらず、借金は完済しておらず、

「まだ何億か残ってますわ」

と、亡くなる前年の暮れ、笑って話していたという。
それにしても、あれほどの役者、手っとり早く金を稼ぐにはテレビＣＭに出る手もあったはず。事実そうしたオファーも数多くあり、破格のギャラも提示されたというが、寛美はそれを頑なに拒み続けた。
「舞台を見にくるお客さんのなかには、その商品の嫌いな人もいるやろ。それを思うとＣＭ出演はできない、安易な金儲けはしないという哲学ですわ」（関係者）
どこまでも役者魂を見せつけた人だった。

# 鶴田浩二

つるた・こうじ

俳優・昭和62年6月16日没62歳

## 柩は『同期の桜』で送られた二枚目ぶりが際立ったスター

映画俳優の鶴田浩二が肺癌のため東京・信濃町の慶應病院で62年の生涯を閉じたのは、昭和62年6月16日のことである。

鶴田が危篤状態に陥ったのは4日前、12日の午後になってからのこと。夫人と3人の娘が見守る中、鶴田は昏々《こんこん》と眠り続けた。16日の午前9時過ぎ、第十四期海軍飛行科予備学生で成る「十四期会」の鶴田の同期生が、その本名で、

「小野、頑張れ！」

と呼びかけると、鶴田はビクッと躰を動かし、反応を示したかのように見えたが、目を開くことはなかった。それから1時間半ほど経った16日午前10時53分、鶴田は永遠の眠りに就いたのである。

その死を看とった夫人と3人の娘が、静かに涙を流しながら最後に贈った言葉は、

「パパ、本当にありがとう。お疲れさまでした」

その死に顔は、生前同様、二枚目スターそのままのきれいな顔であった。

東映宣伝部として長い交流のあった佐々木嗣郎も、後ほど病院でその死に顔を見て、

〈ああ、やっぱり変わらぬいい男だなあ〉

と、しみじみ思ったという（拙著『任俠映画が青春だった』徳間書店）。佐々木が初めて鶴田と会ったのは、東映京都撮影所に入社して5年目の昭和38年のこと。鶴田主演の『次郎長三国志』の宣伝担当となって、その撮影が始まったとき、佐々木は鶴田に挨拶に出向いたのだ。

鶴田はちょうど俳優部屋の奥の鏡台の前にすわってメーキャップをしている最中だった。佐々木が挨拶すると、鶴田は振り返りもせず、手にしていた手鏡の中に映る佐々木を覗いて、「おお」と応えた。そのとき、佐々木は手鏡にアップになった鶴田の顔をまともに見てしまうのだが、

〈うわあっ、世の中にこんないい男がいるのか！〉

と内心で感嘆の声をあげていた。中村錦之助や大川橋蔵、東千代之介など、東映の多くの美男スターを見知っている佐々木にしても、ついそんな感想を抱かずにはいられないほど鶴

田の二枚目ぶりは際だっていた。

それからおよそ四半世紀を経て、鶴田の死に顔を見た佐々木の感慨もまた、初対面のときと同様だった。

世田谷区深沢の自宅に無言の帰宅をした鶴田は、生前のお気に入りの紺の紬《つむぎ》の着物を着て、その上に白い死に装束を羽織って柩《ひつぎ》に納まった。その脇に、愛用のパター、ゴルフボール、海軍の軍艦旗、角帽。熊のぬいぐるみは、三女の女優・鶴田さやかが入れたものだった。

翌17日、密葬が営まれ、午後3時、鶴田邸の玄関先で、時ならぬエールが轟いた。「フレーッ、フレーッ！　ツ、ルータッ！」鶴田の母校関西大学の応援団20人による葬送エールだった。いよいよ出棺である。

600人を超す会葬者や沿道に詰めかけた大勢のファンの間に、哀愁に満ちたラッパの音が響きわたる。十四期会メンバーが吹奏する、海軍の礼式令に則った葬送曲であった。

その中を旭日の軍艦旗に包まれた鶴田の柩が運び出される。その柩に向けてかつての戦友たちが、まるで特攻機を見送るように、海軍帽を振って別れを告げた。そしてどこからともなく湧き起こる『同期の桜』の大合唱……。

## 「戦中派の情念」が共通した作家

敗戦の年に20歳を迎えた鶴田の年齢は、昭和の年代そのまま、三島由紀夫と1カ月違いの同期でもあり、「戦中派」と称されるゆえんだ。その三島はヤクザ映画をこよなく愛した作家で、「鶴田のかたわらではさしも人気絶頂の高倉健もただのデク人形のように見える」というほどの鶴田びいきであり、また、最も感情移入の容易な俳優として鶴田への熱い思い入れを語った。その主演作品『博奕打ち　総長賭博』を、「あたかも古典劇のように人間的真実に叶った名画」と絶賛、

「その撫で肩、私服姿のやや軟派風な肩が、彼をあらゆるニセモノの颯爽さから救っている。そして『愚かさ』というものの、何たる知的な、何たる説得的な、何たるシャープな表現が彼の演技に見られることか」

と鶴田を論じた。

三島と鶴田は『週刊プレイボーイ』誌上で対談もし、意気投合している。

鶴田　昭和維新ですね、今は。

三島　うん、昭和維新。いざというときは俺はやるよ。

鶴田　三島さん、そのときは電話一本かけてくださいよ。軍刀もってぼくもかけつける

から。

三島　ワッハッハ、君はやっぱり、オレの思った通りの男だったな。

鶴田と三島に共通するのは、戦中派の情念ともいうべき戦争へのこだわりであり、加えて鶴田の場合、特攻体験を死ぬまで引きずった。鶴田は毎年、戦友の眠る靖国神社への参拝、戦歿者《せんぼつしゃ》の遺骨収集、そのためのチャリティコンサート、あるいは高野山における第十四期海軍飛行科予備学生の十四期会の慰霊祭を始め、旧軍関係の各種催し物に熱心に参加し、特攻隊慰霊顕彰会の顧問にもなっていた。旧軍や特攻隊への思い入れはことのほか強く、酒を飲んでは口癖のように、

「オレは生き恥をさらしている」

と言うのがつねだったという。

俳優として「天才」と評された鶴田だが、見えないところで努力をする人でもあった。撮影に入れば、どんなに長いセリフでも完全にマスターしてきて決して間違えることはなかった。人前で台本を広げている姿を見せたことはなく、「いったいどこで覚えてくるのだろう？」と、皆が不思議がった。そんな鶴田の最後の映画出演となったのが、昭和60年11月公開の『最後の博徒』。癌が見つかったのは、その撮影が終わってすぐのこと。あまりに咳がひどくて検査にいった慶應病院で発見されたのだが、すでに手術のしようもない末期癌だっ

た。

家族は鶴田には亡くなるまで告知しなかったというが、鶴田は薄々感づいていたようで、3カ月前、友人に出した手紙には、《……人間というものは欲ばりなもので、未だやり残したことが山程あるような気がして、いささか焦らざるを得ません》と書かれていた。鶴田が色紙に書いて残した最後の言葉は、

「孤独と苦悩に耐え得る者

それを男と称します」

1年8カ月に及ぶ闘病生活の末の死であった。

戒名は、鶴峰院栄誉誠純悟道大居士。

# 若山富三郎

わかやま・とみさぶろう

俳優・平成4年4月2日没62歳

## 任俠映画で生き返った役者が満身創痍で求め続けた「浪曼」

役者として若山富三郎の起死回生の当たり役は、大阪・西成の愚連隊出身の親分・島村清吉役を演じた東映の『極道』シリーズ。

1本目が昭和43年3月に封切られて大ヒットするやシリーズ化されて、昭和49年の『極道vs不良番長』まで計11本作られた。それまで時代劇を中心に白塗りの二枚目として主役を張り、新東宝、東映、大映と渡り歩いてきた若山であったが、いまひとつパッとしなかった。大映に移ってからは城健三郎と改名し、実弟の勝新太郎の相手役などをつとめたが成功しなかった。

そんな若山が生き返るのは、俊藤浩滋プロデューサーに引っ張られ、東映任俠路線の戦列に加わってからのこと。鶴田や健さん演ずるストイックなカッコいいヤクザ像とはひと味違う、ダボシャツ、ステテコ、腹巻きに黒い山高帽スタイル、ズッコケモード満載の「極道」を演じて大ブレイク。若山富三郎は鶴田浩二、高倉健に次ぐ東映任俠路線第三の男として急浮上するのだ。

その『極道』で、恐いもの知らずの若山が、ただ一人、頭のあがらぬ相手として登場するのが、女房役を演じた清川虹子。そのコンビは絶妙で、「かあちゃん、キスしよか」と2人でブチュッとキスしたあとで、若山が「オエーッ」と吐く真似をするシーンに、観客は大笑いしたものだった。

その清川虹子が、平成4年4月2日、若山富三郎という波瀾万丈の人生劇場の閉幕を、彼と最も縁の濃い勝新太郎・中村玉緒夫妻、女性マネージャーとともに見届ける形になったのも、不思議な縁というものであったろう。

その日、京都市左京区の自宅マンションで、若山は終始機嫌がよかった。勝新太郎と中村玉緒、清川虹子という気心の知れたメンバーが顔を揃えていたこともあった。加えて、心配していた勝の麻薬事件の判決が、6日前、執行猶予がついたことで兄としてホッとしたのも確かだったろう。自宅で昼食会の小宴を催したのもそのためで、A子マネージャーが作った煮物を、若山は「天下一品の絶品」とほめちぎった。

食事後も歓談は続いて、若山と清川はかつて『極道』で夫婦役を演じた際のキスシーンで、

「どっちが先に舌を入れた？　虹子だろ」「富さんよ」などという他愛ない話に花が咲き、愉しいひとときを過ごした。若山は元気だった。そのうちに麻雀をやろうということになって、勝は別室に引っこみ、卓を囲んだのは若山の他、清川、玉緒、A子マネージャーの3人。

清川がトイレから戻って席に着き、さあ始めようとなったとき、若山が隣りの清川のほうにおじぎをするように倒れこんできた。それは異変を感じさせるようなものではなく、清川ものんびりと、「何してるの、富さん、起きなさいよ」と声をかけた。が、若山の顔を覗きこんだところ、すでに唇は紫になっていた。

驚いた清川が大声で、「どうしたの⁉」と呼びかけても返事はなかった。

京大病院へ向かう救急車の中でも若山は眠り続け、心臓も停止し、ほぼ呼吸していないような状態だった。

「お兄ちゃん！」勝が叫ぶように呼びかけ、病院に着くまで自ら口移しで空気を送り続け、傍らで玉緒が懸命に若山の脚をさすった。

「寝ちゃダメッ、ダメ！」

と必死に叫び続けたのは若山とは以心伝心、深い信頼関係で結ばれたA子マネージャーだった。

## 若き日の文太にヤキを入れた！

病院へ着いたのは午後4時過ぎで、蘇生したかに見えたのは一瞬で、若山はついに意識を取り戻すことはなかった。

平成4年4月2日午後6時25分、急性心不全のため、稀代の名優・若山富三郎は62年の波瀾の生涯に幕を下ろしたのだった。その死に顔は穏やかそのものだったという。

若山が逝ったちょうどその時刻、ホテルで待機していた清川虹子は不思議な体験をした。鏡を見ると、自分の鼻からきれいな桜色の鼻血が出ていたという。生まれてこのかた一度も鼻血など出したことがないのに何だろう——と思っていたその時間こそ、若山の御臨終であったというわけだ。

若山はその数年前から病気との闘いのような日々を送っていた。昭和58年、心筋梗塞で倒れて以来、糖尿病も悪化。なにしろウイスキーボンボンでひっくり返ったという話があるほど酒は一滴も飲めない代わり、大福や饅頭、汁粉……と、甘いものに目がなかった。60年にはハワイで大腿部の静脈を心臓に移植する手術を受けたが、糖尿病の影響で腎機能が低下。週3回の人工透析治療を余儀なくされていた。死の2カ月前には心臓にペースメーカーを埋めこむ手術を受けておりまさに満身創痍《まんしんそうい》であった。

それでも最後まで仕事に執着、現役の役者であることに固執した。遺作となったのは前年の映画『王手』で、病院から直接ロケ現場へ車椅子で通った。俳優というより役者と呼ぶにふさわしい根っからの役者で、撮影に入る前から役になりきって四六時中芝居のことばかり考えている仕事の鬼が若山であった。

研究熱心でしょっちゅう監督や殺陣師《たてし》にアイデアを出し、太目なのにアクションスターさながらにトンボを切ることができるほど、躰も柔らかかった。当然、仕事は自分にも他人にも厳しく、二日酔いで撮影所に入り殴られたのは若き日の菅原文太。他にも遅刻したり、撮影に臨む姿勢がなっていないと若山にヤキを入れられた俳優は少なくなかった。

東京・深川の生まれ。父親は杵屋流長唄の師匠・杵屋《きねや》勝東治《かつとうじ》。若いときから奔放な若山は中学では落第ばかり。戦後、家出して有楽町の闇市で用心棒稼業。時として脱線し、ヤクザとの喧嘩や拳銃不法所持で捕まったこともあった。

一方で、女性遍歴も目ざましく、2度の結婚と離婚、女優・大楠道代（当時は安田道代）との同棲など、スターらしい華やかな話題にも事欠かなかった。こよなく女性を愛し、男の浪曼を求め、役者として芸を追求し続けた若山富三郎は、桜散る季節に、その豪快な人生にふさわしく、花のように散ったのだった。東京・大田区の池上本門寺で執り行われた葬儀で喪主の勝新太郎はこう述べた。

「人生が演劇であるなら、お兄ちゃんは素晴らしい千秋楽を迎えたと思います。芝居のしきたり通り、よっ、トトトン、トトトン、トトトン、トンと手を打っていただいて……」

# 猪熊 功《いのくま・いさお》

## 柔道家・平成13年9月28日没63歳
## 「生き恥をさらせるか!」と合宿で準備を整え遂げた自決

それは異様な光景だった。部屋にいるのは、50代と60代の初老とはいえ、武道で鍛えた筋骨隆々の見るからに屈強な男が2人。6階の窓の外はすでに日が暮れ、新宿の街のネオンが瞬きだしている。

平成13年9月28日のことで、事が始まったとき、時計の針は午後7時40分を指していた——。

《突然、猪熊が目をカッと見開いて低く言った。

「よし、今なら切れる」

それは咄嗟の出来事だった。

机の上に置いてあった刃渡り40㎝の脇差しをガッと摑むと、猪熊はかねての訓練通り喉元

に刃を突き刺した》
《「どうだ、切れたか」
「まだまだっ」
猪熊は、私の指示に従って、脇差しを三回喉に突き刺した。思っていた通り首の筋肉も厚く、なかなか貫通しない。やっと三度目に刃先が首の後側に突き抜けた時、血が下に向かってドッと吹き出した。（中略）
時計は8時半を差している。約五〇分間、猪熊は気絶しながらも生きていた。
私は左手の脈をとり、その死を確認し、「立派でした。見事にやりましたね」と小声で話しかけ、合掌した》（「猪熊功『自刃までの二週間』」井上斌『現代』平成13年12月号）
自ら代表取締役をつとめる東海建設社長室において壮絶な自刃を遂げたのは、「昭和の三四郎」の異名をとった東京五輪金メダリスト柔道家の猪熊功。
その自刃を見届けたのは、猪熊の側近で同建設社長室長の井上斌氏であった。井上氏は猪熊から、
「死をもって社員と総長に償う」
と、東海建設倒産の経営責任をとり自決することを打ちあけられていた。そのうえで2人

は仕損じることのないよう準備を整え、なんと自決に向け世田谷区の猪熊邸で2週間の合宿生活まで行っていたのだ。

猪熊が言う「総長」とは東海大学創設者の松前重義元総長のことで、恩顧を受け、終生、忠誠を尽くした相手でもあった。猪熊が社長室を死に場所に選んだのも、そこに松前（平成3年に死去）の遺影が飾られていたからとされる。

## 「自決の方法」を3日話し合った

猪熊は昭和13年2月4日、横須賀市の生まれ。昭和34年、東京教育大（現・筑波大）4年のとき、全日本柔道選手権で神永昭夫を破って初の学生王者に輝いた。ライバルの神永とは3年連続で全日本の決勝で対戦、その戦いは人気を博し、「猪熊・神永時代」といわれた。

柔道が五輪史上初めて正式種目となった昭和39年の東京五輪の重量級で金メダルを獲得。翌40年には世界選手権の無差別級を制し、最初の〝柔道三冠〟を達成したのだった。だが、東京五輪の無差別級金メダリストのオランダの巨人・ヘーシンクを倒す一念で臨んだこの大会で、ヘーシンクは途中で突然引退を表明。そのため、猪熊も「戦う相手がいなくなった」とのセリフをのこして同年暮れ、27歳で現役を去った。

昭和41年、松前重義総長の引きで東海大学の出資会社である東海建設に入社、専務、副社長を経て、社長に就任したのは平成5年のことだった。

　その一方で、松前重義が強く望んだ世界柔道連盟会長のポストを射止めさせるために、猪熊は世界を股にかけて票集めに奔走。彼の多大な貢献があって、松前は念願のその座を得たのだった。かくて総長の強い信頼を得て、猪熊はその側近中の側近となったのだが、彼が東海建設社長に就任したときには、松前は2年前に世を去り、すでにバブルもはじけ、会社の業績も急激に悪化していた。それから8年後に、悲劇は待ち受けていたのである。

　東海建設の井上斌社長室長が、猪熊社長から初めて自死の意志を打ち明けられ協力を求められたのは、死の18日前、9月10日のことだったという。仕事上の側近であるばかりか、氏は合気道六段、同じ武道家として会社を離れれば8歳年上の社長を「兄貴」と慕い、猪熊からも全幅の信頼を置かれていた。もとより最初は自決を本気とも思えず、氏も、「何も死ぬことはないでしょう。もうひと頑張りしてください」と応じると、猪熊は、

「オレの人生はつねに良くも悪くも人に見られてきたんだ。晩年になってそんな生き恥をさらせるか」

　と一喝、井上室長もそこで初めて猪熊の覚悟の程を知って、もはや止められない――と思い知ることになるのだ。長い間身近で猪熊の生きかたや姿勢、その美学の在り処を見てきた者だけにしかわからぬことであったろう。それから3日間、2人の間で自決の方法が話しあ

われた。
「飛び降りや首吊りはみっともない。武士の作法に則って切腹したい」
「いや、腹を切るには筋肉が分厚すぎる」
かといって、殺人罪に問われる介錯を誰にもしてもらうわけにはいかない……。結局、最終的に決まったのは、海軍軍人だった猪熊の父親の遺贈品である脇差しで首を切るということだった。2人きりの合宿がスタートし、猪熊はその日から遺書となる日記を書き始めた。
「平成13年9月14日
今日も頑張った。毎日が地獄だ。生きるのも死ぬのも。今迄のつぐないだ」
「9月19日
二人の息子と井上と本当に感激の夕食を共にした。息子たちは親父の自決を知っているかのようだ。本当に涙が出てくるのを止められなかった。
辞世　川柳
死んだなら
たった一分と言うけれど
生きていたなら百（文）
も貸すめい　　猪熊功」

（前掲誌・井上斌氏の手記より）

この日記形式の遺書の他、猪熊はいろいろな人に宛てて約30通の遺書を残していたという。

ともあれ、猪熊はその日のために、自宅の階段を昇り降りし、腕立て伏せを行いジムにも通ってトレーニングに励んだ。

その日までの2週間、彼に影のように付き添い、ときには一緒に汗を流し、最後の最後まで見守り続けたのが井上斌氏であった。

《その一瞬が来た時に、猪熊功は心身共に最高のコンディションでいなければならない。決行することで、彼自身の栄光の人生を生ききらなければならない》（前掲誌）

そしてその言葉通り、最後に猪熊は、武士としての自決を見事にやってのけたのだった。

# 五社英雄

ごしゃ・ひでお

映画監督・平成4年8月30日没63歳

## 女を巡り決闘、刺青、闘病…自分の作品のような波瀾63年

――昔、男ありけり。

浅草生まれの男伊達、粋でいなせ、エネルギッシュでパワフル、侠気があって少しばかり、いや、大いにスケベエ。特攻隊帰り、女を取りあい決闘、『三匹の侍』を演出したフジテレビの看板ディレクター、暴漢に斬られた顔の傷、2億円の借金を残して失踪した妻、拳銃不法所持の逮捕歴、テレビ局を追われ「ナメたらあかんぜよ！」のタンカが流行語にまでなった映画『鬼龍院花子の生涯』や『極道の妻たち』を監督、背中に彫った刺青、最後は癌に冒されて……とまあ、実に波瀾万丈、痛快無比、まさに自分が作る映画さながらのドラマに生き、ドラマチックに死んでいった男こそ、映画監督の五社英雄であった。

五社が食道癌に倒れたのは平成元年2月26日、自身の還暦の誕生日。二・二六事件に題材

をとった『226』のクランクアップ直後のことである。

人間ドックで検査し、問診の際、医者が仕舞おうとしたレントゲン写真を見て、異変を発見したのは五社だった。

「専門医でなかったので写真のブレだろうと言ったが、僕は写真の専門家だからこいつはと感じて、専門医に見てもらい、癌とわかった」

とは、後の五社の弁だ。

その年4月、京大病院で手術を受け、一時は危篤状態に陥るが間もなく回復し退院する。この間、近い関係者には「オーストラリアに行く」とだけ伝え、自身の癌のことも入院していることも誰にも知らせなかった。

翌平成2年、『陽炎』(樋口可南子、仲代達矢)を撮り、〝奇跡の復活〟と呼ばれる復帰を遂げると、次に五社が選んだ作品が、近松門左衛門の『女殺油地獄』だった。3年前に亡くなった友人の脚本家・井出雅人の遺稿であり、念願の〝近松もの〟とあって、五社は自ら松竹とフジテレビに掛けあい、企画を実現させる。

だが、平成3年10月、撮影開始直後、腸閉塞で入院を余儀なくされる。その後は病院から撮影現場へ通う日々となったが、五社は執念で同作品を撮り続けた。

病魔に体を蝕まれ、最悪の体調の中、撮影現場で栄養剤の注射を打ち、重湯や葛湯でしのぎながら己にムチ打ってメガホンを離さず、ついに完成にこぎつけるのだ。が、平成4年4月の完成披露試写会に姿を見せることはできず、

「私はこの作品を本当に誇りに思っていると同時に、一生忘れない作品のひとつに数えあげることができます。また、近々お会いする日を。それでは、また」

とのメッセージも病床からのものだった。

同年5月、この『女殺油地獄』（樋口可南子、藤谷美和子）が公開され、結局、これが彼の遺作となった。

五社英雄が呼吸不全のため京都市の京大病院で63年の生涯を閉じたのは、同年8月30日午前零時36分のことだった。

遺体は出身地の東京に運ばれ、9月1日に身内だけで埼玉県川越市の東陽寺で密葬が行われた。その死が世間に伝わったのは死の4日後の9月3日であったが、

「骨になるまで知られたくない」

という故人の遺志に従ってのことで、生前に記した遺言には、葬儀、告別式、焼香、献花なども一切行わぬよう、とあったという。

入院中、面会も電話も取り次がせなかったのは、弱った姿を見られたくないという五社の美学があってのことだったろう。例外的に会うことができたのは、13本の五社作品の撮影を

担当した盟友ともいえる森田富士郎カメラマン。最後に会ったのは死の1週間前、それでも五社はベッドから起き、きちんと絹の着物を着て、テーブルの椅子に腰かけて応対したという。

特攻隊帰りの五社は、早くからつねに死と対峙し、その準備も怠らなかった。自分の墓を建立したのも10年前のことで、毎年正月には遺言を書き直していたともいわれる。

## 「拳銃不法所持」で逮捕されて…

ところで、冒頭、五社監督を男っぽくもあり、大のスケベエでもあったと記したが、これは五社が撮った『鬼龍院花子の生涯』『極道の妻たち』をプロデュースした、自他ともにスケベエと認める日下部五朗プロデューサーの五社評。氏によれば、御本人や五社のさらに上をいくスケベエが、東映ポルノ路線の開拓者、故岡田茂社長とのこと。岡田は、女を取りあい真剣まで持ちだして決闘したことがあるという五社の逸話を聞いていて、あるとき、その女性が新宿の酒場にいると知って、わざわざ見にいったことがあるという（なんたる野次馬精神か！）。

その岡田の感想が、

「命がけで奪い合《お》うたというから、どんなええ女かと思うたら、それがお前、不細工なのが

出てきて。なんでこれを取り合いせにゃならんかったのかワカランかった」（日下部五朗『シネマの極道』新潮社）

というものだったというから、なんともはや。

五社が50歳のとき、妻が莫大な借金を残して失踪、家を手放した翌年、娘が交通事故にあい、脳挫傷の重傷を負う。難手術が成功し、どうにか退院できたものの、その翌日、今度は五社が拳銃不法所持の疑いで警視庁に逮捕されてしまう。

五社は罰金刑で釈放されたが、テレビ局を追われ、映画も撮れず、八方塞がりの身となった。

二進《にっち》も三進《さっち》もいかず、スナック経営で身を立てることを真剣に考えていたとき、手を差しのべてくれたのが、東映の岡田と日下部であった。五社は再び映画を撮れることになり、その復帰第1作が、爆発的なヒットとなった『鬼龍院花子の生涯』だった。以来、年少の日下部を恩人として、五社は「兄貴」と呼んで立てるようになったという。

五社が背中一面と両腕に刺青を入れたのは、昭和58年、東映の『陽暉楼』（宮尾登美子原作、日下部プロデュース、池上季実子・緒形拳主演）撮影中のことだった。二代目彫芳のもとに1年半通いつめ、渡辺綱が鬼退治をする「羅生門」の図柄を彫ったのだ。

「映画は毒が必要だ」

と言い、テレビの出身ながら根っからの映画人以上に活動屋魂を持って、つねに観客への徹底したサービスにつとめた型破りな個性派が五社英雄であった。

川越市の東陽寺にある五社の墓には、井伏鱒二の名訳とされる、中国の于武陵の詩、

《花に嵐のたとえもあるさ
　さよならだけが人生だ》

が刻まれている。

# 竹中 労《たけなか・ろう》

ルポライター・平成3年5月19日没63歳

## 病没寸前、取材地・沖縄で楽しそうに踊った〝喧嘩屋〟

破天荒、型破り、異端、無頼、豪傑、叛骨……ひと昔前なら、こうした言葉で形容される変わり種、おもしろい人物はどの世界にも必ず存在したものだが、近頃はめっきり少なくなった。なにしろ、アウトローのご本尊であるヤクザの世界とて同様で、求められるのは〝ひとしなみ〟で、彼らの隠語でいう〝ヤクネタ〟（決して肯定的な使われかたではないのだが）――ハチャメチャな人物が消え去って久しい。

われらが物書きの先達にも、かつては滅法おもしろい型破りの御仁がいて、今ではめったにお目にかかれなくなった典型――その人の名を竹中労という。

ルポライター（この語の命名者でもある）の元祖で、〝喧嘩屋〟の異名をとり、権力・体制に嚙みつき、偉い人を斬り、組織を嫌って、

「人は無力だから群れるのではない。あべこべに、群れるから無力なのだ」なる名言を残した。

その死にざまも生きざま同様、苛烈であり、壮絶なものだった。

竹中労が体調を崩し東京・神田の三井記念病院に緊急入院、「胃癌、肝硬変、重度の糖尿病、食道静脈瘤も発見され余命3年長くて5年」と診断されたのは昭和62年8月、59歳のときである。

この時分、竹中は頻繁にパレスチナやリビア、中東へと行っており、日本赤軍の重信房子に取材して彼女の半生記を週刊誌に連載したり、リビアで開催された「マタバ／環太平洋国際革命家フォーラム」の議長として基調報告をしたりしていた。

余命宣告後も、竹中は中東、リビア、アジア、沖縄と駆け回り、雑誌や単行本の執筆、テレビ出演などの仕事を精力的にこなした。翌63年6月には、胃痙攣、呼吸困難、肝性脳症を併発し緊急入院、腹膜炎も併発して入院は1カ月に及んだ。

それでも退院後の同年10月には、こよなく愛し、終生のテーマでもあった沖縄に取材旅行を敢行。その後も入退院を繰り返し、90キロあった体重も50キロに減っていたが、その口から弱音が吐かれることはなかった。

今すぐやりたい仕事は、「日本赤軍」「満映（満州映画）」「大杉栄」を書くことだ——と言い、ライフワークとも言うべき3部作執筆等への意欲を示した。

平成2年11月11日、東京・南青山で竹中労の『「たま」の本』（小学館）の出版を祝う会が開催されたが、結局このパーティが、竹中と会った最後となった——という知人・友人も多かった。

新右翼「一水会」顧問で思想的立場を超えて親交があり、『竹中労——左右を越境するアナーキスト』（河出ブックス）の著書もある鈴木邦男もその一人だった。

「痩せてはいるけど、そんなに悪いとは思わなかった。ときどき入院するけど、絶対見舞いには来ないでくれと言うので、弱々しい姿は見られたくないんだな、竹中さんらしいと思ったし、気が張っていて闘志に満ちているとも感じられた。この5カ月後に亡くなるなんて夢にも思わなかった」

「たま」とは竹中がいれこんだバンドの名で、『「たま」の本』が生前刊行された最後の著作となった。

竹中がTBSテレビ『平成名物・いかすバンド天国』の審査員をしているとき、このバンドを知り、「どのバンドより彼らは、ユニークでしかも普遍的な、人生の夢まぼろしを謡《うた》っていた。滅びのうた、と言ってもよい」と惚れ込み、雑誌で取りあげ、彼らと対談したりしているうちに、ファンから懇願され本を出す破目になったという。竹中のサービス精神であったろう(本来が心やさしき人だった)。

## 病院の「制止」を強行突破して…

平成3年が明けるとすぐ『歌白書91／南島歌謡論』取材のため沖縄・奄美へ赴き、2月はNHKBS『沖縄・魅惑のサウンド』制作のため再び沖縄へ。3月に三井記念病院へ緊急入院、4月、雑誌『エスクァイア』の南島音楽特集のため三たび沖縄に向かった。

この最後の沖縄行きのときはとても外出できるような状態ではなく、病院側も危ぶみ阻止しようとしたのだが、竹中はこれを強行突破。病院で腹水と胸水を抜いてもらい、付き添い看護師同行のうえ航空会社に誓約書を提出、機上の人となったのだ。

沖縄でも竹中は車椅子での移動で、その振動が胸部に伝わると激痛が走るありさまなのに日程をよくこなしたのは気力以外の何ものでもなかったろう。

連日、島うたを聴き、旧知の歌い手たちから話を聞き、会食するという重病人には到底無茶なスケジュールだった。

が、竹中は若い時分から愛してきた島うたに日々浸って、感極まったのだろう、人目も憚らず涙を流した。同行した編集者が仰天したのは、旧コザの児童公園でコンサートがあったときのこと。フィナーレでカチャーシー(踊り)になったとき、ソファにぐったりしていた竹中が、突如立ちあがり、うれしそうに踊りの輪に加わったというのだ。それは奇跡というよりなかったろう。

その無理がたたったのか、竹中が大量の血を吐き、徳洲会病院へ緊急入院したのは、それから数日後のことだった。食道静脈瘤からの出血である。その後、小康を保ち、医師同伴で、帰京し三井記念病院に再入院、最後までエスクァイア誌の原稿を書く気でいた。

病室のカレンダーにも、4月29日の欄に、「エスクァイア執筆開始」と赤字で記されていたという。

だが、その思いはついにかなわず、竹中労は平成3年5月19日午後9時58分、肝臓癌のため永遠の眠りに就いたのだった。

最後の沖縄行きの前、パートナーの石原優子（夢幻工房）、近藤俊昭（弁護士）、井家上隆幸（文筆家）、大村茂（カメラマン）の立ちあいのもと、作成していた遺言書には「いたずらな延命措置は一切無用」「死に顔は4人以外はだれにも見せるな」「通夜、葬式一切無用」等々とあった。

竹中労の柩は、アナーキストの戦士を意味する黒旗で覆われた。遺骨はその一部が、甲府の父・英太郎の墓へと埋葬された。父の墓に刻まれた墓碑銘には、墓碑銘という性格上、原文のまま紹介すれば「せめて自らにだけは恥なく瞑りたい（穢太）」とあり、英太郎が生前自ら記したものだった。

また遺骨の一部は、竹中が生前、遺書のように書いた「余死なば舎利骨灰を名護浦の薔薇色の残照に、宮古・与那覇の前浜に、八重山の白帆の海岸に撒き棄てよ」に従い、沖縄の離島・波照間の群青の海に散骨されたのだった。

# 檀 一雄《だん・かずお》

## 作家・昭和51年1月2日没63歳
## 天然の旅情の赴くまま生きた最後の無頼派の傑作とは…!?

酒と旅と女を愛し、妻と5人の子どもがありながら愛人と暮らし、めったに家には帰らず、「われ天涯にただ一人」と天然の旅情の赴くままに世界中を放浪し、その果てに、肺癌により63年の生涯を閉じた大浪曼派作家・檀一雄。

この明治生まれで、昭和に伝説として残る破滅的な生涯を送った作家が残した最高傑作とは何か？

やはり20年をかけ、最後は病床で口述筆記により完結させたという、檀の代名詞ともなった『火宅の人』か。あるいは三島由紀夫の愛読書でもあったというリリシズム溢れる『花筐《はなかたみ》』か。もしくは最初の妻をモデルにした連作『リツ子・その愛』『リツ子・その死』だろうか。それとも若い時分のわれわれわれを熱狂させた『夕日と拳銃』？　答えはすべて否《ノー》である。

では、檀の最高傑作といえば、答えは簡単、「檀ふみ」に決まっているだろうが。

言わずもがな、檀の娘でいまだ独身の才色兼備の女優である。檀ふみのデビュー作は東映任俠映画、われらが健さんの『昭和残俠伝破れ傘』。唐獅子牡丹シリーズラスト9本目の作品だ。

もともと東映の重役・坪井与《あたえ》が檀一雄の旧制福岡高校時代以来の親友、後には東映の社長にまでなる同京都撮影所長の高岩淡が檀の異父兄弟という関係で、作家と東映とは縁が深かった（『夕日と拳銃』も東映で映画化されている）。

たまたま女子高生のふみが叔父の高岩淡を訪ねて東映京都撮影所に出向いた際、この美少女に眼を留めたのが、かの任俠映画の大プロデューサー・俊藤浩滋だった。そのスカウトによって彼女のデビューが決まった。

父の死に、檀ふみは、告別式の夜、

「世界一のすばらしいチチでした」

と嗚咽《おえつ》をこらえ、声を絞りだすようにして言った。

また、檀が肺癌になって初めてその作品を読んだという彼女は、その死の1カ月前、父という男について、こう告白している。

「私の母を裏切った男性でもあるけど、すごく魅力のある男性的な人です。ああいう天真爛漫な男性ってほかにもいないのかなあと思うんです。そのせいか、ほかの男性と会ってもアラばかり見えてしかたがないの」（『週刊女性』昭和51年1月27日号）

つまり、父の檀一雄という男を基準にして世の若い男どもを見てきたから、彼女の目には万事物足りなく映ったのだろう。おのずと理想の男のハードルも高くなってなかなか結婚に踏みきれない彼女がいる——などとしたり顔で勝手なことを言っても始まらないが、檀一雄と比べられる身こそ不運というべきである。

それほどスケールの大きい魂の自由奔放さをもって生きた作家が檀一雄であったからだ。

## 凄まじい激痛にも麻酔薬を拒否

《この火宅の夫は、とめどなくちぎれては湧く自分の身勝手な情炎で、我が身を早く焼き尽くしてしまいたいのである。しかしかりに断頭台に立たせられたとしても、我が身の潔白なぞは保証しない。いつの日にも、自分に吹き募ってくる天然の旅情だけには、忠実でありたいからだ》

《破局であれ、一家離散であれ、私はグウタラな市民社会の、安穏と、虚偽を願わないのである。かりに乞食になり、行き倒れたって、私はその一粒の米と、行き倒れた果の、降りつむ雪の冷たさを、そっとなめてみるだろう》（『火宅の人』）

放浪癖は若き日の中国大陸に始まって、南氷洋、西欧からモロッコ、アルジェリア……昭和45年からはポルトガルの避暑地サンタ・クルスの浜で1年4カ月もの逗留《とうりゅう》に及んだ。

昭和49年夏、放浪の旅の終わりに、檀が選んだ地は故郷の柳川にも近い博多湾に浮かぶ能古島だった。移り住んで1年ほど経った昭和50年6月、檀は背中に激痛を覚え、九大病院に入院する。

だが、実はもうこのとき肺癌はかなり進行しており、右肺に赤ん坊の頭ぐらいの病巣があり、すでに肋骨にも転移していて手のつけられない状態だったという。医師の見立ては余命半年というものだった。

檀自身、1年くらい前から自覚症状があったのだが、大の医者嫌い、自分で勝手に神経痛と判断し、酒で紛らわしていたといわれる。入院時には治療のしようもなく、病院としては痛みを和らげるために神経ブロックの手術を施すしかなかった。術前の痛みといったら、死んだほうがマシと思われるほどの激痛なのだが、檀はひと言も痛いとは言わなかった。

本人に癌の告知はされなかったが、11月、週刊誌に「悪性の腫瘍」と書かれたのを読んで、それと悟ったのは確かなところ。一時的なショックを受けても、最後まであきらめず癌との闘いに挑んだのであった。

12月に入ると、脊髄が侵され、下半身の麻痺が始まった。痛みもぶり返し、いつ死んでもおかしくない状態となった。凄まじい激痛が起きていたはずなのだが、檀があくまで麻酔薬を使おうとしなかったのは、麻薬中毒で苦しんだ親友の太宰治や坂口安吾の姿を見ていたからだった。

どれほどつらくとも、見舞客の前では陽気に振るまい、家族の前でも、

「オレは頭はまだハッキリしてるから、車椅子さえあれば何でもできるんだ」

とトイレもシャワーも極力一人で行おうとしたという。暮れの28日には少し容態を持ち直し、ベッドに仰臥《ぎょうが》したまま、色紙に、

モガリ笛　いく夜もがらせ　花ニ逢はん

と筆で書いた。この句が檀の絶筆となった。

31日の夜から危篤状態に陥り、1月1日の夜、鼻に掛けた酸素吸入の管をすぐに外してしまう檀に対して、付きっきりの看病をしてきた三男の小弥太が、

「父さん、酸素外したら余計息が苦しくなるよ」

と再び管を掛けると、

「父は、とっても眠いんだから、もう寝たいです」

と応えたという。

檀一雄が永遠の眠りに就いたのは、昭和51年1月2日午前10時38分のことである。享年63。

葬儀は1月10日、東京の青山斎場で行われ、文藝家協会代表の伊藤桂一、友人代表の尾崎一雄に続いて祭壇に向かった保田與重郎が弔辞をこう述べた。

「……奔馬空をゆくさながらに、少年天下を風靡した君の文業は、絢爛の寂寥、無頼の信実と、すべてが君に於て、混沌と雑居だった」

# ポール牧《ぽーるまき》

タレント・平成17年4月22日没63歳

## 男気あふれる喜劇人が挑んだ「空飛ぶ空中指パッチン」

〝指パッチン〟でお馴染みの、今は亡き喜劇人・ポール牧は、私の知る限り、なかなかに男気があり、気骨のある人だった。

東京・新宿に、私も親しくさせてもらっていたＩという任侠人（故人）がいて、彼はポール牧と兄弟分の縁を結んでいたのだが、その結縁《けちえん》のいきさつが面白かった。

Ｉ親分はポール牧が新宿で経営していたクラブの常連で、ある夜、店でトラブルがあり、客同士、一触即発の状態になったことがあった。渡世人同士、しかも一方が大物とあってただでは済まず、今にも血の雨が降りかねなかった。

そのとき、自らの指を詰めて事態を収拾したのがＩ親分だった。自分の店で大ごとになるところを、その寸前、Ｉ親分によって救われたポールは大感激。Ｉにぞっこん参ってしまった。

「Ｉさん、兄弟分にしてくれないか」

と頼みこんだのだから、半端な惚れこみようではなかった。申し出に驚き面喰らったのは、親分である。

「何を言ってるんだよ。有名な芸能人がそんなことをしたら、暴力団と黒い交際とか言われてマスコミの格好の餌食になってしまうよ」

と、当初は取りあわなかったのだが、ポールは、

「誰に何を言われても構わない。Ｉさんは男の中の男。そんな人との兄弟分の縁は、誇りにこそ思え、恥じることは何もない」

と譲らなかった。これにはＩも根負けすると同時に意気に感じて兄弟分となるのだが、ポールはそれを誰にも隠しだてしようとしなかった。周りに誰がいようと、どんな場所でもＩと会えば「兄弟！」と大声で呼ぶのがつねだったという。

また、ポールは新右翼思想家の野村秋介とも縁があって知りあい、親交を結んでいた。平成４年、野村は「風の会」を旗あげし、参院選に出馬、そのとき、候補者の一人として白羽の矢を立てたのが、ポールだった。

野村の信奉者ではあったが、ポールはその誘いを、

「芸人たるもの、政治に参加すべきではありません」

と言下に断り、さらに、

「そこまで堕ちたくありません」

とズバリ言ってのけた。

野村は怒るどころか、

「それはいい」

と大笑いして喜んだ。もともと野村は自分の幅広い交友関係を称して「上はヤクザから下は大臣まで」と広言するような男だったから、「その言やよし」とますますポールを気に入ってしまったのだ。

北海道・天塩町の禅寺に生まれ、幼少時から「俊玉《しゅんぎょく》」の僧名を持っていたポールが小僧時代、何かと悩んでいたとき、フランスの劇作家マルセル・パニョルの、

「喜劇役者とは、工場から油にまみれて家路を急ぐ人たち、親兄弟子供に先立たれた人たち、そういう人たちに、たとえ一時でも、ほほえみとやすらぎを与えてあげられる者、そういう人たちを喜劇役者といい、そう呼ばれる」

という言葉に触発され、喜劇人を目指して上京したのは17歳のとき。漫談家・牧野周一に弟子入りして苦節10年、関武志とコンビを組んだ「コント・ラッキー7《セブン》」が当たり、人気芸

人の仲間入りを果たした。軽妙な話術と独特の動きで指を鳴らす〝指パッチン〟の芸で一世を風靡する。その一方で、平成8年、実兄の死を機に再び得度し、本名の榛澤一道《はんざわかずみち》から取った「熙林一道《きりんいちどう》」を名のった。〝芸人僧侶〟として新境地を開き、年間200件以上の講演等をこなし、北海道から沖縄まで東奔西走、多忙を極めた。

## 最後までバカをやるのが芸人

だが、そんななか――平成12年11月、銀座のクラブホステスによって、そのセクハラ行為を告発されるという騒動に巻きこまれた。以来、講演のキャンセルが相次ぎ、仕事も激減したという。

ポール牧が、新宿の自宅マンション9階から飛び降り自殺したのは、平成17年4月22日未明のことだった。

病院に搬送された遺体は凄惨な死の様子を物語っていた。顔はほとんど無傷であったが、首の後ろの部分（盆の窪）から背骨が突き抜けていたという。

前夜、ポールと最後まで一緒にいたのは、マネージャーのK氏。2人は焼き肉屋で食事をし、行きつけのスナックで飲んで、別れたのは午後8時ごろだった。マネージャーの目に、ポールは口数が少なく、暗い感じで元気がないように見受けられた。この日、所属していた芸能事務所の社長から、働きぶりの悪さを指摘されたことも影響していたようだ。が、思いつめた様子はなく、まさか自殺するとは思えなかったという。

一人暮らしのポールは、自宅に帰った後、ビールや焼酎を飲み、抗鬱剤を服用したようで、その確たる形跡もあった。彼は10年ほど前から鬱病を患い、睡眠薬を常用、前年末、前所属事務所を辞めたころから症状が重くなっていたという。

「芸人は家庭を顧みたら終わり」との芸人哲学をもち、愛人を作って家庭に目を向けず、4度の結婚離婚を繰り返したのも、その実践であったろうか。

「最後までバカをやるのが芸人」

との信条を貫き、お笑いの若手集団である〝ポール軍団〟を作る夢を抱いて、最後まで喜劇人であることにこだわり続けたポール牧。その彼の人生最後のステージとなったのが、自宅マンションのベランダであった。

Kマネージャーによれば、死んだとき、ポールは上下とも白の作務衣、黒い羅紗《ラシャ》の陣羽織というステージ衣裳に着替えていたという。

では、なぜ、彼は飛び降りたのだろうか。

《それは、空飛ぶ空中指パッチンの練習をしていたからだ。

単純に酒を飲みすぎて、いつものようにリタリンを服用し、朦朧とした中で気分がハイになって、自分は空が飛べると思ったのだろう。

（中略）芸人の究極のオプティミズムである》（『紙の爆弾』平成17年7月号）

という愛情のこもったジョークで、哀悼の意を表したのは、ポールをよく知る友人の出版プロデューサー高須基仁だった。

なるほど、空飛ぶ空中指パッチンか……。降下する間中、彼は観衆の笑いの渦に包まれ、鳴り止まぬ拍手喝采を聞いたことだろう――そう思いたい。

# 牧田吉明《まきた・よしあき》

ピース缶爆弾製造犯・平成22年5月29日没63歳

## 無頼になりきるには知的すぎ知的になるには無頼すぎた男

牧田吉明が急性心筋梗塞のため救急車で岐阜市民病院に搬送され緊急入院の身となったのは平成22年5月15日のことである。

「胸が苦しい。ひどく痛いんだ」

という牧田の訴えを聞いた友人の細川医院・細川嘉彦院長がすぐさま手配したものだった。主治医に付いたのも、細川の高校の同級生であった。

が、世の常識、体制や権力といったものに悉く逆らい続けてきた、この天性の反逆児、予断を許さぬ病状でもおとなしく入院しているタマではなかった。

「主治医の言うことをちゃんと聞いて、いい子で治療に専念してくださいよ」

という細川との約束も、1週間で破られた。主治医が提示する「冠動脈インターベンション」（カテーテル挿入）の治療法を、牧田は拒否して医師と喧嘩、5月22日、さっさと病院を脱走し、帰宅してしまうのだ。

主治医から報告を受けた細川は、牧田と連絡をとり、「牧田さん、まずいですよ、ちゃんと治療しなきゃ」。

難詰したが、牧田は、

「いや、細川よ、つい苦しさのあまり、救急車を呼んでしまったが、われながら情けない。今度は絶対にそんなことはしないから」

と恥じいるように応えた。救急車を呼ぶのは、「世の拗《す》ね者」を自任する男の美学に反すること――との意識が、牧田には強くあったのだ。

「けど、牧田さん、それじゃ、自殺行為ですよ」

と、牧田の最大の支援者でもあった細川は、その身を心から気遣った。

が、病院脱走から5日後、牧田は細川に内緒で、まさにその自殺行為に等しいことをやってのけた。知人・友人を自宅アパートに招集、酒盛りを催したのだ。

その中に細川の後輩も交じっていたので、後で話を聞いた細川はさすがに絶句するしかなかった。それから3、4日間ほど牧田から連絡もなく、携帯もつながらなくなった。心配になった細川は、後輩に牧田のアパートを訪ねさせた。6月1日午前中のことだった。

牧田の部屋を訪ねた後輩がそこで見たのは、彼の変わり果てた姿であった。牧田は再び心筋梗塞の発作を起こしたにもかかわらず、宣言通り、あえて救急車を呼ばなかったのだ。己の美学に反して生にしがみつくより、自分らしい死にざまを選んだ男が牧田だった。それは実質的な自死であったろう。享年63。

## ダムのほとりで自炊生活も経験

牧田吉明は昭和22年3月7日、三菱重工業社長・牧田與一郎の四男として生を享け、成蹊大学時代から三派系全学連の共産同《ブント》社学同に参加、学生運動で勇名を馳せたアナーキスト、新左翼活動家として知られる。

牧田を有名にしたのは、なんといっても「ピース缶爆弾事件」。警視庁土田保警務部長夫人が殺害された土田邸事件ほか3つの爆弾事件で、新左翼活動家18人が逮捕、起訴され、その公判継続中の昭和57年5月、牧田が自ら、

「自分たちがピース缶爆弾を製造した」

と公判で証言したのだ。

事実、牧田は爆弾を約100個作って、昭和44年10月21日までに赤軍派や共産同《ブント》戦旗派ら3つのグループに提供していた。

牧田証言の信憑性《しんぴょうせい》は疑うべくもなかったため、一連の爆弾テロ事件の被告18人は、昭和60年12月、全員無罪が確定した。

一方で、牧田の行為についても、すでに公訴時効が成立していたので、検察は牧田を逮捕、起訴することは叶わず、大失態となった。

牧田はもともと楯の会一期生の阿部勉とは学生時代から、当時の東京12チャンネルディレクターの田原総一朗の取材を通して知りあい親友になったのだが、昭和55年頃以降は他の新右翼とも急接近、野村秋介とも交流を持つようになる（野村が親交を結んだ中上健次を野村に紹介したのも牧田で、牧田と中上は新宿フーテン時代の仲間だった）。

平成4年6月、野村が「風の会」を組織して参議院選挙に打って出たとき、「『風の会』は既成の右翼じゃないイメージで闘う」と、候補者の一人として白羽の矢を立てたのが牧田であった。野村の要請に対し、牧田は快く承諾したのだが、内部の反対で潰れてしまう。それでも牧田は怒るどころか、「それなら推薦人として」という虫のいい頼みをも聞きいれ、「風の会」に協力、応援を惜しまなかった。それほど野村に惚れこんだのだった。

また一方で、敬愛する60年安保の輝ける全学連委員長・唐牛健太郎が闘争後、さすらいの人生を歩んだように、牧田も流浪を重ねることになる。

長野県安曇郡小谷村で山小屋「ぐわらん洞」を経営したり、北海道小樽の農場（「山猫農場」と命名）でオリジナルブランド「山猫ワイン」を作り、札幌市琴似で居酒屋「ＫＡＺＥ」をオープンしたりするがいずれも失敗、京都・綾部に移住したこともあった。

その後、岐阜県白川郷付近の御衣ダムのほとりに丸太小屋を借りて自炊生活を送ったり、念願のネパールに移住し長期滞在したのも晩年のことであった。亡くなる1年前、平成21年7月から、長野・白樺湖畔の観光ホテルに勤務、名刺には「総務部付チャタレイ夫人のいない庭番」とあった。

それも8カ月後の平成22年3月に解雇され、岐阜市内に転居したのは、前述の支援者・細川医師の存在があってのことだった。

もともと細川医師は民族派シンパで大の野村秋介ファン。牧田と親交のあった地元岐阜の民族派・花房東洋氏の紹介で、牧田との縁はできたのだが、

「野村秋介さんとの深い交流を知るにつけ、牧田さんに惹かれましたし、また野村氏への牧田さんの思い入れの強さにも打たれましたね。牧田さんが酒を飲むと、いつも泣きながら語ってくれたのは、野村秋介と唐牛健太郎のこと。この2人こそは、正真正銘の男だった――って、言ってましたね」

と細川医師。世間からは「三菱重工業社長の造反ジュニア」「爆弾屋」「お騒がせ男」との

ありがたくないレッテルを貼られ続けてきた牧田吉明。その実、破天荒・粗野に見えても品格の良さは隠しきれず博覧強記、根底に真摯な志を持ち続けた男だった——とは細川医師の評である。

「無頼になりきるには知的に過ぎ、知的になりきるには無頼すぎる男が、牧田吉明という人物でしたね」

# 波谷守之

はだに・もりゆき

## 波谷組組長・平成6年11月2日没64歳
## 「最後の博徒」と謳われた侠客〝美学〟を貫徹した最期とは…

「最後の博徒」と謳われた波谷組・波谷守之組長は、なぜ拳銃自決を遂げたのだろうか。

確かに彼のような博奕一筋に生きる昔気質《むかしかたぎ》の一徹な博徒には、随分生きにくい世になっていたのは紛れもない事実である。そんな住みづらい時世にさっさと見切りをつけ、自ら命を絶ったというのだろうか。

いや、さにあらず、それは頑ななまでに義に生き、筋を通した男にふさわしいけじめのつけかたであり、〝波谷美学〟の完結ではなかったのか。

大阪市阿倍野区播磨町の波谷の自宅兼事務所から、組員による、

「組長が頭から血を流して倒れている」

との110番通報があったのは、平成6（1994）年11月2日午後3時35分ごろのこと

だった。

阿倍野署員が駆けつけたところ、波谷が1階奥8畳の寝室で、布団の上に横になった姿勢で、頭から血を流して死んでいた。

使用したと見られる5発装弾の38口径回転式拳銃が枕元にあり、弾倉に弾丸は4発残っていた。その拳銃で頭部を撃ち抜いたのであろう、弾丸が右こめかみから左こめかみにほとんど直進して貫通し、8畳間の壁にめりこんでいたという。

遺書はなかったが、覚悟の自殺であったろうことは、利き腕で銃口をこめかみに当て、銃身をほぼ水平に構えていることからも窺えた。

自裁した11月2日、波谷は未明まで知人と囲碁を打っており、いつもと変わらず思いつめた様子はなかった。ただ、波谷組関係者によると、2カ月ぐらい前から考えごとをしている様子が目につくようになっていたという。

その自裁は囲碁を終えたあと、未明から午前中にかけてのこととされるが、そのとき、波谷の胸中に去来したものとは何だったのか。波瀾の64年の生涯が走馬灯のように駆け巡ったのであろうか。

確かなことは、また一人、俠気が匂いたつような本物の博徒、伝説の親分がこの世を去ったという事実だった。

波谷守之は昭和4（1929）年11月、広島県呉市阿賀町の生まれ。昭和20（1945）年春、15歳のとき、父親の許しを得て、広島一の博徒と評された渡辺長次郎の盃を受けた。

「この親分が生きていたら、広島の『仁義なき戦い』は起きなかっただろう」と言われるほど、広島で絶対的な力と人望のあった最初の親分・渡辺長次郎が被爆で死亡したあと、波谷は故郷の阿賀町に帰り、渡辺の舎弟・土岡博の盃を受けた。土岡組長率いる土岡組は昭和25（1950）年ごろまで呉市で最大勢力を誇った。が、新興勢力の山村組との抗争で、昭和27（1952）年6月、土岡は山村組の刺客に射殺され、土岡組は破滅していった。

## 勝ち負けにも態度を変えず

当時、殺人未遂罪で服役中だった波谷が、広島刑務所を出所したのはその2年後のことで、彼は親分の仇討ちのために山村組に壮烈な戦いを挑むのだ。

広島〝仁義なき戦い〟に名を留める「無人島殺人事件」や「小原馨組長射殺事件」が引き起こされた。

「私は初めから利害とか勝つこととかは一つも考えずに、『義』のために最良の死に場所を求めていたのです。親分・土岡博が殺され、刑務所の中で考えに考えた末、死ぬことが義であり男道であるという結論に達していたのです」（正延哲士『最後の博徒』）

とも、波谷は述べている。

が、またも悲劇が波谷の身を襲った。小原馨組長射殺事件の報復で、実父が小原組組員に射殺されるという惨劇が起きるのだ。波谷がその悲報を聞いたのも獄中だった。

昭和34（1959）年、岡山刑務所を出所した波谷は、実父の仇討ちを胸に秘めて西日本の各地の賭場を渡り歩いた。波谷は、親分衆の間で、「古風な美学を持った本物の博徒」として大層評判を呼んだものだ。

波谷が「最後の博徒」と呼ばれたのは、生涯、博奕以外のシノギに手を染めなかったからだが、もうひとつ、賭場における所作が際だって見事だったことにもよる。他の者が度肝を抜かれるようなケタ外れの博奕を打った挙句、勝っても負けてもその態度は終始一貫変わることはなかったという。

「胴師との勝負に命を賭けた文字通りの博奕打ち、大勝負師。胴師が勝って、資金が溜ったころを見計らって一発勝負を挑み、一発で胴を食ってしまう。だから、『頼みますから、あんた、張らんでください』という胴元もいたという話ですよ」（消息筋）

こんな賭場の金をまるごと乗っとるような波谷の激しい博奕が、徳川吉宗の落胤《らくいん》と称し幕府を乗っとろうとした天一坊にも喩えられ、波谷が大阪の博徒たちから「天一坊」とも称されたゆえんであろう。

私が波谷と会ったのはあとにも先にも2回。大阪と東京でお会いしたのだが、大阪でミナミの高級クラブへ連れていってもらったときのことは鮮烈な印象として残っている。

波谷の親分は着流し姿でクラブを何軒かハシゴするのだが、その道すがら、呼びこみやら地まわり、地元のヤクザと思しき多くの者たちと出会うことになる。その誰もが波谷の親分と認めるや、サッと緊張感が漂い、「今晩は」と腰を折ってくるのだが、私の目からも、明らかに畏敬の念を抱いている様子がありありと見てとれた。

そのたびに親分も、「今晩は」と挨拶を返すのだが、気さくそのものだった。

かねて他の代紋の者たちの間でも、「あれこそヤクザの鑑《かがみ》」と偶像視されてきた親分とは聞いていたが、そのことを目のあたりにした思いがした。

昭和52（1977）年、殺人教唆などの容疑で逮捕され、懲役20年の判決を受けたが、最高裁で無罪が確定し、8年ぶりに出所した冤罪事件もよく知られている。その金沢刑務所服役中に、全巻読了した本が『吉本隆明全集』で、波谷は、

「吉本隆明という男は本物だ」

と語っていたという。彼の人間を見る価値基準は、本物か偽者かでしかなかったようだ。

賭場を去ることを、博奕用語では、「場を洗う」というそうである。

人生という賭場における波谷の最後の所作——場の洗いかたもまた、いかにも「最後の博徒」らしい見事さだった。

# 三上 卓

みかみ・たく／たかし

## 民族派の聖歌を作ると同時に25歳にして残した壮絶な遺書

五・一五事件主謀者・昭和46年10月25日没66歳

70年安保を前にして学生運動華やかなりしころ、新左翼活動家の革命歌といえば、〽起て餓えたる者よ、今ぞ日は近し——の『インターナショナル』。

それに対し、維新革命を志した民族派青年たちにとっての聖歌は、〽汨羅《べきら》の淵に波騒ぎ巫山《ふざん》の雲は乱れ飛ぶ——の『青年日本の歌』（『昭和維新の歌』とも言う）であった。世は左翼全盛、昭和43年、10・21の新宿では騒乱罪まで適用され、まさに赤色革命前夜ともいえる時代、絶対少数派の民族派学生は圧倒的多数の左翼と対峙して、この歌でどれだけ心を奮い起たせられたことであったろうか。

二・二六事件で決起した青年将校に歌われ、いまも維新者や革命家の間で歌い継がれる『青年日本の歌』。この歌を作ったのが、昭和7年、犬養毅首相を射殺した五・一五事件の主謀者として知られる海軍中尉・三上卓であった。

三上が『青年日本の歌』を作詞したのは（作曲・佐世保海軍鎮守府軍楽隊）、五・一五事件の2年前、佐世保鎮守府時代の25歳のときで、戦後、三上はこの歌を作った思いを句にして、「夏潮にいのちをこめて作りし歌」と詠んでいる。

また、三上が遺書を認めたのも、同じ年であった。

《……世を挙げて為政者の残虐に呻吟する無辜《むこ》の民幾万なるを知らず、名利の徒遂に社稷《しゃしょく》を救う資格なきを思えば我が心熱して已《や》む能《あた》わず、憤を発し険を冒し赤手もて日本に致《いた》さんと念願すること数回なり、死生既に眼中に無し、また家郷を思うの閑心あらむや、我が死後我を弔うの士あらば一掬《いっきく》の涙を流すを息《や》めて唯々日本廓清《かくせい》の大業に粉身せよ。天命は克《よ》く人為より成る。

天命と義憤を載せて行く船の帆に風なきは悲しかりけり》

〽混濁の世に我れ立てば　義憤に燃えて血潮湧く
この三上の志、日本廓清という初一念は、2年後に五・一五事件を起こさしめ、それは入獄、出獄後の戦中戦後を通しても一貫として変わらず、死ぬまで昭和維新の夢を見続けた。

そんな三上に魅了され、多大な影響を受けた民族派青年も数多く、戦後の新右翼の教祖・野村秋介もその一人だった。野村は三上を師と仰ぎ、終生、尊敬の念を抱き続けた。

三上が66年の生涯を閉じたのは昭和46年10月25日のことだが、そのとき野村は河野邸焼き討ち事件で懲役12年の刑を受け、千葉刑務所に服役中の身であった。この千葉刑務所の野村のもとへ、三上が面会に訪れたのは、死の1カ月前のことだった。

師との6年ぶりの再会が野村をいたく感動させたのはいうまでもないが、同時につねならぬことが多々重なって、野村を不思議がらせることになる。

## 絶筆の「円」に込めた哲学とは

まず1時間にもわたって面会が許され、師と心ゆくまで語りあえたこと。そればかりか、普段は寡黙な三上がこの日に限って多くの言葉を紡いだことも、野村には驚きであった。その10日ほど前、三上が自作の俳句50句を送ってくれたこともかつてなかったことで、一句一句が野村の胸を打った。その末尾の句が「只一人乱世の雄出でよと海にいのる」であった。

面会では、天皇論から始まり、三島由紀夫のこと、新左翼の擡頭について、行動右翼のこと、また獄中坐禅のことなどに話が至って大いに盛りあがり、野村はその日の日記に、

《……しかしすごい眼だ。この人の視線は実にいい。炯々《けいけい》というのはこのことなのか。キラキラ光っていながら瞳孔はピタリと動かない。それでいて仄かなぬくもりさえ湛えているのだ》

と書いた。この面会が野村にとって師との最後の語らいとなったのだった。

それから1カ月後の10月25日午前、三上の姿は中伊豆町の旅館、萬城苑にあった。萬城の滝のほとりにある同旅館に、三上は前夜から宿泊し、この日は西伊豆の友人を訪ねる予定であった。午前中はゆっくりとし、昼ごろ、宿の主人に揮毫《きごう》を乞われるままに、三上が一筆で描いたのは、大きな○（円）であった。これが三上の絶筆となった。

翌年、同旅館を訪れ、その書を観た大東塾の影山正治は、こう記している。

《円（まる）には、三上流の哲学をふくめて書いたわけであろうが、死の三時間前に三上卓の書いた絶筆が大きな円（まる）一つであったとは面白い。まさに『大団円』の表明とこそ云ふべきであろう》（『道の友』昭和47年9月10日号）

同日午後3時を過ぎたころ、迎えの車が到着し、三上は宿を出発。再び萬城の滝を眺め、駐車場へ向かう山道を登った。登りきったところで、突如膝を折り、頽《くずお》れるように倒れた。

そのまま三上は二度と起きあがることはなく、同日午後3時20分ごろ、66年の生涯を閉じたのだった。心臓麻痺であった。

その死を「荘厳なる大往生」とし、《その生きかたもさることながら、その死にかたの見事さはどうだ》（『新勢力』昭和47年2月三上卓追悼号）と感嘆の声を記したのは中村武彦で、三上作の「言の葉は終りぬ梅花凜々と」という句の気持ちのとおりの死であった――とも悼んでいる。

三上卓は海軍兵学校時代から「むく犬」とあだ名されるほど寡黙な男として知られており、戦後の昭和28年、皆の反対を押しきって参院選に立候補したときも、政見放送では尺八を吹くだけでひと言も喋らなかったという逸話が残っている。だが、もともと中学時代は弁論部にいたほどで弁が立ち、必要とあれば雄弁家となった。

それがいかんなく発揮されたのは、五・一五事件の法廷陳述の場だった。陳述は3日間にわたって行われ、革命の意義について自説を述べることから始まって、海軍兵学校の話、事件を起こした動機、背景、事件の詳細等々をのべ6時間、滔々《とうとう》と述べた。ほとんど三上の独演会であった。

一方で三上は、短歌、俳句、墨絵、油絵、書をものし、尺八を吹き、音楽にも造詣が深く、茶道をたしなみ、ビリヤードもうまく、英語や中国語に堪能という粋人で、雅号は「大夢」。数多く作った俳句の、「野火赤く人渾身の悩みあり」は代表的な一句である。

獄中で三上の死を知った野村秋介は、「白菊の白が溢れてとどまらぬ」と句を詠み、師を悼んだのだった。

# 影山正治

かげやま・まさはる

## 大東塾塾長・昭和54年5月25日没68歳
## 元号法制化を訴え、武士の作法で自決した「純正右翼」

昭和54年5月25日、大東塾塾長の影山正治の最後の日記に記されていたのは、

《午前3時40分過出発。ただこれ神命のまにまに行く》

との簡潔な文章であった。

同日午前3時40分過ぎ、前夜からこもっていた東京・青梅市の大東農場内にある大東神社社務所を出た影山は、その後で同神社、十四士之碑、合祀之碑、日韓合邦記念塔等を順に拝して祈念したのではないか——とは、門下の推測である。

祈り終えた午前4時半、ちょうど東の空が赤く染まったころ、影山は十四士之碑の背後の杉林の中に踏み入って行った。

十四士之碑というのは、敗戦の年の8月25日、《清く捧ぐる吾等十四の皇魂誓って無窮に

皇城を守らむ》と遺し、東京代々木練兵場において自刃した大東塾塾長代理の影山庄平（正治の父）以下、塾生14人を祀った碑のことだった。

影山正治は白鞘《しらさや》の短刀と猟銃、書類函《ばこ》を包んだ風呂敷包みを手にし、白衣、剣道袴、塾の鍔《つば》の紋章入りの黒の木綿羽織に白足袋という姿であった。杉林の中で、白い鼻緒の下駄を脱ぎ、正座した影山は、抜き身の短刀を手にすると、切腹の作法通り、下腹を横一文字に切った。その後で短刀を白鞘に戻して左足元の手拭いの上に置き、着衣をきちんと整えると、2連発の散弾銃を左胸に当て、足の指で引き金を引いた。自ら介錯を行ったのだ。

即死であったと推測されるのは、顔にはまったく苦悶の表情がなく、きわめて安らかな表情であったこと、銃弾が直撃し、心臓が粉砕されていたからだ。また、短刀による腹の切創は、臍下《せいか》3・5センチのところを横一文字に長さ19センチ、深さ1センチほどであった（医師の遺体検案の結果）。

自決現場は十四士之碑の背後の杉林の中――2本の杉と1本の檜《ひのき》が三角形を成す中央部に頭を北に向け、仰向けに臥していた。左足元には白鞘の短刀とともに書類函を包んだ紫の風呂敷包みが置かれてあった。その書類函の中に3枚の色紙があり、うち1枚には、

《一死以て元号法制化の実現を熱禱《ねっとう》しまつる》

との遺書、他の2枚に辞世の歌2首が記されていた。

《民族の本ついのちのふるさとへはやはやかへれ戦後日本よ》
《身一つをみづ玉串とささげまつり御心を祈らむみたまらとともに》
影山の遺体が塾生に発見されたのは、午前10時半と遅く、それまで身内や門下の者は誰もその自決に気がつかなかったという。それだけ影山の様子からはいつもと違ったところが感じられなかったことにもよる。
午前4時に起床した夫人は、掃除や洗濯、畑仕事をした後の午前7時頃に社務所を訪ねたが、玄関の鍵が掛かっていたので、そのまま自宅に戻った。影山は徹夜で書き物をして朝方休むことがしばしばあり、この日もそうだと思ったのだ。社務所から自宅に座椅子を取りにきた影山と会い、短い会話を交わしたのが、夫人にとって永遠の別れとなった。社務所に戻るときの影山の顔は、近づき難いほど凜としたものであったという。
前日夕方、三男夫人から保育園に行っている4歳と3歳の子どもたちの迎えを頼まれた影山は、かわいい孫たちのためにニッコリ笑って引き受け自ら車を駆っていた。その同じ人が、まさか翌日に自決を決断していようとは、誰にも予測できなかったであろう。

## 東京・青梅市で自給自足の生活

影山は68歳だった。戦前から民族主義運動に挺身し、昭和8年、国学院大学哲学科在学中に神兵隊事件に連坐。その後、昭和11年に維新寮を開設し、昭和14年には大東塾に改め塾長となり、同志の糾合と練成の場とした。翌15年、塾生50名による米内光政首相らの襲撃を計画した皇民有志決起事件（7・5事件）の首謀者として検挙され、16年には東条英機内閣批判文書事件で逮捕された。昭和19年、35歳で懲罰徴兵され、二等兵として華北に派遣され、現地で終戦を迎えた。終戦直後、父の影山庄平を始め14名の塾生が集団割腹自決を遂げたとき、影山はまだ復員していなかった。それが影山にとってどれほど痛恨極まりないことであったか、想像に難くない。戦後は不二出版社を創立するとともに、歌人として不二歌道会を主宰。昭和29年には自ら塾長となって大東塾を再建した。

それより先、昭和25年に東京都が現在の青梅市に入植者を募集したとき、影山らはこれに応じて入植、以来、大東農場として農園（2万4000坪）を営み、家族や塾生たちと自給自足の生活を続けてきた。

影山の主宰する大東塾は、いわゆる「純正右翼」と呼ばれ、利権をあさる右翼とは一線を画する団体であった。塾生たちも、日本遺族会の賀屋《かや》興宣《おきのり》会長殴打事件（昭和44年）、靖国神社法の成立を血書で佐藤首相に直訴した事件（昭和45年）などを起こしている。

では、影山はなぜこの時期、武士の作法に則り端然《たんぜん》と自決するに至ったのか。

「元号法制化を訴えるとともに、やはり父上のこと、一緒に自決された十三士のことをずっと引きずられていたのではないか。自分の身代わりで父上が自決されたという意識があって、いつか自分も後を追おう、方をつけよう、と。まあ、みごとな生の完結と言えますね」（ある民族派関係者）

愛国党の赤尾敏総裁は、

「影山さんは、右翼の清純派のような純粋性を保持した日本主義者だった。朝晩禊をして心は少年のようにきれいだが、非力で世の中はどうにも出来ん。だから、私は死んで正義を示すと、世の中を憂えて、世の中の力のある人に奮起を促す、死ぬことで己の誠実を形に表わす、そういうことじゃないかと思うんです」（『週刊新潮』昭和54年6月7日号）

影山が自決した5月25日という日は、楠木正成が湊川で足利尊氏の大軍と戦い、七生報国を誓い弟の正季《まさすえ》と刺し違え命果てた日でもあった。また、自刃で使用した短刀は昭和19年2月、いわゆる「徴用拒否事件」で塾生5人が下獄した際、「うけひのしるし」として奉献するため、影山が自ら左手の指2本を切断した際に使った菊池千本槍を作りかえたものであったという。

影山が「一死以て熱禱」した元号法制化は、彼の死後間もない6月6日に参議院本会議で法案が可決、同月12日に公布され実現した。奇しくも影山の生誕の日でもあった。

# 鈴木龍馬《すずき・りょうま》

住吉会会長補佐・平成14年10月21日没68歳

## 今も忘れえぬ「ヤクザ武士」がみずからに課した壮絶な最期

鈴木龍馬というきわめて個性的な傑物親分との出会いは、いまも鮮烈に記憶に残っている。あれはもういまから21年前の平成7（1995）年1月16日、場所は東京・葛飾の四ツ木斎場、住吉会最高顧問で〝関東政〟の異名をとった伝説のヤクザ・浜本政吉の通夜・葬儀が盛大にかつしめやかに執り行われたときのことだった。

全国から錚々たる親分衆が参列してくるなか、当方は会場周辺でずっと取材していたのだが、なんと主催者の住吉会側が式を終えたあとで特別な計らいをしてくれ、取材に応じてくれることになったのだ。

そのとき応対してくれたのが、故浜本政吉の側近だった広川会清水政男会長であり、もう一人が大日本興行の重鎮・鈴木龍馬親分であったのだ。

清水会長とは旧知の間柄だが、かねて噂にだけは聞いていた鈴木龍馬という親分とは初対面であった。

予期せぬことで、その日は外からの取材だけで、直接、住吉会関係者から話を聞けるとは思っていなかった。メチャクチャ寒い日で、当方としては防寒対策に怠りなく、ぶ厚いセーター、それも思いきりド派手なヤツを着こんだだけのノーネクタイという実に油断した格好をしていた。

そこで当方と顔を合わせた龍馬親分、少しばかり呆れたような冷やかな視線を向けて、

「ガラが悪いな」

との第一声。ジョークとはわかっても、こっちは冷汗ものであった。が、その声、その表情はいまもつい昨日のことのように強く印象に残っていて、懐かしさがこみあげてくる。

それからおつきあいをしていただくことになるのだが、カタギにはひたすらやさしく、話題が豊富、読書家で博覧強記、ヤクザ界を離れた交友関係も多彩で、海外にも友人・知人は数多くいて国際的、豊富な人脈を持っていた。それゆえにウィットに富んだ親分で、

「このごろは『何の仕事をしてるの？』と訊くと、『アパレル系です』なんて答える女の子がいるんで、何かと思ったら、ファッション関係の仕事なんだね。そこでオレも、人に仕事を訊かれたら、『アバレル（暴れる）系です』と答えることにしてるんだよ（笑）」

などと言う、巧まざるユーモアセンスの持ち主だった。

私がこの龍馬親分から何より興味深く話を聞いたのは、彼の親分である大日本興行初代会長で、かつて〝私設銀座警察〟と呼ばれ、戦後の銀座に君臨した伝説の高橋輝男のことだった。

高橋は住吉一家三代目阿部重作を親分とするヤクザの身でありながら、九州・別府の硫黄鉱山や東京・神田の青果市場を経営したり、一方で映画制作に取り組んだり、プロボクシングの東洋選手権をプロモートしたりするだけに飽きたらず、東南アジアとの貿易を手がけようとするなど、一代の風雲児であった。

「物の考えかたや志、スケールの大きさといい、もう何もかもヤクザの域をはるかに超えてたのが高橋輝男という親分だった。ヤクザ者が、バクチのテラだ、カスリだ、縄張りだってことしか頭になかった時代に、これからのヤクザは実業で生きていかなきゃいけないって、自らそれを実践してた。そして親分の視野にあったのは、狭い日本じゃない。東南アジア全部だった」

## 割腹から7時間苦痛を課した…

鈴木龍馬が高橋輝男の門を叩いたころは、その事務所は日比谷の日活国際ビルという、当時とすれば超一流のビルに置かれ、入り口には「九州硫黄株式会社」という看板が掲げられ、ネクタイを着用しなければ出入りできなかったという。

「その事務所を初めて訪ね、入り口の看板を目にしたときは、思わず、あれっ、オレ、ヤクザになったんだよな?……って、つい思ってしまってたな」

と、龍馬親分は思いだし、苦笑したものだった。

そんな高橋が全盛を誇ったのは昭和20年代のこと。彼は昭和31(1956)年3月6日、浅草妙清寺で行われた葬儀の席上、同じ住吉一家の大幹部である向後平と撃ちあいの末に相討ちになるという、いわゆる〝浅草妙清寺事件〟で波瀾の生涯を閉じたのだった。わずか34歳という若さであった。

同事件は住吉一家の幹部同士が二派に分かれて激しい銃撃戦を繰り広げた末の惨劇で、いわば内ゲバ、銃弾に斃れたのはともに住吉一家の次代を担うエースという、あり得べからざる出来事だった。

たまたま鈴木龍馬もそのとき22歳の身で銃撃戦の現場に居あわせており、その側にいながら親分を守りきれなかったという、彼にすれば、生涯の痛恨事となった。

それから45年後の平成13(2001)年9月18日、あたかもその内部抗争を再現するかのような事件が勃発する。同日午後2時過ぎ、東京・赤坂の大日本興行本部事務所を訪れていたメンバーのうち、口論の果てに1人が突然拳銃を発砲、事務所にいた同会長が腹や首などに銃弾を受けて重傷を負う事件が起きたのだ。

撃ったのは同じ大日本興行系列組織の者で、2人が実行犯として赤坂署に出頭し、他に現場にいた4人が傷害容疑で逮捕された。

そのうちの1人が、同最高顧問の龍馬親分であった。

発砲した側の組長は住吉会から絶縁処分を受け、龍馬親分も破門となった。絶縁された組長は龍馬親分の古い舎弟であった。

その鈴木龍馬が壮絶なる割腹自殺を遂げたのは、翌14（2002）年10月21日のことだった。

遺体の第一発見者は夫人で、外出から戻った彼女が浴室で見たのは、胸と腹から大量の血を流し、すでに息絶えた夫の姿だった。

所轄署の現場検証や遺体検視からも柳刃包丁による割腹自決と断定され、その包丁は浴室に続く洗面所に置かれた愛用の時計の横に立てかけられていたという。しかも、刃先を腹に突き刺してから心臓が停止するまで7時間以上経過していたというから、自らにあえて極限の苦痛を課しての自裁であった。

介錯もなく、なぜそこまで想像を絶するような苦痛を己に課さねばならなかったのか？

「それこそ鈴木龍馬というサムライらしいけじめのつけかた」（消息筋）

前日を以て「破門」も解けており、〝ヤクザ武士〟と呼ぶに相応しい最期の美事《みごと》な所作を見せてくれたのが、鈴木龍馬という侠《おとこ》であった。

# 山下耕作《やました・こうさく》

映画監督・平成10年12月6日没68歳

## 花と原色にこだわる美学派が描く任侠作品に誰もが唸った

そりゃ確かに、女の子相手にいっぱしの映画青年ぶって、ルキーノ・ヴィスコンティがどうの、フェデリコ・フェリーニがどうのと言ってれば、少しはモテたんだろうけれど、残念ながら私が熱情こめて語りたい映画や監督の名はまるで違っていた。

「『関の彌太っぺ』っていう映画がたまらなくいいんだよ。垣根いっぱいに咲くムクゲの花が、錦之助の関の彌太っぺと十朱幸代のお小夜ちゃんの世界との越えられない一線を象徴していてね、別れ際、彌太っぺが垣根越しに、お小夜ちゃんにこう言うんだよ」

そして思いいれたっぷりに、錦之助の名セリフをこう続けるのだった——。

「……このシャバにぁ、悲しいこと、辛《つれ》えことがたくさんある。だが、忘れるこった。忘れて日が暮れりゃ、あしたになるんだ……」

だが、悲しいかな、思いいれたっぷりなのはこっちだけで、大概はシラけられるか、相手にされないのがオチだった。挙句、一方通行の恋の幕切れは決まっていて、

「忘れるこった。忘れて日が暮れりゃ、あしたになるんだ」

と、つぶやかなければならないのは、こっちのほうだった。

誰がなんと言おうとも、私の最も好きな映画監督といえば、山下耕作をおいてなかった。黒澤明？　深作欣二？　目じゃなかった。そりゃ加藤泰やマキノ雅弘もいいけれど、私にとっては一も二もなく山下耕作、映像作家は彼より他に神はなかった。ベスト作品は、『博奕打ち　総長賭博』。『日本女俠伝　鉄火芸者』『博奕打ち　いのち札』『女渡世人　おたの申します』なんていう作品も最高だった（考えてみたら、すべて笠原和夫の脚本ではないか！）。

股旅物の名作とされる前述の『関の彌太っぺ』は、山下耕作の出世作であると同時に、映画の中で花を象徴的に使うという山下流映像表現、彼の作風を決定づけるターニングポイントとなった作品でもあった。

垣根越しいっぱいに咲くムクゲの花、ラストシーンの真っ赤な彼岸花。山下作品には花が欠かせないといわれ、〝花の山下〟と称されるほど花にこだわり、花好きの監督として知られるようになった記念すべき作品である。

藤純子の初主演任俠作品『緋牡丹博徒』の企画が生まれ、監督を誰にするかとなったとき

も、「緋牡丹なら山下耕作監督。〝花の山下〟の総決算だ」と山下に決まったほど。

〝花〟だけでなく、山下の真骨頂は、『日本任侠道　激突篇』『博奕打ち　いのち札』のラストシーンで、健さんと鶴田浩二に真っ赤な血の海を渡らせたように、原色の赤にこだわる〝美学派〟であることだ。『戦後最大の賭場』のラストでも、親分を斬って放心状態の鶴田を映す鏡がヒビ割れ、そこからしたたり落ちる鮮血も甚だ印象的だった。

## 僕のヤクザ映画は教育映画です

〝将軍〟といういかめしい山下の仇名は、陸軍幼年学校時代に終戦を迎えたことや、旧陸軍の山下奉文《ともゆき》大将にちなんだものという。

昭和5（1930）年1月10日、鹿児島県阿久根市琴平野の生まれ。京都大学法学部を卒業した昭和27（1952）年に東映京都撮影所に入社。京大での成績断トツ、入社試験もズバ抜けていたが、即合格とはならなかった。社長の大川博が大の共産党嫌いで、全学連で暴れていた山下の経歴に、東映の審査員が難色を示したのだ。

最終的に入社が決まったのは、審査員の1人に、

「1番を落とすっていうなら、試験制度なんてやめたほうがいい。優秀な人材は入れるべきだ」

と強く主張する者がいたからだが、それが後の社長、岡田茂だった。

昭和36（1961）年に『若殿千両肌』で監督デビュー。38年の『関の彌太っぺ』が3作目だった。

三島由紀夫が、「あたかも古典劇のように人間的真実に叶った名画」と絶賛した昭和43（1968）年1月の『博奕打ち　総長賭博』は18作目の監督作品となった。この年43年は、東映任侠路線はブームの頂点に達した感があったが、その最多作監督は山下で、同年だけで『極道』『緋牡丹博徒』など7本の作品を撮っている。

東映が任侠路線から実録ヤクザ路線へ移行するのと軌を一にするように、山下作品の〝華〟とも言える藤純子が銀幕を去ったのは、山下にとって、ことのほか落胆も大きかったようだ。

それでも『山口組三代目』『修羅の群れ』『最後の博徒』など変わらぬヒット作品を撮り続けたが、平成5（1993）年の『新極道の妻たち　覚悟しいや』を最後に、任侠物のメガホンを取る機会はなかった。映画人生の最後は、教育映画を4本撮って幕を閉じた。

そのうちの1本『泣いて笑って涙して』が文部大臣賞を受賞し、会見があったとき、若い女性記者から、

「ヤクザ映画の監督がなぜ教育映画を撮られた？」

との質問があったという。

その際、女性記者と山下の間で次のようなやりとりがあったことを、長男の山下耕一郎が『映画時代第2号』（平成20年11月8日）で紹介している。

山下「僕の映画を観たことは？」女性記者「ありません」山下「観てから質問しなさい。僕のヤクザ映画はすべて教育映画です」

ヤクザ映画に対する昔ながらの偏見と無理解はこの女性記者に代表されよう。それとともに、山下のなかではヤクザ映画を撮るのも教育映画を撮るのも同等であったことが改めて確認され、私は、

「やっぱりなあ」

との思いを強くしたものだった（私にとって山下の任俠映画はまさに教育映画であった）。

そんな山下が、声が出なくなり、体調を崩したのは平成9（1997）年夏のこと。喉頭癌と食道癌の併発という診断を受け、抗癌剤と放射線治療を重ねたが、翌10年11月25日に入院。医師から手術を勧められたが、

「声が出なくなるのは嫌だから、もういいよ」

と手術を断ったという。

最後まで己の意志を貫いた〝花の山下〟が、多臓器不全で永遠の眠りに就いたのは、平成

10年12月6日のこと。68歳であった。

同時期にデビューした深作が、弔辞をこう結んだ。

「酒を愛し、人生を愛し、自然を愛し、花を愛した人だった」

# Ⅵ 70代で死んだアウトロー

# 児玉誉士夫

こだま・よしお

## たとえ自分の命を狙おうとも打算なき若者に理解を示した

右翼活動家・昭和59年1月17日没72歳

「政財界のフィクサー」とも「戦後最大の黒幕」とも評された児玉誉士夫。

だが、最初から〝フィクサー〟や〝黒幕〟であったわけでなく、若き日は理論より行動に打って出て、命を賭けて国家革新運動に取り組んだ、急進的な赫々たる右翼活動家であった。

そのスタートは昭和4年、18歳のときに起こした天皇直訴事件。次いで昭和6年、井上準之助蔵相への《天下騒然たるの折、短刀一と振り進呈仕り候。護身用たると、切腹用たると御自由に使用されたく候》と認めた一通の書状を添えた短刀送付事件を引き起こした。

翌昭和7年の政府要人暗殺、帝都のクーデターを計画した天行会・独立青年社事件では、手榴弾の誤爆で計画が官憲に未然に察知され、アジトを包囲されたとき、自らの胸に銃弾をぶちこみ拳銃自殺を図った。その銃弾はわずかの差で心臓を外れ、児玉を生き長らえさせた。

　それだけに児玉は戦後、フィクサーと呼ばれるようになってからも、何の打算もなく命を賭けて純粋に愛国運動に取り組む若者に対しては、ことのほか理解を示した。たとえそれが自分に牙を向けてくる者、ときには命を狙ってくる者であっても、その姿勢は変わらなかった。

　たとえば昭和38年、時の建設大臣、河野一郎を糾弾し、河野邸焼き討ち事件を引き起こした右翼青年がいた。その名を野村秋介という若者は、それによって右翼陣営の大半、あるいは関東中の親分衆を敵にまわしたも同然の身となった。それほど児玉と河野は密接な関係にあり、右翼陣営も関東のヤクザもそのほとんどが児玉の影響下にあるといっても過言ではなかったからだ。

　ところが、「野村、けしからん」の右翼世論が形成され、孤立無援を強いられた野村に対し、いち早く野村支援を表明したのは誰あろう、児玉であった。まだ未決監にいた野村のもとに、

「仮に事の当否はどうあろうと、何ら利害損得とは関係なく、純粋に青春を賭けて戦った姿に対しては、それなりに敬意を払うに吝《やぶさ》かではない。ご自愛下さい」

という主旨の児玉の伝言が届けられたのだった。

また、昭和51年3月23日、ロッキード事件の渦中で、前野光保という29歳の日活俳優が小型飛行機を操縦し、世田谷区等々力の児玉邸へ自爆特攻する事件が起きた。同機は児玉邸の2階南東側バルコニーへ突入、大音響とともに数十メートルの火柱が立ち、機体は粉砕し散乱、パイロットの前野は即死、児玉は怪我もなく無事だった。

おそらくロッキード事件で報道される「元兇・児玉誉士夫」に義憤を燃やして、行動に走ったものと目される前野に対し、児玉は墜落した場所に祭壇を供え、線香を手向けたばかりか、

「まだまだ日本も捨てたもんじゃない」

と側近にしみじみ語り、

「己の身を捨て、命を賭けて何かを正そうとする、こうした若者がいるんだからな……」

との感慨を漏らしたのだ。

世間やマスコミが「ロッキード茶番劇」「マンガチック」「変な特攻隊」と徹底的に揶揄し、児玉一門が憤慨するのは当然としても、一部の新右翼を除いておおかたの右翼陣営が「ポルノ俳優が右翼の真似ごとをした」と相手にもしなかった空中テロリスト——自分の命を狙った自爆者に対し、その心情を理解し、その死を誰よりも悼んだのが児玉だった。

## 最後まで沈黙を貫いた政治と金

そんな児玉が脳血栓で倒れたのは昭和49年夏、東映京都撮影所で完成したばかりの映画『あゝ決戦航空隊』の試写を観た直後のこととされる。

同作品は特攻隊の生みの親である大西瀧治郎中将をモデルにした実録戦争映画で、その大西に心服し、戦時中、海軍航空本部の物資調達のために大西の手足となって働いた児玉機関長・児玉誉士夫の活躍も大々的に描かれている。大西には鶴田浩二が扮し、児玉役を演じたのは小林旭であったが、試写を鑑賞中、児玉は当時を思いだし、興奮した結果の発作だったのであろう。

2度目の発作は昭和51年2月、ロッキード事件発覚直後のことで、昭和55年9月に3度目の発作を起こし入院してからは寝たきりの状態が続いていた。昭和58年4月には脳梗塞の発作で話すことも筆談することもままならなくなり、同年11月からは多発性脳梗塞が悪化、チューブで栄養を体内に送りこむ状態になった。

容態が急変したのは翌59年1月16日午後、流動食を吐き、心臓の働きが弱まり、心不全を併発。かくて翌17日午後6時13分、入院先の東京女子医大付属病院において、戦後の裏面史にそびえ立つ巨魁は、72年の波瀾万丈の生涯を閉じたのである。臨終に立ちあったのは、夫人と長男、次男、太刀川恒夫秘書、夫人の連れ子の養女2人であった。

「穏やかでにこやかな死に顔をしていましたね。極楽往生をしたというような感じだった。悪人ならあんな死に顔はできません」

とは、通夜に弔問に駆けつけた日本船舶振興会の笹川良一会長の弁だった。

児玉は死しても、米国ロッキード社の大型旅客機の日本売り込みにからむ汚職――ロッキード事件で21億円の工作資金を受けとったとして外為法違反、所得税法違反等の容疑による刑事被告人の身であった。

同事件は児玉にとっても生涯最大の受難であり、躓きの石となった。児玉自身、そのことをはっきりと自覚し、病床で取り調べ検事に、

「つくづくバチが当たったと思った。大東亜戦争ではわが国の将兵を殺した敵であったのだから、そんな会社の顧問をしたのは一生の不覚だった」

と自省の弁を漏らした。

検事の調べも終わり、児玉邸を囲むマスコミ、ヤジ馬、デモ隊も消え、病状も小康状態のころ、右翼の長老で盟友の中村武彦が、児玉を訪ねたことがあった。中村は、「児玉には会ったことがない」などという政治家がいることに、腹に据えかねていたから、

「参考のために聞きたいんだが、あんたから一番金を取った政治家は誰だ？」

と直接児玉に訊ねた。

「それは聞くなよ。言う時期が来れば言うかも知らんが、いまは聞かないでくれ」

結局、最後まで一切を沈黙したまま死んでいった男が児玉誉士夫であった。

# 笠原和夫《かさはら・かずお》

脚本家・平成14年12月17日没75歳

## 自分の葬儀の〝シナリオ〟を満身創痍の体で書いた「侍」

私が初めて生身の笠原和夫を目のあたりにしたのは、平成11年2月9日、東京・千代田区のパレスホテルで開催された「俊藤浩滋を励ます会」であった。

氏に対しては、大柄のガッシリした体つきと渡世の人とも見紛う精悍な風貌というイメージが強かったのだが、そんな若い時分と違ってすっかり御老体になられた名脚本家の姿が目の前にあった。

だが、パーティが始まり次々と関係者が挨拶に立つ中、誰よりも氏のスピーチが強く印象に残った。

「……37年間、現役のライターでやってますうちに腎臓を1つ取り、胃の腑を取り、脾臓も取り、胆嚢も取り、そして今、前立腺癌、C型肝炎、残った腎臓は透析を受けてます。こういうボロボロの体になってしまったのは、ひとえにこちらにいらっしゃる俊藤プロデューサーの酷使の表れであります。ただ、私はこの肉体の受けた傷を、男の向こう傷だと思っております。戦場で受けた向こう傷こそ男が男であるための一番の最後の証しだと思っております」

思わず息を呑み、唸らずにはいられなかった。「男が男であるための最後の証し」とは、まあ、実にみごとな名セリフ。さすがは名作『仁義なき戦い』を書いた名脚本家ではないか。

それにしても、満身創痍の〝向こう傷〟はすさまじいばかり。本人の生き様もまさに自身が書いたドラマ同様、笠原流の男の美学・真髄を貫いたものだった。

氏が肺炎のため死去するのはこの3年10カ月後、平成14年12月17日午前4時37分のことで、75歳であった。戦場を駆け抜けてきたペンのサムライ――文士は、刀折れ矢尽きてついに永遠の眠りに就いたのだった。

最後の最後まで脚本家魂を貫いた人であったようだ。真喜子夫人によれば、最後に書いた作品はイラストつきの自分の葬儀のシナリオ。花を飾らず、遺影も掲げず、坊さんの読経も断れ――と。

頑固一徹、昔気質で筋っぽく、「花籠部屋」と自称したガタイの良さ、面構えは、あの『仁義なき戦い』の元となる手記を書いた元美能組美能幸三組長をして、ヒットマンと間違えせしめ一瞬引かせたという逸話も残っている。
その死から2カ月後の平成15年2月25日、映画関係者が発起人となり、東京・内幸町の帝国ホテルで開催された「偲ぶ集い」では、出席者から次々に故人の武勇伝が披露された。
「東映企画本部にいた頃、よく『決闘だ！』と怒鳴って相手と屋上に上がっていく笠原さんを見た。勝って下りてくるのは、いつも笠原さんだった」（脚本家の鈴木尚之氏）
「飲み屋で、脚本家の野上龍雄君が酔客から『チビ』とののしられたとき、立ち上がり、『お前だって、オレが七重八重に折れればチビになるぞ』と叫んだのを覚えている。あれは名タンカだった」（映画監督・中島貞夫氏）

## 深作欣二監督と大喧嘩したが…

笠原和夫は喧嘩っ早さで知られ大概の監督とぶつかっているが、関係者の間で有名なのは初めて組んだときの深作欣二との衝突だ。笠原脚本・深作監督、鶴田浩二主演、高倉健、佐久間良子、三田佳子共演というオールスター作品として企画された昭和40年の東映正月映画『顔役』でのこと。

2人は脚本を巡り正面からぶつかってしまう。笠原の脚本を深作は気に入らず、これではやれないと言い張ったのだ。笠原も最初はそれを聞きいれ、2人で旅館にこもり作り直すことになったという。クランクインまで時間もなく、笠原が妥協した結果だった。笠原が前半、深作が後半部を担当、笠原は3日で書き終えた。が、深作のほうはできていなかった。カッとなった笠原は深作を怒鳴りつけて宿を引きあげた。笠原にケツをまくられた深作は、ヤケ酒を飲んで倒れ、代役を立てざるを得なくなった。

そうした経緯があり、7年後に『仁義なき戦い』が企画され笠原の脚本が完成、監督が深作に決まりかけたとき、「深作では絶対にダメだ」と猛反対したのが、笠原だった。が、笠原の脚本を読んだ深作は「このままいきます」と言明、あの名作が生まれた。深作が脚本を直さなかったのは後にも先にもこれ1本きりという。

深作が世を去ったのは笠原の死からちょうど1カ月後、平成15年1月12日のことである。

笠原は時には会社に対しても平然と抵抗、自分の書きたいものを書く気骨を見せた。三島由紀夫が「あたかも古典劇のように人間的真実に叶った名画」と絶賛した『博奕打ち　総長賭博』（昭和43年1月）の脚本を書いたときも、笠原は監督の山下耕作ともども当時の京都撮影所長の岡田茂から呼びだされ、「何だ、お前らは！　ゲージツみたいなのを作りやがって」との叱責を受けている。ゲージツとは芸術のことで、同作があまりヒットしなかったがゆえの岡田の怒りであった（三島が褒めたのは封切り1年後）。

対して笠原の反応はといえば、一応謝りながらも山下とニヤリと目配せし、

《たまにはこうやって会社を騙して自分の作りたいものを作る必要がある。何と言っても、精神衛生的にもいいし、また、撮影所内で舐められずにも済むのだ》(笠原和夫『映画はやくざなり』新潮社)

と溜飲が下がったという。

笠原が手がけた脚本は114本。うち83本が映画化されヒット作も数知れなかった。数々の名作は、綿密な取材と密な構成があってのことで、ヤクザを描くにしても、その歴史から組織の仕組み、しきたり、隠語など徹底的に調べあげて書くのが、笠原の流儀だった。東映の高岩淡会長によれば、大きな紙に登場人物の相関図を作ったうえで、執筆に臨んでいたという。平成10年に勲四等瑞宝章を受章したが、笠原和夫にとって満身創痍となるまで闘って受けた数々の〝向こう傷〟こそ何よりの男の勲章であったろう。

# Ⅶ 80代で死んだアウトロー

# 俊藤浩滋《しゅんどう・こうじ》

プロデューサー・平成13年10月12日没84歳

## 「任侠映画のドン」の情熱は終生、変わることがなかった

平成13年9月、「任侠映画のドン」と言われた大プロデューサー・俊藤浩滋は、自身の289本目となるプロデュース作品『修羅の群れ』（リメーク版）を完成させた。14日までその編集作業に立ちあったばかりだった。大正5年生まれで、このとき84歳。いまだ老いを知らず、〝万年映画青年〟の情熱に溢れ、生涯現役としてその辞書には引退の文字などないようだった。創作意欲も旺盛で、この後に具体化していた作品は4本、11月からは新作の撮影が控えていた。

が、編集作業を終えた直後、ドンの身に異変が起きた。下血があって体調を崩し、京都市内の病院に入院、胃癌と診断されたのだ。同21日には、胃の5分の3と胆嚢を摘出する5時間に及ぶ大手術を受けた。

手術は成功し、術後の経過も良好で、俊藤は娘の富司純子に、

「手術しなければ、あと2年だったが、これで90歳まで生きられる」

と笑顔を見せていたという。何より、また映画を作れることの喜びが大きかったのだろう。

だが、同月末から容態が急変、10月に入り意識不明の重体となった。そして意識が戻らぬまま10月12日午前零時25分、肝不全のため永遠の眠りに就いた。秀夫人、富司ら親族15人に看取られての最期だった。

「また見舞いに来るからね」

それが富司が父と最後に交わした言葉となった。かつて父がプロデュースした〝緋牡丹お竜〟で昭和の男たちを熱狂させた女優は、

「手術に肝臓が耐えられなかったようです。もう一度映画を撮らせてあげたかった。でも、ギリギリまで仕事ができたのは凄いこと。向こうには鶴田さんや若山さん、勝さんもいるから、また映画を撮れるわね、と話しかけました」

と涙ながらに語ったものだった。

私も夕刊でその訃報を知ったのだが、なおさらショックが大きかったのは、つい2カ月前の8月3日、氏から電話をいただき、変わらぬお元気な様子に接していたからで、まさかという思いが強かった。

そのときの氏の用件は、

「あんたの『北海道水滸伝』、映画化させてくれんか。Vシネになるけどな」

というもので、そりゃもう喜んで——と答えたのは当然だった。それが氏の準備している企画の何作目になるのかはわからないけれど、私にすれば心躍るような話であった。

ちなみに氏の前作、2年前の平成11年2月に公開された『残俠』は、恥ずかしながら私の原作で、「書いてくれ」とドンからお声がかかり、初めて氏から直接電話をいただいたとき(忘れもしない平成2年11月2日午前9時25分のこと)、あまりの光栄に、夢ではないかと、舞いあがってしまった。なにしろ、子どものころから東映任俠映画一筋に入れこんできた身にとって、俊藤浩滋の名は神にも等しかった。その人からの御指名というのだから、こんな物書き冥利に尽きることもなかった。

かくしてドンとともに映画のモデルとなる会津小鉄の図越利一《ずこしりいち》総裁の取材が始まり、おのずと氏と接する機会も増えた。そこでつくづく知ったのは、映画を根っから愛する氏の永遠の映画青年ぶりと、映画づくりへのなみなみならぬ情熱だった。

## 健ちゃんと映画を撮りたい…

氏の口癖は、「お客さんが入ってこその映画。映画は面白くなければならん」。「映画の原点は夢と浪曼や」が持論だった。

「たとえば『ジョーズ』。あれはどんなに突っ込んでいったって、皆やられるわけやな。堪《こら》えて堪えて、最後にもう皆やられるかと思ったときに、持ってきたボンベがバーンと口の中に入ってジョーズが爆発する。任俠映画そっくりのパターンや。お客さんが来てくれる映画のパターンなんて、泣きがあって笑いがあって、浪曼があって夢があって、最後にヒーロー精神というような、もうはっきりしてるんよ」

そんな俊藤が、他のプロデューサーと一線を画していたのは、作品の全権を握り、原案から監督、脚本家、キャスティングまで全部決める米国流プロデューサーであったということ。セットやロケの撮影現場にも必ず顔を出し、それは80歳を超えてからも一貫して変わらぬ姿勢であった。『残俠』では衣装合わせまで立ちあったという。

それも本人に言わせると、

「プロデューサーがラッシュ・フィルム観て、こんなの撮ったらあかんなあ、こう撮ってみいと言っても、いまの日本映画じゃ撮り直しできない、カネかけられへんのやから。そうすると、嫌々でもそのまま編集せんならんでしょ。それが嫌だから、僕は現場に行ってる」

とのことだった。

１９６０年代から70年代にかけて一大ブームを巻き起こし、社会的現象ともなった東映任侠路線の生みの親とも育ての親とも言われる俊藤浩滋。『日本侠客伝』『昭和残侠伝』『緋牡丹博徒』シリーズなど数多くの傑作を生みだし、鶴田浩二、高倉健、若山富三郎、菅原文太、藤純子らを大スターに育てあげた名伯楽としても知られる。

俊藤抜きには任侠映画は作れなかったというほど、彼はヤクザ社会に精通し顔が広かった。俊藤が初めて博徒の世界に触れたのは、戦時中、近所に住んでいた友人との縁による。その友人がボンノこと菅谷政雄で、彼に誘われて神戸・御影にあった五島組の賭場へ出入りするようになったのが始まりだった。そこで金筋《きんすじ》（筋金入り）の博徒と出会い、正真正銘のヤクザの世界を肌で知ることになる。五島組の大野福次郎親分は、のちに作り続ける任侠映画の侠客像の原型になったという。

最後まで現役を貫き映画を作り続けてきた俊藤が晩年、よく口にしたのは、

「健ちゃんと映画を撮りたい」

というものだった。『日本侠客伝』で高倉と組んで以来、何十本もの高倉作品をプロデュースしてきたが、『冬の華』（昭和53年6月）を最後に高倉が東映を去ったこともあって、一緒に仕事をするのは20年も絶えて久しかったからだ。

その夢はついぞ叶わなかったが、高倉は恩師の訃報を聞くや京都の俊藤邸に駆けつけ、その枕辺で、

「時世時節は変わろうとままよ　俊藤浩滋は男じゃないか」

と彼の好きだった俊藤版『人生劇場』を歌い、師の霊に捧げたという。

# 田中清玄

たなか・せいげん

政治活動家・平成5年12月10日没87歳

## 武装共産党から天皇制護持へ「純粋な愛国者」波瀾の転向！

その人物は、三代目山口組田岡一雄組長の長男である田岡満氏が師と仰いだ人でもあった。満氏の事務所の書棚には、父の田岡三代目とともに彼の写真も大事に飾られてあり、

「何かと教えを乞いましたね」

満氏の口ぶりからも、その人物を敬愛している様子がひしひしと伝わってきたものだ。氏の結婚式の仲人をつとめ、田岡三代目とも昵懇《じっこん》の間柄として知られたその人物の名は、田中清玄。本名は「きよはる」だが、「せいげん」のほうが通りがよかった。

「昭和の怪物」とも称され、波瀾万丈とはこの男のために存在する言葉ではないかと思えるほど、その人生は波瀾に満ちている。彼の自伝（文藝春秋）の帯には、

《特高との武装闘争、昭和天皇への直言、米ソ情報機関との暗闘、山口組組長への友情、岸

信介・児玉誉士夫一派との死闘、国際石油戦争での活躍、そして今……》

　とあり、「日本でいちばん面白い人生を送った男」との謳い文句が踊る。

　その田中清玄が脳梗塞のため87年の生涯を閉じたのは平成５（１９９３）年12月10日のことである。４日後の14日、谷中の全生庵で告別式が行われ、

「あなたは右翼でもなかった。左翼でもなかった。純粋な愛国者だった。その行動力は、時に戦闘的な激しさを見せた」

　と、友人代表として最初に弔辞を読みあげたのは、日本興業銀行の中山素平特別顧問だった。欧州から旧オーストリア・ハンガリー帝国ハプスブルク家の嫡子オットー・フォン・ハプスブルク公の長い弔電も披露された。

　その交友関係の広さは度外れており、吉田茂、佐藤栄作、田中角栄、中曽根康弘、池田成《しげ》彬《あき》、松永安左エ門、土光敏夫など歴代首相や大物財界人のみならず、鄧小平、スハルトなどの世界のリーダーたち、世界的な人類学者の今西錦司やノーベル賞を受賞した経済学者のフリードリッヒ・ハイエクといった錚々たる人物と親交を結んだのが、田中清玄だった。

　明治39（１９０６）年３月５日、函館市近郊の生まれだが、祖先は会津藩の筆頭家老で、

「オレの躰には会津武士の血が流れている」

　というのが、晩年の田中の口癖だったという。

函館中学、弘前高校を卒業、昭和2（1927）年、東大文学部美学科に入学し、学生運動の牙城である東大新人会に入会、同年9月には共産党に入党、空手三段、腕力は東大一と言われた。翌3（1928）年、党員一斉検挙で壊滅状態になるなか、田中は共産党再建活動の中心メンバーとなり、昭和5（1930）年1月、党書記長となり、武装闘争方針をとっていく。

だが、同年2月5日、息子が共産主義に走ったことを案じた母の愛子が、割腹自殺を遂げるのだ。

《お前のような共産主義者を出して、神にあいすまない。お国のみなさんと先祖に対して、自分は責任がある。……自分は死をもって諫める。お前は良き日本人になってくれ。私の死を空しくするな》

と遺書にはあったという。母の自死から5カ月後、田中は治安維持法違反容疑で逮捕されるが、その3年後、獄中で転向声明を出し、戦後は徹底した反共・反スターリン・天皇崇拝主義者としての言動を貫いた。

## 「政治が絡む」銃撃事件の真相

11年間の服役後、昭和16（1941）年に仮出獄すると、静岡県三島の龍沢寺の山本玄峰老師に師事、禅僧として2年間修行に励んだ。また、師に感化され、国を救うべく終戦工作に奔走した。

昭和20（1945）年10月17日の朝日新聞に書いた天皇制護持についての論文が、禁衛府（後の皇宮警察）長官の目に留まり、昭和天皇に謁見の栄に浴したのは同年12月21日のこと。その際、

「陛下は絶対に御退位なさってはいけません」

と直言、同時に命を賭けての忠誠を誓い、側近たちの度肝を抜いた。

このとき、田中は39歳。21歳で共産党に入党し、24歳で天皇制打破を目指す武装共産党のリーダーとなり、27歳で獄中転向した男のコペルニクス的大転回であり、その振幅の大きさは凄まじいばかりだった。

60年安保騒動のとき、田中が唐牛健太郎ら全学連幹部に資金援助したこともよく知られた話である。左翼勢力を分裂させると同時に岸内閣を打倒することが大きな目的だったという。

そして昭和38（1963）年11月9日、田中の命を狙った銃撃事件が発生している。丸の内・東京會舘で行われた知人の出版パーティに出席し、終わって会場を出たところを、待ち構えていたヒットマンにいきなり拳銃で撃たれたのだ。1発目は腹、2発目が肘に命中、3発目が腎臓にまで届いた。すぐに聖路加病院に運ばれ、10人を超す医師による10時間に及ぶ

弾丸摘出手術を受け、田中は一命をとりとめた。

狙撃犯は東声会の組員であったが、同会の町井久之会長はこの年2月、田岡三代目と兄弟盃を交わし、その舎弟となっていた。それを山口組の関東進出の第一歩と見るムキもあり、田中が昵懇の間柄である田岡三代目に話をつけ、関東ヤクザの攪乱《かくらん》を画策した――との噂も立ったという。狙撃事件はそのあたりが背景にあるとするマスコミ報道があったのも確かだった。

田中は襲撃について、

「この事件には政治が絡んでいるのです。あの時、児玉はもう一度、岸の独裁政権を作ろうとして、河野一郎並びに米国のＣＩＡと組んで動いていた。……この動きを一番妨害したのが僕だった」（『田中清玄自伝』）

としたうえで、「児玉がやらせた」と言いきっている。真偽の程は定かではないが、そもそも田岡と町井との兄・舎弟盃を取り持ったのは児玉であった。

ともあれ、田中清玄は撃たれたときも少しも怯まず、逆に刺客から拳銃を奪いとろうと奮戦、むしろそのために深手を負ったのだった。武闘派の面目躍如たるものがあり、青年の熱き血もまだまだ健在であった。田岡三代目もまた、田中の筋金入りの政治闘争歴に惚れこんだといわれる。

87年の赫々たる痛快なる生涯。その死に際しては、当人も、何ら悔いを残すことなく、胸の内で「ああ、面白い人生だったなあ」と快哉を叫んで死んでいったのではあるまいか。

# 川内康範《かわうち・こうはん》

作家・平成20年4月6日没88歳

## 左右翼を超越した思想信条で「生涯助っ人」を貫きとおした

昭和の子どもたちを熱狂させた戦後最初のヒーロー・月光仮面を生みだしたのは、作家の川内康範。

彼もまた、「月光仮面のおじさん」同様、「夢を抱いた謎の人」として、この時代に、「疾風《はやて》のように現れて疾風のように去っていった」人かも知れない。

そも川内康範とはいったい何者であったのか。

テレビの世界では、『月光仮面』（昭和33年＝1958年）だけでなく20年弱の長寿番組『まんが日本昔ばなし』（昭和50年＝1975年）を世に出し、小説家としても売れっ子、作詞家としても『誰よりも君を愛す』『君こそわが命』『骨まで愛して』『伊勢佐木町ブルース』『おふくろさん』など数々のヒット曲を連発した。

また、昭和45（1970）年、学生運動が盛んだった時代には、機動隊を励まそうと『この世を花にするために』という機動隊応援歌を作詞したり、その一方、関東大手ヤクザ・稲川会のために『仁義の花火を天高く』や『稲川同志会の唄』という歌の作詞をして新聞に叩かれたこともあった。

ヤクザや機動隊の歌だけでなく、三島由紀夫と一緒に自決した森田必勝の出身母体である日学同（日本学生同盟）という民族派学生組織の歌『われらは誓う』まで作っているのだが、おそらく川内のこと、頼まれていれば赤軍派の歌まで作ったのではあるまいか。というのは、アナーキストとして知られ、赤軍派のシンパであった作家の竹中労とも親交を結んでいたからだが、さすがにそれはないか。

政治家との関わりも深く、福田赳夫、田中角栄、竹下登、亀井静香らとはとくに親しくしていたという。ホテル・ニュージャパンに「大衆政治研究所」なる看板で事務所を構え、与野党を問わず多くの政治家が出入りしていた。彼らからいろんな相談を受けたりしていたようで、その政界人脈も豊富だった。

他にも、政商といわれた国際興業社主の小佐野賢治や右翼の大物・児玉誉士夫とのつきあいもあり、芸能界、メディア、政財界、右翼民族派、裏社会……と、その人脈は多岐にわたった。「芸能界のフィクサー」とも称されたゆえんであろう。

作詞家、作家活動の一方で、川内はさまざまな政治的・社会的メッセージを世に発してきた。民族派を自認し、「特攻隊は犬死にではない」と訴え、敗戦直後から抑留日本兵の帰国活動や遺骨収集活動に取り組む反面、「天皇に戦争責任がある」との立場をとり、平和憲法の護持、沖縄独立論などを主張してきた。

また、反米を掲げるイラクのフセインに、

「アメリカに口実を与えないためにも大量破壊兵器の国連査察を受けるべきだ」

ホワイトハウスのブッシュ・ジュニア大統領（当時）にも、

「イラクを攻撃すべきでない」

とのメッセージを同時に送ったこともあり、その政治的スタンスは自らの戦争体験にもとづく「戦争は絶対にしてはならない」とする、いわば左右を超越した「反戦」。

そんな川内が発信したメッセージで大きな話題を呼んだのは、昭和59（1984）年の「グリコ・森永事件」だった。彼は犯人グループのかい人21面相に対して、「おれが1億2000万円出すから、もう手をひけ！」と週刊誌上で呼びかけたのだ。その答えが、「あんた　金プレゼントする　ゆうたけどわしらいらん　わしら　こじきやない」というものだった。

「もう森には歌わせない」

それ以降、川内康範の名はめったにマスメディアに登場することもなかったが、平成19（2007）年2月、自身が作詞し、森進一が歌う『おふくろさん』に対し、森が「いつも心配かけてばかり、いけない息子の僕でした――」などと、本来の歌詞に独自の〝語り〟を付け加えていたことに、川内が、

「もう森には歌わせない」

と激怒の記者会見、騒動が勃発したのだった。

この『おふくろさん』騒動、川内はすでに80歳を超えていたにもかかわらず、眼光鋭く、古武士のような風貌、頑固な姿勢と異様なまでの迫力がとても並みの老人のそれではなく、しばらくお茶の間の話題をさらったものだ。

川内が肺炎のため青森県八戸市内の病院で静かに息を引きとったのは、その騒動の翌年、平成20（2008）年4月6日午前4時50分のことだった。享年88。

3カ月前の1月ごろまでは、歌手の日吉ミミのレコーディングに立ちあうなど、周囲の人を驚かすほど元気な様子を見せていたという。2月初めに持病である慢性気管支炎をこじらせて入院したものの、一時は回復して退院。自宅のある青森から毎月、治療のために上京し、

半月ほどホテルに滞在して青森に帰るという生活を続けていた。

だが、4月初めから容態が悪化し、薬石効なく、ついに帰らぬ人となったのだった。その突然の訃報に、森はファックスを認めた。

《私の思いの至らない部分もあり、直接お目に掛かって私の気持ちをお伝えしたいとお願いしていましたが、それもかなわないことになってしまいました》

生涯にわたって頑固一徹を貫いた文士は、戒名を拒否、代わりに遺族がつけた戒名が、当人が好んで自称した「生涯助っ人」だった。

その戒名通り、川内は窮地に立たされた者を助け続けた。酒と博奕に溺れた水原弘を『君こそわが命』で再生させ、死の前年暮れの薬害肝炎問題では福田康夫総理（当時）と面会し、総理を変心させたとも伝えられた。

何より森が渡辺プロから独立するに際し、各方面からの圧力で仕事ができず苦境に陥ったとき、そのフィクサーとしての顔と人脈で彼を救ったのも、他ならぬ川内だった。忘恩の徒を赦《ゆる》さぬというより、川内は筋の通らぬことを徹底的に嫌ったのだ。

大正9（1920）年、北海道函館市で日蓮宗の寺の四男として生まれた川内は、高等小学校を卒業後、家具屋の店員、製氷工場の工員などを経て炭坑労働まで経験、上京後もさまざまな職業を転々とし、独学で文学修業、チャンスを得て脚本家への道を切り開いた。

川内は死の半年前、交流のあったライターの石橋春海に、自作の純粋詩集『憤思経』を贈っている。その最初のページには、
《この世にサヨナラをする時は　一つでいいから真実を　おぼろおぼろな生きかたの　証しに遺したい》（『週刊朝日』平成20年4月25日号）との詩があったという。

# 安藤 昇

あんどう・のぼる

元安藤組組長・平成27年12月16日没89歳

## 真剣の上を歩くような修羅場を潜り抜け行き着いた先は…

昨年（2015年）12月16日、安藤昇の訃報に接したとき、ああ、一つの時代が終わった、いよいよ昭和は遠くなりにけり、だな——との感慨を抱いたのは、私だけではないだろう。

それにしても89歳、畳の上で大往生を遂げたのは、安藤の経歴から考えたら、ほとんど奇蹟とも呼ぶべきことではなかったろうか。それほど彼の前半生、10代から30代にかけてはつねに死と隣りあわせ、平穏さからは程遠い生きかたを自ら求め、絶えず抜き身の真剣の上を歩いていると形容されるような修羅場を潜り抜けてきた人だった。

終戦の年は19歳。予科練を志願し、日本最後の特攻隊「伏龍隊」に配属され、横須賀の特攻基地で来る日も来る日も、爆雷を付けた竹竿で敵の船底を突きあげ爆破するための捨て身の特訓を行っていたなかでの敗戦であった。

復員後、東京へ戻ってからは愚連隊としてヤクザや不良外国人を相手に暴れまくり、やがて渋谷を本拠に東興業、世間で言う安藤組を結成したことはよく知られている。

安藤組こと東興業は時代を先どりした、異例ずくめの近代ヤクザ組織だった。法政大学中退の安藤を始め、幹部には大学出や中退者、在籍者も多く、安藤は組長ではなく社長、

「ドスを持つなら拳銃を持て。ダボシャツを着るなら背広を着ろ」

というのが東興業の〝経営理念〟であり、花札賭博をポーカーに代え、刺青や指詰めなどは一切禁じた。

資金ができると、米軍基地などに調達に出かけ、コルト45口径を中心に散弾銃、ライフル銃、カービン銃まで揃えた。射撃訓練も欠かさず、場所はなんと東京湾。早朝、ボートで沖遠くに繰り出し、海上に投げこんだ空きビンなどを的にして訓練に励んだという。

安藤を本格的にヤクザの道に踏みきらせたのは、卑怯な手合いの不意討ちにあい、左頰に23針も縫う長く深い傷跡を刻印されたことだった。

《幾多の血なま臭い抗争事件を重ね、不思議に生き抜き、昭和27年に宇田川町に「東興業」の事務所を開いた》（安藤昇『激動』）

と記すほど、戦後の激動期、命がいくつあっても足りないような生きかたをしてきた男が安藤であった。

その名を全国的に有名にしたのは、昭和33（1958）年6月11日夜に起きた安藤組による東洋郵船横井英樹社長襲撃事件。この事件で、安藤は懲役8年の刑を受けて前橋刑務所に服役し、6年2カ月で仮釈放となり、昭和39（1964）年9月に出所する。が、3カ月後、折からの警察庁の頂上作戦や花形敬など幹部が相次いで凶弾に斃れる不幸もあって、安藤組の解散と自らの引退を決断したのだった。

足を洗った後は、自叙伝を原作にした松竹映画『血と掟』で主役を演じ映画俳優として鮮烈なデビューを果たすや、東映を中心に次々と主役を張ってヒットを飛ばし、あっという間にスターダムを駆けあがった。その後も映画スターとしてだけでなく、作家、方位学研究家、映画プロデューサーとして多彩な活躍で知られるのは、いまさら言うまでもないことだろう。

## このうえなくやさしかった

私が初めてこの生身の大スターと会ったのは、忘れもしない昭和62年12月16日のことだった（なんと奇しくも命日と同じ日！）。知りあいの雑誌編集者から、

「東映で安部譲二の『極道渡世の素敵な面々』の映画化を企画しており、ついては『ヤクザの部屋住みの若者』に関するエピソードをいろいろ聞かせてほしいという安藤昇先生からの依頼があるんだが、引き受けてくれないか」

との要請があり、それに応え、私は渋谷の安藤企画事務所を訪ねたのだ。そこにいたのは、安藤、東映プロデューサーの天尾完次、脚本家の松本功を始めとする関係者だった。子どものころからの憧れの大スターを前にして、私はガチガチの状態であったが、なんとかお役に立ちたい一心で取材や伝聞で知り得た話をしどろもどろになりながらも懸命に喋った記憶がある。

伝説の人は、このうえなくやさしかった。私の世にもつまらない話にも、

「ほう、そりゃ面白いな」

と応えてくれる心遣いに、感動せずにはいられなかった。とてもお役に立ったとは思えず、冷汗ものであったが、生涯忘れられない日となった。

それから何度かお会いする機会があったが、私はそのつど天にも昇る心地で、とても地に足がついているふうではなかった。

最後にお会いしたのは、平成17（2005）年1月25日、やはり渋谷の安藤事務所で、安藤昇自叙伝『激動』を原作にした映画『渋谷物語』（梶間俊一監督、村上弘明主演）公開を前にして、週刊誌で企画した安藤昇・梶間俊一対談が行われ、その司会役を私がつとめたのだった。氏はこのとき78歳、とても若々しく、まるで年齢を感じさせず、事務所内を歩くその後ろ姿を間近で見るにつけ、

〈ああ、この背中、銀幕と少しも変わらないな〉

とミーハー丸出しの感想を抱いたことをいまも鮮烈に憶えている。

青山葬儀所で開催された「安藤昇　お別れの会」の海老沢信実行委員長によれば、安藤は7年ほど前に腎臓病を患い、週3回の人工透析を余儀なくされていたが、いたって元気な日常を過ごし、肉の好きな彼は気心の知れた人から誘いを受けると、新宿や日本橋にも足を運んで御機嫌で、ビールを少々飲むこともあったという。毎年5月24日の誕生日には向島に繰り出し、芸者をあげて祝うようなことも4、5年前まで続いたという。夏は大好きな軽井沢の別荘で過ごし、午後になると、軽井沢銀座の若い女の子の集う喫茶店で珈琲を飲むのが日課になっていたとか。

昨年（2015年）師走、体調が思わしくなく病院に入院したのも検査のためで、千疋屋のメロンの差し入れを所望したり、とても元気にしていたのだが、16日午後になって容態が急変。薬石効なく、午後6時57分、一代の風雲児・安藤昇は永遠の眠りに就いたのだった。

その死に顔も、すべてをやり尽くして悔いのないという、満ち足りた安らかなものであったという。

「……どうか、1世紀に近い激動の人生を称讃して笑顔で送ってくだされば幸いです」

とは、「お別れの会」の海老沢実行委員長の言葉だった。

# 主要参考文献

若一光司『自殺者　現代日本の118人』（幻冬舎アウトロー文庫）／高木規矩郎『死にざまの昭和史』（中央公論新社）／村上也寸志『戦後青春への挽歌』（亜紀書房）／連合赤軍事件の全体像を残す会編『証言連合赤軍』1〜7（情況出版）／江面弘也『「青年日本の歌」をうたう者』（中央公論新社）／別冊宝島編集部編『日本「アウトロー」列伝』（宝島社文庫）／山平重樹『戦後アウトローの死に様』（双葉新書）

JASRAC 出 1802258-801

この作品は二〇一五年十二月徳間書店より刊行された『異端者たちの最期』を改題し、『アサヒ芸能』二〇一五年十二月三日号〜二〇一六年六月二日号に連載された『男の「生き様」「死に様」』を加え再構成したものです。

GENTOSHA OUTLAW BUNKO

# アウトロー臨終《りんじゅう》図《ず》鑑《かん》

山平《やまだいら》重樹《しげき》

平成30年4月10日　初版発行

発行人――石原正康
編集人――袖山満一子
発行所――株式会社幻冬舎
〒151-0051東京都渋谷区千駄ヶ谷4-9-7
電話　03(5411)6222(営業)
　　　03(5411)6211(編集)
　　振替00120-8-767643
印刷・製本―図書印刷株式会社
装丁者――高橋雅之

検印廃止
万一、落丁乱丁のある場合は送料小社負担で
お取替致します。小社宛にお送り下さい。


幻冬舎アウトロー文庫

ISBN978-4-344-42738-9　C0195　O-31-25

幻冬舎ホームページアドレス　http://www.gentosha.co.jp/
この本に関するご意見・ご感想をメールでお寄せいただく場合は、
comment@gentosha.co.jpまで。